1. Auflage 2009

© Baumann Fachverlage GmbH & Co. KG
E.-C.-Baumann-Straße 5
95326 Kulmbach
ku-gesundheitsmanagement.de
Das Werk einschließlich seiner Teile ist urheberrechtlich geschützt.
Jede Vervielfältigung, Übersetzung und Verarbeitung ist unzulässig und strafbar.

Gesamtherstellung:
Baumann Didaktische Medien GmbH & Co. KG
Druck: creo Druck & Medienservice GmbH, Bamberg

ISBN: 978-3-938610-84-8

Inhaltsverzeichnis

Abbildungsverzeichnis 8

Tabellenverzeichnis 10

Vorwort. 13

Hinführung zum Thema. 15
1   Vom Besichtigungssystem zum Berichtssystem 15
2   Aufbau des Buches   16

Theoriegeleitete Grundlagen 17
1   Ausgangsbasis: Rechnungswesen im Krankenhaus. 17
     1.1   Zahlenmäßige Abbildung des Unternehmungsprozesse. 17
     1.2   Klassifikation der Unternehmungsrechnung 17
2   Grundlage: Die Kosten-, Leistungs-, Erlös- und Ergebnisrechnung 20
     2.1   Begriffe der Kosten-, Leistungs-, Erlös- und Ergebnisrechnung 21
     2.1.1   Begrifflichkeiten und Abgrenzungen. 21
     2.1.1.1 Kosten 21
     2.1.1.2 Leistungen. 23
     2.1.1.3 Erlöse 24
     2.1.1.4 Ergebnis. 27
     2.1.2   Begriffsmerkmale. 27
     2.1.2.1 Zwingende Merkmale. 27
     2.1.2.2 Fakultative Merkmale. 31
     2.2   Bereiche der Kosten-, Leistungs-, Erlös- und Ergebnisrechnung 35
     2.2.1   Segmentierung in Bereiche. 37
     2.2.1.1 Kostenrechnung. 37
     2.2.1.2 Leistungsrechnung. 39
     2.2.1.3 Erlösrechnung. 40
     2.2.1.4 Ergebnisrechnung   42
     2.2.2   Anforderungen an die Rechnungen. 42
     2.3   Funktionen der Kosten-, Leistungs-, Erlös- und Ergebnisrechnung. 43
     2.3.1   Darstellung des Unternehmungsprozesses. 43
     2.3.1.1 Dokumentation. 43
     2.3.1.2 Information. 44
     2.3.2   Lenkung des Unternehmungsprozesses 44
     2.3.2.1 Kybernetische Perspektive 45
     2.3.2.2 Führungsperspektive 47
3   Krankenhausspezifische Besonderheiten:
     Das DRG-System und die Krankenhausbuchführungsverordnung. 50
     3.1   Krankenhausfinanzierung im Rahmen des DRG-Vergütungssystems . . . 50
     3.2   Gesetzliche Rahmenbedingungen einer Kosten-, Leistungs-, Erlös-
              und Ergebnisrechnung im Krankenhaus. 52

Inhaltsverzeichnis

3.3	Aufgaben der Kosten-, Leistungs-, Erlös- und Ergebnisrechnung im Krankenhaus	53
3.3.1	Innerbetriebliche Lenkung	53
3.3.2	Beurteilung der Wirtschaftlichkeit und Leistungsfähigkeit	54
3.3.3	Ermittlung der Kosten- und Leistungsstruktur	55

Vorgehensweise der Kosten-, Leistungs-, Erlös- und Ergebnisrechnung 56

1	Kostenrechnerische Gestaltungsaufgaben	56
1.1	Systematisierung der Kosten	56
1.2	Prinzipien der Kostenerfassung	61
1.3	Regeln der Kostenzuordnung	61
1.3.1	Zurechnungsprinzipien	62
1.3.2	Anlastungsprinzipien	66
2	Kostenartenrechnung	67
2.1	Grundlagen der Kostenartenrechnung	67
2.1.1	Aufgaben der Kostenartenrechnung	67
2.1.2	Anforderungen an die Kostenartenrechnung	68
2.2	Darstellung der unterschiedlichen Kostenarten	70
2.2.1	Sachkosten	70
2.2.2	Personalkosten	73
2.2.3	Dienstleistungskosten	74
2.2.4	Kalkulatorische Kosten	74
2.3	Abgrenzungsrechnung	76
2.3.1	Unternehmungsbezogene Abgrenzung	76
2.3.2	Kostenrechnerische Abgrenzung	76
2.4	Betrachtung der Leistungs- und Erlösseite	78
3	Kostenstellenrechnung	79
3.1	Grundlagen der Kostenstellenrechnung	79
3.1.1	Aufgaben der Kostenstellenrechnung	79
3.1.2	Definition der Kostenstelle	80
3.1.3	Anforderungen an die Kostenstellenrechnung	81
3.1.4	Arten von Kostenstellen	82
3.2	Darstellung unterschiedlicher Gliederungsmöglichkeiten	83
3.2.1	Funktionsorientierte Kostenstellen	83
3.2.2	Raumorientierte Kostenstellen	83
3.2.3	Sonstige Kostenstellengliederungen	83
3.2.3.1	Rechnungsorientierte Kostenstellen	83
3.2.3.2	Verantwortungsorientierte Kostenstellen	84
3.2.3.3	Tätigkeitsorientierte Kostenstellen	84
3.3	Systematisierung von Kostenstellen zu Kostenstellenplänen	84
3.3.1	Methodische Konzeption der Kostenstellenrechnung durch den Betriebsabrechnungsbogen (BAB)	84
3.3.2	Innerbetriebliche Leistungsverrechnung	87
3.3.2.1	Typen	88

3.3.2.2	Verfahren	89
3.3.2.2.1	Einseitige Leistungsverrechnung	89
3.3.2.2.2	Gegenseitige Leistungsverrechnung	90
3.3.2.3	Funktion	91
3.3.2.4	Methoden	92
3.4	Betrachtung der Erlösseite	94
3.4.1	Gliederung der Erlösstellen	94
3.4.2	Erfassung und Verteilung von Markt-Erlösen	95

4 Kostenträgerrechnung ... 96

4.1	Grundlagen der Kostenträgerrechnung	96
4.1.1	Aufgaben der Kostenträgerrechnung	96
4.1.2	Definition der Kostenträger	97
4.1.3	Arten von Kostenträgern	97
4.1.4	Systematik der Kostenträgerrechnung	98
4.1.5	Anforderungen an die Kostenträger	99
4.2	Kosten- und Erlös-Trägerstückrechnung (Kalkulation)	100
4.2.1	Divisionskalkulation	100
4.2.2	Äquivalenzziffernkalkulation	101
4.2.3	Zuschlagskalkulation	103
4.2.4	Bezugsgrößenkalkulation	104
4.2.5	Kuppelkalkulation	105
4.2.6	Einflussgrößen auf die Wahl der Kalkulationsverfahren	106
4.2.7	Erlösträgerstückrechnung	107
4.2.8	Ergebnisrechnung der Kostenträgerstückrechnung	108
4.3	Kostenträgerstückrechnung im DRG-System	108
4.3.1	Kostenartenbezogene Zuordnung	108
4.3.2	Kostenstellenbezogene Zuordnung	109
4.3.3	Kostenfallbezogene Zuordnung	111
4.4	Kostenträgerzeitrechnung	113
4.4.1	Gesamtkostenverfahren	114
4.4.2	Umsatzkostenverfahren	115

5 Kostenlenkung ... 116

5.1	Kostenkontrolle	116
5.2	Kostenmanagement	121

Systeme der Kosten-, Leistungs-, Erlös- und Ergebnisrechnung ... 126

1 Zeitbezogene Systeme ... 127

1.1	Istkostenrechnung	127
1.2	Normalkostenrechnung	127
1.3	Plankostenrechnung	128
1.3.1	Generelle Vorgehensweise: Die Starre Plankostenrechnung	128
1.3.2	Differenzierte Vorgehensweise: Die Flexible Plankostenrechnung	130
1.3.3	Anwendungsorientiertes Beispiel	133

2	Umfangbezogene Systeme	134
	2.1 Vollkostenrechnung	134
	2.1.1 Rechnungsverfahren	134
	2.1.1.1 Allgemeine Vollkostenrechnung	134
	2.1.1.2 Prozesskostenrechnung	134
	2.1.1.3 Anwendungsorientiertes Beispiel	137
	2.2 Teilkostenrechnung	138
	2.2.1 Grundprinzipien von Teilkostenrechnungen	138
	2.2.2 Arten von Teilkostenrechnungen	139
	2.2.2.1 Einstufige Deckungsbeitragsrechnung	139
	2.2.2.1.1 Vorgehensweise und Darstellung	139
	2.2.2.1.2 Anwendungsorientiertes Beispiel	141
	2.2.2.2 Mehrstufige Deckungsbeitragsrechnung	142
	2.2.2.2.1 Vorgehensweise und Darstellung	142
	2.2.2.2.2 Anwendungsorientiertes Beispiel	144
	2.2.2.3 Grenzplankostenrechnung	145
	2.2.2.3.1 Vorgehensweise und Darstellung	145
	2.2.2.3.2 Anwendungsorientiertes Beispiel	148
	2.2.2.4 Deckungsbeitragsrechnung mit relativen Einzelkosten	149
	2.2.2.4.1 Vorgehensweise und Grundrechnung	149
	2.2.2.4.2 Anwendungsorientiertes Beispiel	151
3	Weitere Systematisierungsaspekte	154
	3.1 Prognosekostenrechnung	154
	3.2 Standardkostenrechnung	154

Exkurs: Ambulanzkostenausgliederung im Krankenhaus 156

1	Die Methode der Ambulanzabgrenzung	156
	1.1 Nettoprinzip als krankenhausspezifisches Abgrenzungskriterium	156
	1.2 Ziel der Ambulanzkostenausgliederung	156
	1.3 Methoden der Ambulanzkostenausgliederung	156
	1.4 Begründung für die Vollkostenrechnung für die ambulanten Krankenhausleistungen	158
	1.4.1 Rechtliche Begründung	158
	1.4.2 Sozialpolitische und volkswirtschaftliche Begründung	162
	1.5 Die modifizierte Vollkostenrechnung	163
2	Die praktische Anwendung der modifizierten Vollkostenrechnung für die Ambulanz im Krankenhaus	168
	2.1 Anwendungsvoraussetzungen	168
	2.2 Arten der ambulanten Leistungen	171
	2.3 Die Erfassung der ambulanten Leistungen	173
	2.3.1 Patientenaufnahme	173
	2.3.2 Erläuterung des Leistungsbegriffes	173
	2.3.3 Erfassung der Leistungen der medizinischen Institutionen	174
	2.4 Methoden der Kostenrechnung	175

2.5	Umsetzung der modifizierten Vollkostenrechnung	176
2.5.1	Kostenrechnung der Sprechstundenambulanz der Krankenhausärzte	178
2.5.2	Patientenbezogene Kostenrechnung	178
2.5.2.1	Beispielsrechnung	178
2.5.2.2	Kostenrechnung nach globaler Nutzungszeit	192
2.5.3	Kostenrechnung der ambulanten Leistungen in den medizinischen Institutionen	194
2.5.3.1	Aufteilung nach Punkteinheiten	195
2.5.3.2	Punktbezogene Kostenrechnung	206
2.5.4	Kostenrechnung der Institutsambulanzen	211
2.5.4.1	Physikalische Therapie	211
2.5.4.2	Notfallambulanz	214
2.5.5	Zusammenfassung der Kostenrechnungen	217
2.6	Kostendeckung	220
2.6.1	Kostenerstattung der Krankenhausärzte	220
2.6.1.1	Sprechstundenbedarf und Einzelverordnung	221
2.6.1.2	Kontrastmittel und radioaktive Stoffe	221
2.6.1.3	Kosten für in Anspruch genommene nachgeordnete Ärzte und Arztschreibkräfte	222
2.6.2	Institutsleistungen	222
2.6.2.1	Krankenhaus-Sachleistungen (physikalische Therapie, Heilmittel)	222
2.6.2.2	Notfallbehandlung	222
2.6.2.3	Abrechnungsfristen des Krankenhauses für Notfallbehandlungen	223
2.6.2.4	Sonstige Institutsleistungen	223

Ausblick: Kosten – Leistungen – Erlöse – Ergebnisse – und was nun? 224

Literaturverzeichnis 225

Abbildungsverzeichnis:

Abbildung 1:	Abgrenzung von Aufwendungen und Kosten (Quelle: In Anlehnung an Schweitzer, M./ Küpper, H.-U. (2008), S. 28, vgl. Hummel, S./ Männel, W. (2000), S. 64 f.)	22
Abbildung 2:	Abgrenzung von Erträgen und Leistungen (Quelle: In Anlehnung an Schweitzer, M./ Küpper, H.-U. (2008), S. 36 und Hummel, S./ Männel, W. (2000), S. 64 f.)	23
Abbildung 3:	Abgrenzung von Erträgen und Erlösen (Quelle: In Anlehnung an Schweitzer, M./ Küpper, H.-U. (2008) 36 f.)	24
Abbildung 4:	Beziehung zwischen Leistung und Erlös im Krankenhaus (Quelle: In Anlehnung an Hummel, S./ Männel, W. (2000), S. 86)	26
Abbildung 5:	Bereiche der Kosten-, Leistungs-, Erlös- und Ergebnisrechnung (Quelle: In Anlehnung an Männel, W. (1992c), S. 633)	36
Abbildung 6:	Überblick über die Kostenrechnungsstufen (Quelle: In Anlehnung an Zapp, W. (2004), S. 84 f.)	38
Abbildung 7:	Lenkung als Oberbegriff (Quelle: In Anlehnung an Zapp, W. (2004), S. 105)	46
Abbildung 8:	Funktionen der Kosten-, Leistungs-, Erlös- und Ergebnisrechnung	49
Abbildung 9:	Vergütung der Krankenhausbehandlung (Quelle: In Anlehnung an . Tuschen, K. H./ Trefz, U. (2004), S. 5)	51
Abbildung 10:	Grundtypen der innerbetrieblichen Leistungsverrechnung (Quelle: In Anlehnung an Hummel, S./ Männel, W. (2000), S. 212)	88
Abbildung 11:	Methoden der Verrechnungspreisgestaltung	93
Abbildung 12:	Darstellung der Kostenträger (Quelle: In Anlehnung an Zapp, W. (2004), S. 89)	97
Abbildung 13:	Modulares Schema zur Ermittlung der Rohfallkosten (Quelle: DKG, GKV, PKV (2007), S. 189.)	112
Abbildung 14:	Teilschritte der Leistungs- und Kostenplanung im Krankenhaus (Quelle: In Anlehnung an Zapp, W. / Bettig, U. (2004), S. 292 f. und Hentze, J./ Kehres, E. (2008). S. 155 ff. und 185 f.)	117

Abbildung 15: Möglichkeiten der Kostenkontrolle im Überblick
(Quelle: In Anlehnung an Schweitzer, M./
Küpper, H.-U. (2008), S. 47 ff und Hentze, J./
Kehres, E. (2008), S. 178 ff.) 119

Abbildung 16: Systeme einer Kosten-, Leistungs-, Erlös- und
Ergebnisrechnung (Quelle: In Anlehnung an
Hummel, S./Männel, W. (2000), S. 393) 126

Abbildung 17: Darstellung einer flexiblen Plankostenrechnung
auf Vollkostenbasis 132

Abbildung 18: Stufenweise Deckungsbeitragsrechnung im
Krankenhaus (Quelle: In Anlehnung an
Preuß, O. (1996), S. 193 und Zapp, W./
Torbecke, O. (2004), S. 407) 142

Abbildung 19: Darstellung einer flexiblen Plankostenrechnung
auf Grenzkostenbasis 146

Abbildung 20: Zusammenhang zwischen Nutz- und Leerkosten
(Quelle: Rippel, F. (1989) u. (1990): Ambulanz im
Krankenhaus.
Die modifizierte Vollkostenrechnung Teil I – IV) 165

Abbildung 21: Umsetzung der Ambulanzkostenausgliederung
nach ihrer Priorität (Quelle: In Anlehnung an DKG,
GKV, PKV (2007), S. 61 ff.) 169

Abbildung 22: Erhebungsbogen für eine patientenbezogene
Datenerfassung in einer
Chirurgischen Ambulanz. 180

Abbildung 23: Stückliste zur Ermittlung der zeitlichen Inanspruchnahme 209

Abbildung 24: Einordnung der Kostenrechnung 224

Tabellenverzeichnis:

Tabelle 1:	Ansprüche der Leistungsrechnung (Quelle: In Anlehnung an Zapp, W./Funke, M./ Schnieder, S. (2000), S. 63).	39
Tabelle 2:	Klassifikationsmöglichkeiten von Erlösarten (Quelle: In Anlehnung an Schweitzer, M./ Küpper, H.-U. (2008), S. 99)	41
Tabelle 3:	Beziehung zwischen Einzel- und Gemeinkosten und variable und fixe Kosten (Quelle: In Anlehnung an Coenenberg, A. G. (2007), S. 53 und Däumler, K.D./ Grabe, J. (2003), S. 137)	58
Tabelle 4:	Differenzierung von Zurechnungsregeln (Quelle: In Anlehnung an Selke, S. (1996), S. 187)	62
Tabelle 5:	Abgrenzungsrechnung (Quelle: In Anlehnung an Schmolke, S./Deitermann, M. (2008), S. 355).	77
Tabelle 6:	Betriebsabrechnungsbogen	86
Tabelle 7:	Kostenartenverdichtung (Quelle: DKG, GKV, PKV (2007), Anlage 4.1, S. 230ff.)	110
Tabelle 8:	Kostenstellenverdichtung (Quelle: DKG, GKV, PKV (2007), Anlage 6, S. 240ff.)	111
Tabelle 9:	Gesamtkostenverfahren	114
Tabelle 10:	Umsatzkostenverfahren	115
Tabelle 11:	Prozesskosten(stellen)rechnung für die Kostenstelle Einkauf (Quelle: Schmidt-Rettig, B. /Böhning, F. (1999), S. 140 f., vgl. Horváth, P./Mayer, R. (1989), S. 217).	136
Tabelle 12:	Ermittlung der Prozesskostensätze am Beispiel der Patientenaufnahme.	137
Tabelle 13:	Deckungsbeitragsrechnung mit relativen Einzelkosten (Quelle: In Anlehnung an Strehlau-Schwoll, H. (1993), S. 218).	152
Tabelle 14:	Ambulante Leistungen im Bereich der medizinischen Institutionen	172
Tabelle 15:	Zu erhebende Daten im Rahmen einer patientenbezogenen Kostenrechnung in einer Chirurgischen Ambulanz.	179
Tabelle 16:	Durchschnittliche Dauer der Erstbehandlungen in Minuten	182
Tabelle 17:	Durchschnittliche Weiterbehandlungshäufigkeit	182

Tabelle 18:	Durchschnittliche Dauer der Weiterbehandlung	182
Tabelle 19:	Durchschnittliche Dauer der Behandlungen in Minuten bei Gesamtbetrachtung	183
Tabelle 20:	Durchschnittliche Behandlungsdauer in Minuten bei einer früheren Erhebung in einem anderen Krankenhaus	184
Tabelle 21:	Kostenrechnung für die Ambulanz eines Chefarztes	187
Tabelle 22:	Äquivalenzziffern	198
Tabelle 23:	Ermittlung der Vom-Hundert-Sätze für die Kostenrechnung der Röntgenambulanz	199
Tabelle 24:	Kostenrechnung für die Ambulanz eines Chefarztes	201
Tabelle 25:	Ermittlung der Behandlungsminutenfaktoren pro 100 ambulante Katalogpunkte	210
Tabelle 26:	Festgelegte Behandlungszeiten der Physikalischen Therapie (pro Patient) – Beispiel eines Hauskatalogs	213
Tabelle 27:	Durchschnittliche Dauer der Notfallbehandlungen in Minuten	215
Tabelle 28:	Analyse der Notfallbehandlungen nach Arbeitszeit/Bereitschaftsdienstzeit	216
Tabelle 29:	Zusammenfassung der Kostenrechnungen (1)	218
Tabelle 30:	Zusammenfassung der Kostenrechnungen (2)	219

Vorwort

Die Kostenrechnung ist als internes Berichtssystem aus dem Krankenhausalltag kaum wegzudenken. Viele Mitarbeiter im Krankenhaus bemängeln die Ökonomisierung, weil sie als Bedrohung wahrgenommen wird gegen Patientenzufriedenheit und zur Förderung unethischen Verhaltens. Andererseits sollen die Gesundheitsleistungen bezahlbar bleiben; aber wie soll eine Bewertung erfolgen ohne Daten und Informationen?

Ist womöglich etwas falsch gelaufen in der Darstellung über Kostenverläufe und deren theoretische Fundierung? Stehen vielleicht Kosten zu stark im Vordergrund der Betrachtung, weil das Pendant nicht genannt wird – was ist mit Pendant überhaupt gemeint. Stehen nicht Kosten einfach so im Raum?

In dieser Ausarbeitung soll deutlich werden: Kosten fallen nicht vom Himmel! Kosten bilden das Gesundheitsbestreben im Krankenhaus ab. Bei dieser These wird der konstruktiv-kritische Leser vermuten, dass es dann nicht nur und allein um Kosten gehen kann. Aber was muss dann noch berücksichtigt werden und warum ist das nicht so bekannt?

Die Verbindung von Ökonomie und inhaltlicher Ausgestaltung (hier Gesundung, Heilung, Linderung u. ä.) wird in der Betriebswirtschaftlehre für Nicht BWLler nicht immer so explizit hervorgehoben. Bezogen auf die Kostenrechnung steht traditionell die Betrachtung der Kosten im Vordergrund. Auch hier ist bisher zu wenig auf die inhaltliche Ausgestaltung eingegangen worden. Die Abrechnung der Leistungen (Tagesgleiche Pflegesätze, Fallpauschalen usw.) hat eine ausgefeilte Kostenrechnung bisher nicht notwendig werden lassen. Nun mag man darauf hinweisen, dass die Einführung der DRG`s auch schon eine ganze Zeit zurückliegt. Hier wird nun das eigentliche Dilemma deutlich: Eine Anpassung in kurzer Zeit an die Erfordernisse ist für ein Rechnungswesen nicht ohne weiteres möglich: EDV und Manpower sind nur zwei Schlagworte, die das belegen. Und schließlich erfordert die Kalkulation von Leistungen ein anderes Rechensystem als die Lenkung und das Managen von Handlungen.

Im vorliegenden Buch soll beschrieben werden, was mit Kostenrechnung gemeint ist und welche Bausteine dazugehören (Leistungen, Erlöse und Ergebnisse). Die Grundlage für diese Ausarbeitung ist in der Veröffentlichung Kosten-, Leistungs-, Erlös- und Ergebnisrechnung in: Schmidt-Rettig, B./Arnold, A. (Hrsg.): Krankenhaus und ambulante Versorgung, 3., Aufl., 33 Erg. Juli 2006, Lose-Blatt-Ausgabe, Baumann Fachverlage, Kulmbach 2006 gelegt worden. Der Artikel in der Loseblattsammlung basiert auf den Ausführungen von Walter H. Rippel und Frank Rippel „Kosten- und Leistungsrechnung" in grundsätzlich überarbeiteter und veränderter Form.

Der Artikel wurde in einigen Bereichen maßgeblich ergänzt, verändert und überarbeitet. Dem Verlag danke ich in besonderer Weise für seine Unterstützung: Frau Angelika Volk hat das Buchprojekt von Anfang an unterstützt. Frau Jutta Lange hat die konstruktiv-kritische Begleitung übernommen, für ihre Geduld und hilfreichen Hinweise danke ich Frau Lange ganz herzlich.

Vorwort

Die Aufbereitung von der Loseblattsammlung bis zur Erstellung dieses Buches mit den zahlreichen Aufgaben hat meine Wissenschaftliche Mitarbeiterin Frau Dipl.-Kff. Julia Oswald übernommen. Ihr Engagement und ihre Recherchen haben diese Ausführungen wesentlich beeinflusst. Frau Julia Oswald gilt mein besonderer Dank.

Den Lesern wünsche ich ein gutes „Durchkommen" durch die Theorie und die Grundlagen der KLEE-Rechnung, vor allem aber die anwendungsorientierte Umsetzung in die Praxis.

Von Sören Kierkegaard stammt das Zitat „Existieren ist ohne Leidenschaft unmöglich, wofern man darunter nicht ein Dahinleben versteht." Ein wenig mehr Leidenschaft für die KLEE-Rechnung, eine ebenso überzeugte Darstellung der Analysen und eine engagierte Präsentation der Ergebnisse und Handlungsalternativen werden ökonomischen Analysen helfen, Wirtschaftlichkeitsaspekte, inhaltliche Forderungen und ethische Grundpositionen in Einklang zu bringen.

Winfried Zapp   Osnabrück, im Januar 2009

Hinführung zum Thema

1 Vom Besichtigungssystem zum Berichtssystem

Wenn das Personal seinen Nachtdienst antritt, dann wird die betreffende Nachtschwester oder der -pfleger die Patienten (im Krankenhaus) oder die Bewohner (in der Stationären Altenhilfe) in ihren Zimmern aufsuchen und sich davon überzeugen, dass sie den Umständen entsprechend gut versorgt sind. Womöglich hat man einen kleinen small talk geführt oder gezeigt, dass man Anteil nimmt an dem Geschehen des Patienten oder Bewohners, vor allem hat dieser Rundgang oder die „Besichtigung" aber gezeigt, „dass alles so weit in Ordnung ist".

Wenn am anderen Morgen die Pflegedienstleitung sich einen Überblick über den Verlauf des Nachtdienstes verschaffen möchte, wird sie vermutlich nicht einen Rundgang über die gesamten Stationen und Bewohnergruppen durchführen, sondern die schriftlichen Aufzeichnung des Nachtdienstes nutzen, um sich zu überzeugen, dass der Nachtdienst „keine besonderen Vorkommnisse vermeldet". Die Pflegedienstleitung führt keine „Besichtigung" durch, sondern greift auf ein Berichtssystem zurück.

Dieses genutzte Berichtssystem muss die gewünschten Informationen bereithalten, die es Personen ermöglichen aus den gemeldeten Informationssätzen die richtigen Handlungen ableiten zu können. Daraus ergeben sich besondere Herausforderungen und Anforderungen an solch ein Berichtssystem:

Von besonderer Bedeutung für den Aufbau eines Berichtswesens ist die Isomorphie, die die genaue Abbildung von Realität und Berichtsfeld ermöglichen muss. Die Interpretationen von Berichtsinformationen müssen gezielt Aktionen anstoßen beziehungsweise Handlungen initiieren. Allein mit dieser Formulierung sind hohe Anforderungen an ein Berichtswesen gestellt.

Weiterhin gehen Informationen von Personen aus und richten sich auch an Personen. Die beteiligten Personen müssen dieses Berichtswesen gleichermaßen kennen und interpretieren können.

Insbesondere Betriebswirte haben ein hohes Interesse, solche Berichtswesen zu entwickeln, um die Ergebnisse ökonomischen Handelns darzustellen und zu dokumentieren oder die Manager in die Lage zu versetzen, Entscheidungen zu treffen.

Insoweit mag das obige Beispiel mit dem Nachtdienst und der Pflegedienstleitung nicht ganz passen, denn in der Versorgung kranker Menschen werden mehr qualitative Daten und Informationen benötigt. Andererseits wird besonders deutlich, dass die Anforderung der Isomorphie auch die Ausgangslage (Pflege oder Ökonomie) und die Zielforderung (Gesundheit der Patienten beziehungsweise Wohlbefinden der Bewohner oder Wirtschaftlichkeit) mit zu berücksichtigen hat. Es können auch beide Seiten (Pflege/Wohlbefinden unter Wirtschaftlichkeitsaspekten) betrachtet werden. Von daher kommt dem obigen Beispiel unter dem Aspekt der Betriebwirtschaftlehre eine besondere Beachtung zu.

Im Vordergrund dieser Ausarbeitung steht der ökonomische Aspekt; die inhaltliche konkrete Ausgestaltung sprengt den Rahmen dieser Untersuchung.

Theoriegeleitete Grundlagen

Als ein wesentliches Berichtssystem wird deshalb hier das Rechnungswesen angesehen, dass die Ökonomie in den Mittelpunkt stellt. Die Ausgestaltung des Rechnungswesens kann extern und intern aufgebaut sein kann. Ausgangspunkt beider ist die Buchführung. Sie muss in ein internes Rechnungssystem – die Kostenrechnung – überführt werden, um Aussagen für das Management sicherzustellen.

Es wird deutlich werden, dass die Kostenrechnung nicht ein totes Gebilde ist, das wahllos und ohne Sinn und Verstand angewendet werden kann. Die Kostenrechnung ist in sich schlüssig gegliedert – das wird noch zu zeigen sein – und ist ohne eine Leistungsrechnung – also die inhaltliche Komponente – nicht wegzudenken. Dennoch liegt der Schwerpunkt auf der ökonomischen Analyse: Die Sachverhalte im Krankenhaus sollen durch die Verfahren der Kostenrechnung erfasst, abgebildet und analysiert werden. Deshalb stehen im Vordergrund dieses Bandes die Erklärungen und Erläuterungen, die Begründungen und Vorgehensweisen der Kostenrechnung.

2 Aufbau des Buches

Ausgangspunkt der Kosten-, Leistungs-, Erlös- und Ergebnisrechnung im Krankenhaus bildet die Einordnung der KLEE-Rechnung in das Rechnungswesen, bevor begriffliche und funktionale Grundlagen zur KLEE-Rechnung erörtert werden. Daran schließen sich Ausführungen zur Krankenhausbuchführungsverordnung und zum DRG-System, da diese krankenhausspezifischen Besonderheiten einen wesentlichen Einfluss auf die Gestaltung der KLEE-Rechnung haben.

Im dritten Abschnitt wird die Vorgehensweise der KLEE-Rechnung ausführlich behandelt. Ausgehend von der Darstellung, wie Kosten zu systematisieren sind, welche Prinzipien der Kostenerfassung und Regeln der Kostenzuordnung maßgeblich sind, werden die Inhalte der Kostenarten-, Kostenstellen- und Kostenträgerrechnung beschrieben. Zugleich wird dabei die Leistungs- und Erlösseite betrachtet. Die Kostenkontrolle mit der Kostenlenkung und dem Kostenmanagement rundet diesen Abschnitt ab.

Das vierte Kapitel stellt die Systeme der KLEE-Rechnung in den Mittelpunkt. Die Vorgehensweise der Prozesskostenrechnung als vollkostenbasiertes Rechnungssystem und die Deckungsbeitragsrechnung in ihrer unterschiedlichen Ausprägung als Teilkostenrechnungssystem werden beschrieben. Anwendungsorientierte Beispiele in Aufgabenform vertiefen das Verständnis der verschiedenen Rechnungssysteme.

Im anschließenden fünften Kapitel geht es um die Frage, in welcher Höhe die Ambulanzkosten des Krankenhauses auszugliedern sind. Diskutiert werden hier verschiedene Voll- und Teilkostenmethoden. Die modifizierte Vollkostenrechnung wird in ihrer praktischen Anwendung ausführlich mit Beispielrechnungen dargestellt.

Schließlich ist zu fragen, ob wirtschaftliche Überlegungen nur auf Kosten-, Leistungs-, Erlös- und Ergebnisbetrachtungen abstellen sollten oder ob bzw. welche anderen Parameter die Effektivität und Effizienz der Krankenhäuser erhöhen. Wenngleich auch die ökonomischen Ressourcen begrenzt sind und nach einem ökonomischen Prinzip verlangen, gilt es soziale und ethische Grundlagen zu beachten.

Theoriegeleitete Grundlagen

1 Ausgangsbasis: Rechnungswesen im Krankenhaus

1.1 Zahlenmäßige Abbildung des Unternehmungsprozesses

Das Betriebswirtschaftliche Rechnungswesen ist zentraler Bestandteil des Informationssystems einer Unternehmung und produziert vorwiegend Zahlen für Personen, die ein ökonomisches Interesse an der Unternehmung haben oder auf die ökonomischen Wirkungen ihrer Entscheidungen abstellen wollen. Das Unternehmungsgeschehen ist durch einen ständigen interdependenten Umsatzprozess gekennzeichnet. Dieser schlägt sich in der Zahlungsmittelbeschaffung und -verwendung, dem Transformationsprozess (Wertschöpfung), der Zahlungsmittelfreisetzung und der Ablösung der finanziellen Verpflichtung nieder. Die daraus resultierenden Zahlen, Daten und Informationen sind vielfältig und bedürfen zur Abbildung des Unternehmungsprozesses einer Ver- und Bearbeitung. Hier setzt das Betriebswirtschaftliche Rechnungswesen an, da es in der Lage ist, das wirtschaftliche Unternehmungsverhalten durch Zahlenwerte abzubilden. Dabei geht es im Kern nicht darum, gesetzliche Normen zu erfüllen, sondern die Entscheidungen und Handlungen in der Unternehmung effektiv und effizient zu lenken.

1.2 Klassifikation der Unternehmungsrechnung

Klassifiziert wird das Betriebswirtschaftliche Rechnungswesen durch eine institutionale, formale Gliederung und durch eine problemorientierte, inhaltliche Gliederung.[1]

a) Institutionale, formale Gliederung:
Diese Systematik stellt auf die klassischen Elemente der Finanzbuchhaltung, Kosten- und Leistungsrechnung, Statistik und Planungsrechnung ab.
Aufgabe der Finanzbuchhaltung ist die unternehmungsextern orientierte Erfassung und Verarbeitung der Geschäftsvorfälle des Krankenhauses. Sie orientiert sich an den Vorschriften des Handels- und Steuerrechts sowie weiteren Rechtsvorschriften. Die Geschäftsvorfälle schlagen sich in der Bilanz und in der Gewinn- und Verlustrechnung nieder und zeigen den Unternehmungsgewinn oder -verlust an.
Die Kosten- und Leistungsrechnung erfasst und bildet die internen Unternehmungsabläufe ab. Dazu wird der bewertete Verbrauch an Produktionsfaktoren und die Umwandlung der eingesetzten Produktionsfaktoren in die von der Unternehmung hergestellten und verkauften Produktionsmengen rechnerisch festgehalten. Um den Gesamtzusammenhang zwischen Kosten, Leistungen, Erlösen und Ergebnissen besser hervorzukehren, sollte begrifflich jedoch von einer Kosten-, Leistungs-, Erlös- und Ergebnisrechnung (KLEE-Rechnung) gesprochen werden.
Die Statistik befasst sich mit der Aufbereitung und Auswertung der Zahlen unter anderem der Bilanz und der KLEE-Rechnung. Im Vordergrund steht der Vergleich der Daten (z. B. Zeitvergleich, Betriebsvergleich) zum Zwecke der Erkenntnisgewinnung für die Unternehmungsführung. Statistische Auswertungen werden in der Regel nicht von einer eigens dafür geschaffenen Abteilung vorgenommen, sondern vom Controlling oder der Patientenverwaltung.

---

[1] Vgl. Zapp, W. (2008a); vgl. Zapp, W. (2007a), S. 271-272

Die Planungsrechnung basiert auf statistischen Zahlen und auf Daten der Finanz- und Betriebsbuchhaltung. Ihre Aufgabe besteht in der Berechnung der zukünftigen Unternehmungsentwicklung in Form von Voranschlägen, die durch Schätzungen und einer anschließenden Bewertung ermittelt werden. Ebenso wie die Statistik wird auch sie nicht durch eine selbständige Abteilung erledigt, sondern einer bestimmten Abteilung zugeordnet (Kostenrechnung, Leistungsabteilung, Controlling).

b) Problemorientierte, inhaltliche Gliederung

Wesentlich im Rechnungswesen sind die Begriffe Erfolg und Liquidität: Wird ein Gewinn erwirtschaftet, bleibt die Unternehmung zahlungsfähig. Diese ökonomischen Zielvorstellungen können als Ursprung für den Aufbau eines Rechnungswesens angesehen werden. Sie prägen auch heute noch dessen Ausgestaltung: Es haben sich unterschiedliche Rechnungskonzepte oder Rechnungssysteme entwickelt, die innerhalb des Betriebswirtschaftlichen Rechnungswesens bestimmte Aufgaben übernehmen und damit auf unterschiedliche Weise in den Unternehmungsprozess eingreifen. Dabei werden neben der Kosten-, Leistungs-, Erlös- und Ergebnisrechnung Systeme der Finanzrechnung, Bilanzrechnung und Investitionsrechnung unterschieden.[2]

Die Finanzrechnung stellt Geldströme dar und überwacht die Ein- und Auszahlungen. Sie zielt auf die Vermeidung der Zahlungsunfähigkeit der Unternehmung ab. Die Stromgrößenrechnung kann als Nachrechnung (Liquiditätsrechnung) oder als Vorrechnung (Finanzplanung) konzipiert werden.[3]

Die Bilanzrechnung ist gekennzeichnet durch die Bilanz als Bestandsrechnung und die Gewinn- und Verlustrechnung als Bewegungsrechnung. Eine Bilanz bezeichnet die stichtagsbezogene, ausgeglichene geldliche Abrechnung einer Wirtschaftsperiode. Parallel zur Bilanz wird im System der doppelten Buchführung eine Gewinn- und Verlustrechnung erstellt, die einen detaillierten Erfolgsausweis nach den verbrauchten bzw. entstandenen Gütern vermittelt.[4]

Die Investitionsrechnung stellt über mehrere Perioden die Wirkung des Einsatzes finanzieller Mittel auf die Zahlungsströme dar.[5] Unterschieden werden hierbei statische und dynamische Investitionsrechnungen. Statische Rechnungssysteme, wie die Kosten-, Gewinn-, Rentabilitäts- oder Amortisationsvergleichsrechnung sowie die Break-even-Analyse berücksichtigen keine Zeitunterschiede im Anfall der Zahlungen. Die Beurteilung der Vorteilhaftigkeit eines Objektes wird ausschließlich von den Rechnungselementen einer Periode abhängig gemacht. Dieser Nachteil wird mit Hilfe der Kapitalwert-, Zinsfuß- oder Annuitätenmethode als dynamische Investitionsrechnungsverfahren vermieden.[6]

---

2 Vgl. Schweitzer, M./Küpper, H.-U. (2008), S. 11.
3 Vgl. ebenda. S. 50f.
4 Vgl. ebenda. S. 51f.
5 Vgl. ebenda. S. 52f.
6 Vgl. Matschke, M. J. (1993), S. 252.

Die verschiedenen Rechnungssysteme der Unternehmungsrechnung sollen Informationen für eine zielorientierte Führung des Krankenhauses liefern. Unterschiedliche Zielvorstellungen erfordern unterschiedliche Strategien und diese wiederum können durch die unterschiedlichen Systeme dargestellt werden: Die Frage, ob man z. B. eine Leistung weiterhin selber produzieren oder fremdvergeben sollte, stellt kein kostenrechnerisches Problem dar, sondern es handelt sich dabei um eine Wirtschaftlichkeitsanalyse.[7]

Die Ziele, die mit diesen entscheidungsorientierten Rechnungssystemen und im Besonderen mit der KLEE-Rechnung einhergehen, können wie folgt beschrieben werden:

1. Die Unternehmungsrechnung hat viele Anforderungen zu erfüllen und als Generator entscheidungsrelevanter Informationen möglichst viele Entscheidungsprozesse zu bedienen. Dies zeigt sich in den unterschiedlichen Systemen.
2. Die Systeme der Unternehmungsrechnungen haben das Ziel, wirtschaftliches Handeln zu ermöglichen.
3. Wirtschaftliches Handeln kann als ein Entscheiden über knappe Güter verstanden werden. Entscheiden über knappe Güter bedeutet das Wählen zieloptimaler Alternativen.
4. Um diese Entscheidungen rational durchführen zu können, sind die Entscheidungen zu bewerten. Dazu bedarf es eines Messinstruments, das in der Lage ist, die wirtschaftlichen Konsequenzen jeder möglichen Entscheidung zu erfassen. Für sachzielbezogene Entscheidungen ist dieses Instrument die Kosten-, Leistungs-, Erlös- und Ergebnisrechnung.
5. Über die Struktur und den Ausbau der KLEE-Rechnung kann erst dann befunden werden, wenn vorab präzise festgestellt wurde,
    1.) um welches Entscheidungsproblem es sich handelt,
    2.a) welche Zielvorstellung dabei verfolgt wird und damit
    2.b) welche Erfolgsgröße als Konsequenz angestrebt wird und
    3.) welche Komponenten der Erfolgsgröße durch das zu strukturierende Rechnungswerk ermittelt werden müssen.
    Beispiel:
    Entscheidungsproblem: Make or buy
    Zielvorstellung: Gewinnmaximierung, Verfahrenswahl
    Erfolgsgröße: Gewinn pro Stück, pro Periode, pro Abteilung
6. Ist Nr. 5 erfüllt, dann wird der Informationsbedarf deutlich, der durch die KLEE-Rechnung erbracht werden muss.
7. KLEE-Rechnungen können sich auf verschiedene Rechnungsgrößen beziehen:
    – Art des Produkts
    – Einheit des Produkts
    – Produktgruppe
    – Produktprogramm
    – Verfahren

---

[7] Vgl. Zapp, W./Bettig, U./Dorenkamp, A. (2006), S. 5f.

– Arbeitsplatz
– Abteilung
– Prozess

8. Die KLEE-Rechnung muss das Entsprechungsprinzip erfüllen, d. h., dass Entscheidungsproblem und Rechnungsmethode sich entsprechen müssen. Kosten und Erlöse verändern sich danach nicht nur durch die Produktionsmenge, sondern sie verändern sich in Abhängigkeit von allen Variablen der jeweiligen Entscheidung.

Gelingt es, eine KLEE-Rechnung so zu strukturieren, dass sie die Generierung von Kosten und Erlösen im Sinne des Postulats des Entsprechungsprinzips von Entscheidung und Rechnung ermöglicht, dann ist dieses Rechnungssystem als entscheidungsspezifisch zu klassifizieren. Die mit diesem Kostenrechnungssystem ermittelten Informationen über Kosten und Erlöse werden als entscheidungsrelevant bezeichnet. Nach dem heutigen Erkenntnisstand genügt eine KLEE-Rechnung nur dann diesen Anforderungen, wenn
- das Rechnungskonzept selbst entscheidungsspezifisch und
- die ermittelten Kosten- und Erlösinformationen entscheidungsrelevant sind.

Damit bleibt festzuhalten, dass die Frage der DRG-Kalkulation ein anderes System der Eruierung von Kosten und Erlösen erfordert als die Frage, ob das Krankenhaus bestimmte Blutuntersuchungen durch ein Fremdlabor erbringen lassen soll oder nicht.

2 Grundlage: Die Kosten-, Leistungs-, Erlös- und Ergebnisrechnung

Üblicherweise wird in Wissenschaft und Praxis der Begriff der Kostenrechnung oder der Begriff Kosten- und Leistungsrechnung verwandt. Diese Teildisziplinen des Rechnungswesens – Kosten und Leistungen – haben sich jedoch mit den Jahren stetig verändert. So erkennen beispielsweise Schweitzer und Küpper eine steigende Bedeutung der Erlösrechnung als weiteren Teilbereich innerhalb der „Kostenrechnung". Entsprechend befürworten sie in ihren Veröffentlichungen den Begriff der Kosten- und Erlösrechnung.[8] Auch Männel hat darauf hingewiesen, dass die Kostenrechnung als Teil des Rechnungswesens grundsätzlich als Kosten-, Leistungs-, Erlös- und Ergebnisrechnung bezeichnet werden müsste, da letztendlich immer der Gesamtzusammenhang zwischen Kosten, Leistungen und Erlösen und den sich als Differenz ergebenen Ergebnissen dargestellt wird.[9] Dieser Auffassung wird in dieser Arbeit gefolgt, wobei korrekterweise noch zu berücksichtigen ist, dass generell die Kosten- und Erlösplanung erst nach abgeschlossener Leistungsplanung erfolgt und somit die Bezeichnung „Leistungs-, Kosten-, Erlös- und Ergebnisrechnung" angebracht wäre. Der Begriff Kosten-, Leistungs-, Erlös- und Ergebnisrechnung ist deshalb historisch zu sehen, da zunächst die Kostenrechnung im Mittelpunkt der Überlegungen stand. So ergibt sich das Akronym KLEE-Rechnung.

---
[8] Vgl. Schweitzer, M./Küpper, H.-U. (2008): Systeme der Kosten- und Erlösrechnung.
[9] Vgl. Männel, W. (1992a), S. V.

Begrifflich lässt sich die KLEE-Rechnung in
a) funktionaler,
b) instrumentaler und
c) institutioneller Sicht
kennzeichnen.

zu a) In funktionaler Sicht versteht man unter KLEE-Rechnung eine Aufgabe, die Informationen über sachzielbezoge bewertete Güterverbräuche und Güterentstehungen liefert.

zu b) In instrumentaler Sicht versteht man unter KLEE-Rechnung einen Informationsgenerator, der durch einen spezifischen strukturellen Aufbau gekennzeichnet ist und nach festgelegten Regeln quantitative auf bestimmte Entscheidungen und andere Anwendungen bezogene Informationen bereitstellt.

zu c) In institutioneller Sicht kann die KLEE-Rechnung als Stelle, Abteilung oder Bereich als Linie, Stab oder Zentraleinheit geführt werden.

2.1 Begriffe der Kosten-, Leistungs-, Erlös- und Ergebnisrechnung

2.1.1 Begrifflichkeiten und Abgrenzungen

2.1.1.1 Kosten

Kostenrechnerisch wird zwischen neutralen Aufwendungen und unternehmerischen (kalkulierbaren) Aufwendungen unterschieden. Neutrale Aufwendungen entstehen bei der Verfolgung unternehmungsfremder Ziele, durch Verluste aus dem Abgang von Vermögensgegenständen und durch Verluste aus Schadensfällen, aus unternehmerischen periodenfremden Vorgängen oder als außerordentliche Aufwendungen aufgrund ungewöhnlicher und selten vorkommender Geschäftsfälle. Betriebliche Aufwendungen stehen dagegen in unmittelbarem Zusammenhang mit dem eigentlichen Unternehmungszweck. Sie stellen Kosten dar. Folglich stimmen Aufwand und Kosten in der Regel nicht in vollem Umfang überein: einerseits hat der Aufwand nichts mit der Erstellung der Unternehmungsleistungen zu tun oder er wird ihnen nicht oder nicht in voller Höhe zugerechnet (=neutraler Aufwand); andererseits gibt es Kosten (= kalkulatorische Kosten), die zwar in der Buchführung verrechnet werden, denen jedoch überhaupt kein Aufwand (Zusatzkosten) oder ein Aufwand in einer anderen Höhe (Anderskosten) gegenübersteht. Soweit sich Aufwand und Kosten decken, spricht man von Zweckaufwand und Grundkosten. Die Beziehungen zwischen Aufwand und Kosten stellt die nachfolgende Abbildung dar.[10]

---

10 Vgl. Schweitzer, M./Küpper, H.-U. (2008), S. 28, vgl. Hummel, S./Männel, W. (2000), S. 64f., vgl. Ausführungen weiter unten Kapitel 1.3.1.1 Herkunft

Theoriegeleitete Grundlagen

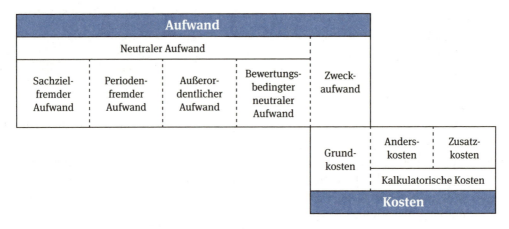

Abbildung 1: Abgrenzung von Aufwendungen und Kosten (Quelle: In Anlehnung an Schweitzer, M./Küpper, H.-U. (2008), S. 28, vgl. Hummel, S./Männel, W. (2000), S. 64 f.)

Basierend auf den Merkmalen
- mengenmäßiger Verbrauch an Gütern,
- Sachzielbezogenheit des Güterverbrauchs und
- Bewertung des sachzielbezogenen Güterverbrauchs

können Kosten allgemein als „der bewertete sachzielbezogene Güterverbrauch einer Abrechnungsperiode" [11] definiert werden. Analysiert man die genannten Eigenschaften weiter, unterscheidet sich der Kostenbegriff hinsichtlich der Bewertung des sachzielbezogenen Güterverbrauchs in einen
- wertmäßigen Kostenbegriff und in einen
- pagatorischen Kostenbegriff.[12]

Der pagatorische Kostenbegriff geht von ursprünglichen Anschaffungskosten aus, d.h. also nicht vom Verbrauch von Gütern und Dienstleistungen, sondern von Ausgaben (tatsächlich gezahlte Marktpreise).[13] Dagegen basiert der wertmäßige Kostenbegriff auf der Annahme, dass der Kostenwert die Funktion der Lenkung der Wirtschaftsgüter in ihre optimale Verwendungsweise übernehmen soll. Ihm kommt somit die Funktion der Gewichtung des sachzielbezogenen Güterverbrauchs mit Blick auf das angestrebte Ziel zu.[14] Es können hier im Gegensatz zum pagatorischen Kostenbegriff die Wertansätze des Güterverbrauchs entsprechend dem Zweck der Kostenrechnung bestimmt werden und müssen nicht mit den tatsächlichen Auszahlungen übereinstimmen. Statt des Anschaffungswertes kann beispielsweise ein Tageswert oder Verrechnungswert angesetzt werden.

---

11 Schweitzer, M./Küpper, H.-U. (2008), S. 17
12 Vgl. ebenda. 23.
13 Vgl. Wöhe, G. (2008), S. 1103
14 Vgl. Schweitzer, M./Küpper, H.-U. (2008), S. 23. und die dort angegebenen Literatur.

2.1.1.2 Leistungen

Für die Zwecke der KLEE-Rechnung werden neutrale von den unternehmerischen Erträgen unterschieden. Analog zu den unternehmerischen Aufwendungen stellen die unternehmerischen Erträge die Leistungen als Ergebnis der geplanten Leistungserstellung und -verwertung dar. Der neutrale Ertrag geht nicht in die KLEE-Rechnung der Unternehmung ein und setzt sich ebenfalls entsprechend dem neutralen Aufwand aus sachzielfremdem, periodenfremdem, außerordentlichem und bewertungsbedingtem neutralen Ertrag zusammen. Die kalkulatorischen Leistungen lassen sich ebenfalls in Anders- und Zusatzleistungen differenzieren. Stehen den Andersleistungen Erträge in anderer Höhe gegenüber (z.B. selbsterstellte verkaufte Patente, deren Erstellung unregelmäßig anfällt) sind Zusatzleistungen dadurch gekennzeichnet, dass ihnen überhaupt keine Erträge gegenüberstehen. Hier handelt es sich beispielsweise um selbsterstellte Patente, die in der Unternehmung genutzt, aber nicht rechnerisch berücksichtigt werden.

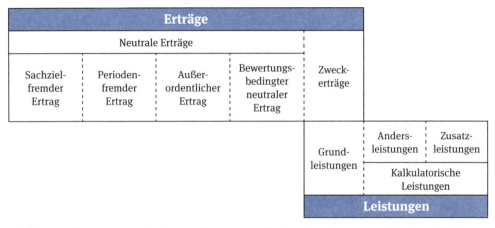

Abbildung 2: Abgrenzung von Erträgen und Leistungen (Quelle: In Anlehnung an Schweitzer, M./Küpper, H.-U. (2008), S. 36 und Hummel, S./Männel, W. (2000), S. 64 f.)

Ebenso wie der Kostenbegriff verschieden definiert werden kann, verbirgt sich hinter Leistungen sowohl ein mengenmäßiger als auch ein wertmäßiger Definitionsansatz. Der Mengenbegriff beschreibt dabei die Leistung als Kombination der Produktionsfaktoren in einer Unternehmung, wogegen der Wertbegriff das Ergebnis der Leistung und damit den Erlös beschreibt. Die Sozialwissenschaften verstehen menschliches Verhalten und Handeln dann als Leistung, wenn sie als ein mehr oder weniger großer Beitrag zur Annäherung an ein Ziel und/oder als eine dabei erbrachte mehr oder weniger große Anstrengung erscheint. Somit stellen Leistungen allgemein definiert den Prozess als Kombination der Produktionsfaktoren oder das Ergebnis als Erlös einer Anstrengung dar.[15]

---

15 Vgl. Zapp, W./Funke, M./Schnieder, S. (2000), S. 65

Theoriegeleitete Grundlagen

Die Leistung in der Dienstleistungsunternehmung Krankenhaus besteht primär in der Verbesserung des Gesundheitszustandes der Patienten. Diese Primärleistung ist jedoch nicht quantitativ messbar und eignet sich daher nicht als Zurechnungsobjekt für Kosten und Preise. Die Leistung im Krankenhaus wird daher mit der Zahl der sogenannten Sekundärleistungen als Ergebnis der Betriebsmittelkombination gemessen.[16] Dazu zählen die pflegerischen, diagnostischen und therapeutischen Leistungen sowie die Versorgungsleistungen und die Verweildauer.[17]

Spricht man im Krankenhaus von der Leistungsrechnung, verbindet man hiermit in erster Linie die Mengenrechnung. Für die Wertleistung wird der Erlösbegriff verwandt. Andere Autoren wie beispielsweise Haberstock verstehen unter Leistungen das Produkt und unterscheiden dann intern gefertigte Produkte (Innenaufträge, z.B. Bau eines Schreibtisches) von externen Produkten (Maschine, Blinddarmoperation).

2.1.1.3   Erlöse

Nach Kilger ist der Erlös als Nettomarktwert der innerhalb einer Periode abgesetzten Wirtschaftsgüter zu verstehen. Er ergibt sich aus dem Verkaufspreis unter Abzug aller Erlösschmälerungen zuzüglich der Erlöse aus neutralen Geschäftsfällen.[18] Vollständigkeitshalber sei hier erwähnt, dass auch die Erlöse analog zu den Kosten und Leistungen wie folgt abgegrenzt werden können.

Erträge					
Neutrale Erträge				Zweckerträge	
Sachzielfremder Ertrag	Periodenfremder Ertrag	Außerordentlicher Ertrag	Bewertungsbedingter neutraler Ertrag		
				Grunderlöse	Anderserlöse / Zusatzerlöse
					Kalkulatorische Erlöse
				Erlöse	

Abbildung 3: Abgrenzung von Erträgen und Erlösen (Quelle: In Anlehnung an Schweitzer, M./Küpper, H.-U. (2008) S. 36 f.)

Der Erlösbegriff ist nach Schweitzer und Küpper als Gegenstück zum Kostenbegriff durch folgende Merkmale gekennzeichnet:[19]
- mengenmäßige Entstehung von Gütern
- Sachzielbezogenheit der Güterentstehung
- Bewertung der Güterentstehung.

---
16 Vgl. Schmidt-Retting, B./Westphely, K. (1992), S. 1181.
17 Vgl. Eichhorn, S. (2008), S. 91.
18 Vgl. Kilger, W. (1987), S. 29.
19 Vgl. Schweitzer, M./Küpper, H.-U. (2008), S. 36

Im Rahmen der kalkulatorischen Erfolgsrechnung sind Erlöse somit die Entstehungsgröße und Kosten die Verbrauchsgröße. Folglich lässt sich der Erlös „allgemein als bewertete, sachzielbezogene Güterentstehung einer Abrechnungsperiode" definieren.[20] Analog zum Kostenbegriff unterscheiden sich auch hier der pagatorische und wertmäßige Erlösbegriff. Bei den pagatorischen Erlösen werden alle baren und kreditorischen Einnahmen als Erlös bezeichnet, die aus der Veräußerung von Gütern und Dienstleistungen resultieren. Da dieser Begriff auch erfolgsunwirksame Einnahmen enthält, kommt er jedoch nicht als Gegenbegriff der Kostenrechnung innerhalb der Erfolgsrechnung in Frage. Hier bietet sich nur der wertmäßige Kostenansatz im Sinne des leistungsbedingten Wertzuwachses an, der keinen speziellen Wertansatz vorschreibt, sondern durch völlige Offenheit hinsichtlich der Wertkomponente gekennzeichnet ist.[21]

Die nachfolgende Abbildung zeigt die Beziehungen zwischen Leistungen und Erlöse im Krankenhaus, wenn die Erlöse entsprechend den Ausführungen als einen sämtliche leistungserstellungsbedingten Wertzuwächse umfassenden Gegenbegriff der Kosten verwandt werden und der Leistungsbegriff für die mengenmäßige Ausbringung einer Periode steht. Insbesondere im Krankenhaus, bei dem das Sachziel neben dem Formalziel eine hohe Bedeutung hat, ist zur Dokumentation der Erfüllung des Sachziels das Aufzeichnen von Art und Umfang des Outputs ebenso wichtig, wie das Registrieren der vereinnahmten leistungswirtschaftlichen Entgelte zum Belegen der Erfüllung des Formalziels.[22]

---

20 Vgl. ebenda.
21 Vgl. Männel, W. (1992c), S. 633f., vgl. Schweitzer, M./Küpper, H.-U. (2008), S. 34.
22 Vgl. Hummel, S./Männel, W. (2000), S. 85.

Theoriegeleitete Grundlagen

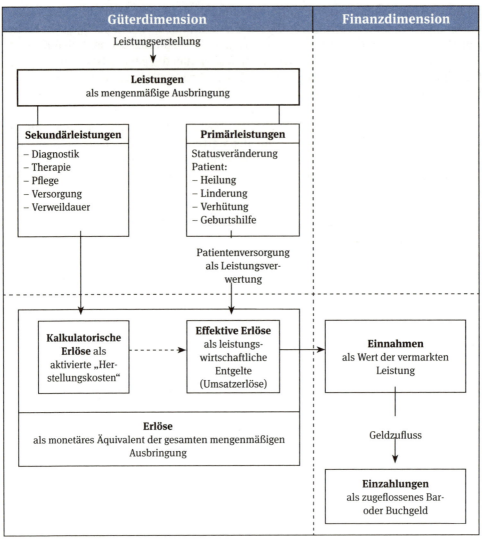

Abbildung 4: Beziehung zwischen Leistung und Erlös im Krankenhaus (Quelle: In Anlehnung an Hummel, S./Männel, W. (2000), S. 86)

2.1.1.4 Ergebnis

Um in einer Unternehmung die richtigen Entscheidungen treffen zu können, werden Informationen über das Ergebnis unternehmerischer Aktivitäten benötigt. Der Ergebnisbegriff steht dabei zum einen für die „Finalwirkung der Beschaffungs-, Produktions- und Absatzaktivitäten" der Unternehmung und wird zum anderen als „Beurteilungskriterium für die Effizienz der Unternehmensführung" verwandt.[23]

Im Rechnungswesen einer Unternehmung lässt sich zudem das extern orientierte (Jahres-)Ergebnis vom internen Ergebnis unterscheiden. Stellt das externe Ergebnis vorrangig den unternehmerischen Gesamterfolg als Überschuss der Erträge über die Aufwendungen dar (Unternehmungserfolg), zeigt das interne Ergebnis durch die Gegenüberstellung von Erlösen und Kosten den unmittelbar aus der Leistungserstellung heraus resultierenden betrieblichen Erfolg (Betriebserfolg).[24] Allgemein ist Erfolg neben Liquidität das ökonomische Ziel einer Unternehmung.[25]

2.1.2 Begriffsmerkmale

2.1.2.1 Zwingende Merkmale

Wenn eine möglichst klare begriffliche Abgrenzung der KLEE-Rechnung erreicht werden soll, sind mehrere zwingende Merkmale anzuführen. Folgende Thesen können hierzu abgeleitet werden[26]:

Die KLEE-Rechnung ist...
a) ... Bestandteil des Internen Rechnungswesens.
b) ... eine kalkulatorische Rechnung.
c) ... eine vorwiegend kurzfristige Rechnung.
d) ... eine Erfolgsrechnung.
e) ... eine vorwiegend regelmäßige laufende Rechnungsmethode.
f) ... eine freiwillig durchgeführte Rechnungsmethode.

a) Die KLEE-Rechnung ist Bestandteil des Internen Rechnungswesens.
Die KLEE-Rechnung gehört zum Internen Rechnungswesen, denn sie berichtet über den innerbetrieblichen Kombinationsprozess der eingesetzten Produktionsfaktoren. Sie erfasst mengen- und wertmäßig den Verzehr oder die Inanspruchnahme von Produktionsfaktoren sowie die damit gekoppelte Hervorbringung und Verwertung von Leistungen (Produkte). Durch eine Gegenüberstellung des Wertes der hervorgebrachten Leistungen und des Wertes der verbrauchten Produktionsfaktoren ermittelt sie den sogenannten kalkulatorischen Erfolg einzelner Produkte oder des gesamten Sortiments. Die zahlenmäßigen Ergebnisse der KLEE-Rechnung werden auch zur Vorbereitung von Entscheidungen vor allem im Produktions- und Absatzbereich der Unternehmung sowie zur Kontrolle der Wirtschaftlichkeit verwendet. Die Informationen, welche die KLEE-Rechnung liefert, werden in der Regel nur an Führungskräfte der Unternehmung (also nicht an Außenstehende) weitergeleitet.

---
23 Vgl. Helm, K. F. (1992), S. 671.
24 Vgl. Männel, W. (1992c), S. 631.
25 Vgl. Schweitzer, M./Küpper, H.-U. (2008), S. 11.
26 Vgl. Hummel, S./Männel, W. (2000), S. 7ff.

b) Die KLEE-Rechnung ist eine kalkulatorische Rechnung.
Diese These wird zunächst merkwürdig klingen oder nichtssagend sein. Denn kalkulieren heißt rechnen, und was soll man sich unter einer rechnerischen Rechnung vorstellen? Die Unklarheit verschwindet, wenn man erfährt, dass der Ausdruck „kalkulatorisch" hier in einem ganz anderen Sinn verwandt wird. Zu unterscheiden sind die kalkulatorische und die pagatorische Rechnung.[27] Beide Rechnungen lösen die Aufgabe das Betriebsgeschehen zahlenmäßig abzubilden auf verschiedene Weise, indem sie ihr Erfassungsinteresse auf jeweils ganz bestimmte Aspekte der betrieblichen Realität richten. Die pagatorische Rechnung (lat. Pagare = zahlen) knüpft an Zahlungsvorgänge an. Sie befasst sich mit Geldströmen, die zwischen der Unternehmung und ihrer Umwelt (Lieferanten, Kunden, Kapitalgeber, Staat) hin und her fließen und versucht auf diese Weise, wesentliche Aspekte der wirtschaftlichen Tätigkeit der Unternehmung zu erfassen. Da fast alle wirtschaftlichen Aktivitäten, die eine Unternehmung nach außen hin entfaltet, mit Zahlungsmittelbewegungen verbunden sind (z. B. Kauf von Rohstoffen, Verkauf von Produkten), liegt es nahe, ein extern orientiertes Rechnungssystem so zu konstruieren, das an Hand der Aufzeichnungen von Zahlungsströmen die wirtschaftliche Realität abbildet.

Im Gegensatz dazu baut die kalkulatorische Rechnung nicht auf Zahlungsmittelströmen, sondern auf Realgüterbewegungen auf. Die Abbildung des Betriebsgeschehens nimmt ihren Ausgang bei Gütermengen. Es gibt Geschäftsvorfälle, wie etwa den Einkauf von Rohstoffen gegen bar, die sich mittels beider Abbildungsweisen darstellen lassen. Denn in diesem Fall kann man sowohl Geldfluss, der durch die Bezahlung der Rohstoffe eintritt, wie auch den Realgüterfluss (den Rohstoffzugang) im Rechnungswesen erfassen. Beide Anknüpfungspunkte (der pagatorischen und kalkulatorischen) gestatten die Erfassung des wirtschaftlichen Vorgangs „Kauf von Rohstoffen gegen bar". Andere Transaktionen, wie etwas die Rückzahlung eines Bankkredits betreffen nur den Zahlungsstrom. Denn eine daran gekoppelte Realgüterbewegung existiert hier nicht. Sie können deshalb nur in der pagatorischen Rechnung berücksichtigt werden. Jene wirtschaftlichen Vorgänge, die es in der KLEE-Rechnung zu erfassen gilt, stehen in keinem unmittelbaren Zusammenhang mit Zahlungsströmen. Sie vollziehen sich innerhalb der Unternehmung, während Zahlungsmittelbewegungen typischerweise durch Kontakte der Unternehmung mit ihren Märkten ausgelöst werden. Der Verbrauch von Produktionsfaktoren und die damit gekoppelte Erzeugung von Produkten sind für sich betrachtet rein güterwirtschaftliche Vorgänge. Da die KLEE-Rechnung eben diese güterwirtschaftlichen Vorgänge erfasst, leuchtet es ein, dass es sich hierbei um eine kalkulatorische Rechnung handelt. Wenn man sich in der Kostenrechnung etwas auskennt, kann man der Aussage, man wolle güterwirtschaftliche Vorgänge erfassen, vielleicht nicht zustimmen, da es sich bei den Kosten doch um Geldgrößen handelt. Letzteres ist richtig, aber trotzdem bleibt ebenfalls richtig, dass sich das Erfassungsinteresse der Kostenrechnung auf den mengenmäßigen Verbrauch oder die zeitliche Inanspruchnahme der Produktionsfaktoren richtet. Allerdings wird der Verbrauch bewertet, also ebenfalls in Geld ausgedrückt, um die Verbrauchsmengen heterogener

---

27 Vgl. dazu auch die Ausführungen in Kapitel 2.1.1 Begrifflichkeiten und Abgrenzungen.

Produktionsfaktoren vergleich- bzw. rechenbar zu machen (Äpfel und Birnen kann man nicht addieren, wohl aber deren Geldwerte). Wesentlich ist, dass man nicht – wie etwa in einem Finanzplan – Zahlungsvorgänge, sondern Güterverzehre abbilden will. Dass man dabei in der Regel außer der Verzehrmenge auch deren irgendwie bestimmbaren Geldwert festhält, ändert nichts an der Tatsache, dass das Erfassungsobjekt güterwirtschaftlicher Natur ist. Analog werden auch erstellte Leistungen nachdem sie im ersten Ansatz mengenmäßig erfasst wurden, wertmäßig abgebildet.

c) Die KLEE-Rechnung ist eine vorwiegend kurzfristige Rechnung.
Die Vorgänge des Güterverzehrs und der Leistungsentstehung, mit denen es die KLEE-Rechnung zu tun hat, werden meist unter so kurzfristigen Aspekten betrachtet, dass ihre zeitliche Erstreckung oder ihre Realisierung zu verschiedenen Zeitpunkten vernachlässigt werden kann. Insofern unterscheidet sich die KLEE-Rechnung ganz wesentlich von der (ebenfalls zum internen Rechnungswesen gehörenden) Investitionsrechnung. Will man die Vorteilhaftigkeit einer Investition durch den Vergleich der mit ihr verbundenen Ein- und Auszahlungen beurteilen, so kann man angesichts der Langfristigkeit der Betrachtung nicht darauf verzichten, den zeitlich unterschiedlichen Anfall der Zahlungen explizit in der Rechnung zu berücksichtigen. Das wird finanzmathematisch-formal durch eine Auf- und Abzinsung der Ein- und Auszahlungen erreicht. Man bezieht alle Rechnungsgrößen auf denselben Zeitpunkt, um ihre Vergleichbarkeit zu gewährleisten. Eine Diskontierung der Rechengrößen findet in der KLEE-Rechnung nicht statt. Investitionskalküle dienen hauptsächlich dazu, die Vorteilhaftigkeit von langfristigen Anschaffungsentscheidungen rechnerisch zu beurteilen. Die Beschaffung von langlebigen Produktionsmitteln ändert die Kapazität des Betriebes. Im Gegensatz dazu ist die KLEE-Rechnung hauptsächlich auf die rechnerische Vorbereitung von Einsatz- oder Verwendungsentscheidungen über bereits beschaffte Produktionsfaktoren ausgerichtet. Sie operiert in der Regel im Rahmen einer gegebenen Kapazität oder Betriebsmittelausstattung. Überlegt sich beispielsweise ein niedergelassener Arzt, ob sich die Anschaffung eines Laborgerätes lohnt, so stellt er im Prinzip eine Investitionsrechnung an. Hat er das Gerät angeschafft, so wird ihm die KLEE-Rechnung helfen, eine kostengünstige Erbringung der Leistungen durchzuführen.

d) Die KLEE-Rechnung ist eine Erfolgsrechnung.
In der KLEE-Rechnung ermittelt man durch Gegenüberstellung des Wertes der erzeugten Leistungen und des Wertes der verbrauchten Produktionsfaktoren einen kalkulatorischen Erfolg. Es werden drei Bereiche unterschieden:
1) die den Produktionsfaktorverbrauch wertmäßig erfassende Kostenrechnung,
2) die die erzeugten Produkte wertmäßig erfassende Leistungsrechnung und
3) die Gegenüberstellung von Kosten und Leistungen in der Erfolgsrechnung.

Das Vorhandensein und das Zusammenspiel der drei Gebiete werden von niemandem bestritten. Die Bezeichnungen der drei Bereiche sind in der Literatur leider nicht einheitlich. So ist statt des Ausdrucks Erfolgsrechnung auch die Bezeichnung Ergebnisrechnung gebräuchlich.

Der in der KLEE-Rechnung ermittelte kalkulatorische Erfolg kann sich auf die gesamte betriebliche Tätigkeit während einer Periode beziehen oder auch nur auf Ausschnitte (Segmente) dieses Komplexes,
wie etwa
- bestimmte Geschäftsbereiche (Sparten),
- Kundengruppen,
- Produktgruppen oder
- gar auf die einzelne Leistungseinheit (das einzelne Stück).

Statt von kalkulatorischem Erfolg spricht man oft auch von kalkulatorischen Ergebnis – oder wenn sich die Erfolgsgröße auf die gesamte Tätigkeit bezieht – vom Betriebsergebnis. Das Betriebsergebnis deckt sich in der Regel nicht mit dem Jahreserfolg, wie er in der GuV-Rechnung im Rahmen des Jahresabschlusses ermittelt wird, und zwar auch dann nicht, wenn beide Rechnungen sich auf dasselbe Jahr beziehen. Ohne hier schon im Einzelnen erläutern zu können, wie es zu dieser Diskrepanz kommt, soll doch angemerkt werden, dass die Abweichung letztlich daraus resultiert, dass die beiden Rechnungen für Personen mit unterschiedlichen Informationsinteressen bestimmt sind. Diese unterschiedlichen Rechnungszwecke bedingen jeweils andere Rechengrößen. Die extern orientierte GuV-Rechnung soll vor allem außenstehende Kapitalgeber, die über keine direkten Einblickmöglichkeiten in das Betriebsgeschehen verfügen, über den Jahreserfolg informieren, damit sie entscheiden können, ob sich eine Anlage ihres Kapitals in die Unternehmung (weiterhin) lohnt. Die Betriebsergebnisrechnung als kalkulatorische Erfolgsrechnung wendet sich hingegen an die Führungskräfte in der Unternehmung und soll sie bei der Lenkung der Betriebsprozesse unterstützen.

e) Die KLEE-Rechnung ist eine vorwiegend regelmäßige laufende Rechnungsmethode
Nach dem Wiederholungscharakter (der Rechnungshäufigkeit) kann man
   1) fallweise und
   2) laufende
Rechnungen trennen.
Die Erstellung eines Finanzstatus zur Erlangung eines Bankkredits ist eine auf einen nur gelegentlich auftretenden Bedarf ausgerichtete Rechnung. Auch Investitionsrechnungen werden nur fallweise durchgeführt, dann nämlich, wenn über die Anschaffung eines Investitionsobjektes entschieden werden soll. Im Gegensatz dazu sieht die KLEE-Rechnung eine laufende Erfassung und Aufbereitung des Zahlungsstoffes vor. So wie die Finanz- bzw. Geschäftsbuchhaltung die Transaktionen der Unternehmung mit ihrer Umwelt kontinuierlich erfasst, bildet auch die KLEE-Rechnung die Vorgänge des Güterverzehrs und der Leistungsentstehung im Betrieb fortlaufend ab. Viele auswertende, vor allem kontrollierende Berichte werden regelmäßig erstellt. Für besondere Fragestellungen (z.B. zur Kostenermittlung für einen Sonderauftrag) kann es daneben auch fallweise kostenrechnerische Kalküle geben, die aber meist auf der institutionalisierten KLEE-Rechnung aufbauen.

f) Die KLEE-Rechnung ist eine freiwillig durchgeführte Rechnungsmethode
Die Einrichtung und Durchführung einer KLEE-Rechnung beruht auf freien Entschlüssen der Unternehmungsleitung. Ein solches Informationssystem ist für den Regelfall nicht gesetzlich vorgeschrieben (Ausnahme: Krankenhaus mit der KHBV[28]). Allenfalls für bestimmte, von der Kostenrechnung bereitzustellende Ergebnisse gibt es mehr oder weniger präzise Ermittlungsvorschriften, so z.B.
– die Preiskalkulation bei öffentlichen Aufträgen oder
– für den Ansatz der Herstellungskosten bei der Bewertung der Bestände an fertigen und unfertigen Erzeugnissen in der Handels- und Steuerbilanz.

Ansonsten kann die Unternehmungsleitung die KLEE-Rechnung so gestalten, wie es ihren Informationswünschen und ihren wirtschaftlichen Möglichkeiten entspricht. Wer von dieser Freiheit Gebrauch machen will, muss wissen, welche Gestaltungsalternativen bestehen. Es werden deshalb anschließend wichtige Wahlmöglichkeiten betrachtet.

2.1.2.2 Fakultative Merkmale

Die KLEE-Rechnung kann...
a) ... Vor- und/oder Nachrechnung sein.
b) ... Stück- und/oder Periodenrechnung sein.
c) ... Voll- und/oder Teilkostenrechnung sein.
d) ... Ermittlungs- und/oder Entscheidungsrechnung sein.
e) ... in buchhalterischer oder statistisch-tabellarischer Form durchgeführt werden.

a) Die KLEE-Rechnung kann Vor- und/oder Nachrechnung sein.
Je nachdem, ob sich eine Rechnung auf vergangenes oder zukünftiges Geschehen bezieht, kann man zwischen einer Nachrechnung und einer Vorrechnung unterscheiden. Statt von Nachrechnung spricht man häufig auch von Ist-Rechnung, insbesondere auch von der sogenannten Istkostenrechnung. Hierunter versteht man ein System der KLEE-Rechnung, das den Faktorverzehr und die Leistungsentstehung im Nachhinein (nachdem die güterwirtschaftlichen Prozesse schon abgelaufen sind) mengen- und/oder wertmäßig erfasst. Eine Rechnung, der für die Zukunft erwartete oder angestrebte Vorgänge zugrunde liegen, nennt man Vor-, Plan-, Prognose- oder Sollrechnung. Ein System der KLEE-Rechnung mit dieser Zielsetzung heißt Plankostenrechnung. Ist-kosten- und Plankostenrechnung werden sinnvollerweise miteinander kombiniert und den meist als „Plan" vorgegebenen Plangrößen die Istgrößen vergleichend gegenübergestellt, also Plan-Ist-Vergleiche durchführt, um aus den festgestellten Abweichungen Konsequenzen für zukünftiges Handeln zu ziehen. Praktizierte Systeme der Plankostenrechnung schließen deshalb regelmäßig auch eine Istkostenrechnung mit ein. Umgekehrt verfügen viele Betriebe allerdings nur über eine Istkostenrechnung. Plankostenrechnungen sind allerdings differenziert aufgebaut (siehe unten).

---

28 Vgl. dazu die Ausführungen in Kapitel 2.3.2 Gesetzliche Rahmenbedingungen einer Kosten-, Leistungs-, Erlös- und Ergebnisrechnung im Krankenhaus

Sie können dann lediglich im Nachhinein und oft nur mit erheblicher zeitlicher Verzögerung feststellen,
- welche Produktionsfaktoren,
- in welchem Maße verbraucht und
- welche Produkte
- mit welchem Erfolg erzeugt wurden.

Dies ist eine sehr bescheidene und unzureichende Information, wenn man die KLEE-Rechnung als ein Instrument zur Vorbereitung und Kontrolle von Entscheidungen einsetzen will.

b) Die KLEE-Rechnung kann Stück- und/oder Periodenrechnung sein.
Während die gerade beschriebenen Gestaltungsparameter den Unternehmungen eine gewisse Wahlfreiheit einräumen (nur Istkostenrechnung oder Plankostenrechnung einschließlich Istkostenrechnung), trifft dies auf die jetzt zu besprechende Unterscheidung praktisch nicht zu. Jede Unternehmung, die sich überhaupt eine KLEE-Rechnung einrichtet, wird sie sowohl stück- als auch periodenbezogen durchführen. Eine Stückrechnung soll u. a. Aufschluss darüber geben, was eine Leistungseinheit (ein Stück, ein Auftrag) kostet und wieviel daran zu verdienen ist. Eine stück- bzw. auftragsbezogene Kostenermittlung soll beispielsweise Anhaltspunkte für den zu fordernden Kaufpreis vermitteln. Außerdem kann man mit Hilfe einer solchen Rechnung prüfen, ob sich der Absatz zu einem (z.B. vom Markt) vorgegebenen Verkaufspreis überhaupt lohnt. Da eine Unternehmung in der Regel nicht nur ein Stück produziert oder nur einen Auftrag ausführt, muss die Stückrechnung durch eine Periodenrechnung ergänzt werden. Denn man will wissen, welche Kosten für ein bestimmtes Bezugsobjekt (z.B. für eine Produktart oder -gruppe, einen Geschäftsbereich oder die Gesamtunternehmung) in einer Periode (z.B. in einem Monat) angefallen sind und welche kalkulatorischen Erfolge für die jeweiligen Bezugsprojekte in der betrachteten Periode erzielt werden konnten. Andererseits lassen sich beispielsweise die anteilig auf ein einzelnes produziertes Stück entfallenden Kosten der Betriebs- und Geschäftsleitung erst dann berechnen, wenn diese Verwaltungsgemeinkosten zuvor periodenbezogen erfasst wurden. Sonderfälle verdeutlichen, dass streng genommen Stückrechnungen deshalb immer zugleich auch Periodenrechnungen sind, weil das Erstellen einer Leistung Zeit erfordert. Sammelt beispielsweise eine Reederei die gesamten Kosten einer langen Schiffsreise auf einem speziellen Konto, so führt sie eine aus dem eben genannten Grund gleichzeitig auftragsbezogene und periodenbezogene Rechnung durch.

c) Die KLEE-Rechnung kann Voll- und/oder Teilkostenrechnung sein.
Über die Vorteile und Nachteile dieser beiden Kostenrechnungskonzepte wird in Theorie und Praxis viel diskutiert. Die meisten Krankenhäuser arbeiten derzeit nach den Grundsätzen der sogenannten Vollkostenrechnung, die streng genommen Vollkosten- und Nettoergebnisrechnung heißen müsste. Dieses System weist, wie sich in den letzten Jahren mehr und mehr gezeigt hat, eine Reihe von Mängeln auf. Viele Wissenschaftler und Unternehmungsberater schlagen deshalb vor, das Rechnen mit Vollkosten und Nettoergebnissen durch das Einführen einer Teil- und Bruttoergebnisrechnung zu ersetzen oder zumindest zu ergänzen. Worum es bei diesem Streit geht, kann hier nur angedeu-

tet werden.[29] Eine Grundfrage, die jedes System der KLEE-Rechnung lösen muss, lautet: Wie groß ist der pro Stück erzielte Gewinn oder der hingenommene Verlust? Diese Frage soll an Hand eines stark vereinfachten Beispiels diskutiert werden:
Die Verwaltung hat ein Kopiergerät und verrechnet Fotokopien zu je 0,40 Euro pro Einheit für private Zwecke. Da das Gerät geleast ist, ist an den Kopiergeräte-Hersteller
- eine monatliche - stückzahlenunabhängige - Miete von 170,00 Euro und
- für jede angefertigte Kopie 0,10 Euro zu zahlen.
Andere Kosten - der Einfachheit halber angenommen - entstehen nicht. Innerhalb eines Monats wurden 1.000 Kopien von den verschiedenen Mitarbeitern des Krankenhauses abgerufen. Ist der Verrechnungssatz korrekt ausgerechnet? Versuchen Sie, die Aufgabe selbst zu lösen, bevor sie weiterlesen.

Die Befürworter von Systemen der Teilkostenrechnung würden antworten: 0,30 Euro. Müssen Sie diese Frage verneinen, sind Sie mit einiger Wahrscheinlichkeit - bewusst oder unbewusst - ein Vollkostenrechner.

Die Teilkostenrechner ziehen vom Verrechnungspreis (0,40 Euro) nur einen bestimmten, genau definierten Teil aller Kosten (0,10 Euro) ab, und zwar jenen, der tatsächlich stückzahlenunabhängig ist, der also mit jeder weiteren Kopie zusätzlich anfällt. Die Differenz (0,40 - 0,10 = 0,30) heißt Bruttogewinn. Aus der Summe der stückbezogenen erfassbaren Bruttogewinne (1.000 * 0,30 = 300) ist dann noch die monatliche Grundgebühr in Höhe von 170,00 Euro zu decken, so dass innerhalb des hier betrachteten Zeitraums ein Nettogewinn von 130,00 Euro verbleibt.

Die Anhänger der Vollkostenrechnung würden den Stückerfolg anders ermitteln und demzufolge auch ein anderes Bild der Erfolgsentstehung entwerfen. Nach ihrer Meinung müssen vom Verrechnungspreis (0,40 Euro) die vollen Stückkosten abgezogen werden. Diese machen hier 0,10 Euro plus 0,17 Euro (170,00 Euro: 1.000) also insgesamt 0,27 Euro aus. Der Stückgewinn, den man der Deutlichkeit wegen als Stücknettogewinn bezeichnen sollte, beträgt dann 0,13 Euro. Als Nettogewinn des Monats ergeben sich 130,00 Euro (1.000 * 0,13 Euro). Dieser Erfolg entspricht zwar in seiner Höhe dem Ergebnis der Teilkosten- und Bruttoergebnisrechnung - eine solche Übereinstimmung ist jedoch keineswegs zwingend. Um Missverständnissen und einer Überinterpretation des stark vereinfachten Beispiels vorzubeugen, muss dieses besonders betont werden.

Unter realistischen Bedingungen divergieren nicht nur die Stückgewinne, sondern auch die Periodengewinne beider Erfolgskonzeptionen, dies vor allem wegen der unterschiedlichen Bewertung von Lagerbestandsveränderungen.

Das derartige Veränderungen des Bestandes an Halb- und Fertigwaren vernachlässigende Beispiel zeigt, dass beide Systeme der KLEE-Rechnung sämtliche Kosten berücksichtigen. In einer Teilkostenrechnung fallen also keine Kosten unter den Tisch. Der Unterschied besteht nur darin,
- in welchem Umfang und
- wie die erfassten Kosten auf die Produkte verrechnet werden.

Die abweichende Verrechnung jener Kosten, die mit dem einzelnen Stück in keiner oder nur in einer sehr losen Verbindung stehen, wie im Beispiel die fixe Grundgebühr,

---
29 Vgl. dazu ausführlich im Kapitel Systeme der KLEE-Rechnung, Gliederungspunkt 2 Umfangbezogene Systeme.

führt prinzipiell zu einem unterschiedlichen Erfolgsausweis beider Rechensysteme: Für das Beispiel dokumentiert dies die Divergenz der Stückerfolge.

Voll- und Teilkostenrechner streiten darüber, welcher Erfolgsausweis generell oder im Hinblick auf bestimmte Zwecke der KLEE-Rechnung aussagefähiger ist.

Es wurde deutlich, dass es sich hier um eine recht grundsätzliche Entscheidung handelt, die jeder treffen muss, der eine KLEE-Rechnung neu einrichtet oder in ihrem Aufbau ändern will. Die Überlegungen, die es bei dieser Wahl anzustellen gilt, werden später erörtert.

d) Die KLEE-Rechnung kann Ermittlungs- und/oder Entscheidungsrechnung sein.
Je nachdem, wie anspruchsvoll das mit einer KLEE-Rechnung verfolgte Ziel ist, kann man zwischen Ermittlungs- und Entscheidungsrechnung unterscheiden.

Aufgabe einer als Ermittlungsrechnung verstandenen KLEE-Rechnung ist es, den Prozess
– des Faktorverzehrs und
– der Leistungsentstehung

stück- und/oder periodenbezogen möglichst
– realitätsgetreu und
– unverzerrt darzustellen.

Eine Ermittlungsrechnung hat vorwiegend nachträglich feststellenden Charakter. Sie muss vor allem vollständig, korrekt, nachprüfbar und objektiv sein.

In einer Entscheidungsrechnung, die der Vorbereitung bzw. zahlenmäßigen Fundierung unternehmerischer Dispositionen dienen soll, kommt es dagegen in erster Linie darauf an, einen spezifischen Informationsbedarf zu befriedigen. Maßgeschneiderte Zahlen sollen für einen bestimmten Auswertungszweck zur Verfügung gestellt werden. Nicht das generelle Informieren über etwas steht im Vordergrund, sondern die Eignung einer Information für einen ganz bestimmten Verwendungszweck. Wenn beispielsweise von der radiologischen Abteilung zu entscheiden ist, ob bestimmte Leistungen selbst erzeugt oder fremd bezogen werden sollen, so müssen die Kosten der beiden zur Wahl stehenden Handlungsmöglichkeiten in einer Entscheidungsrechnung verglichen werden. Ein allgemeiner Bericht über die eigenen Kosten reicht für eine ökonomische Beurteilung der Selbstherstellung nicht aus. Vielmehr muss man gerade die (und nur die) Kosten kennen, die bei einer Eigenfertigung von radiologischen Leistungen zusätzlich anfallen würden. Historisch betrachtet hatte die KLEE-Rechnung zunächst eine vorwiegend ermittelnde Funktion. Man wollte vergangenheitsbezogen dokumentieren, welche Kosten und Erlöse innerhalb einzelner Perioden bzw. für einzelne Aktivitäten angefallen waren. Von modernen Systemen der KLEE-Rechnung wird darüber hinaus verlangt, dass sie
– spezielle,
– zweckgerichtete Informationen zur Beurteilung alternativer zukünftiger Handlungsmöglichkeiten bereitstellen können. Man spricht in diesem Zusammenhang auch von einer Entwicklung von der dokumentierenden zur entscheidungsorientierten KLEE-Rechnung.

e) Die KLEE-Rechnung kann in buchhalterischer oder statistisch-tabellarischer Form durchgeführt werden.
Als man Anfang des letzten Jahrhunderts in fortschrittlichen Betrieben begann, neben der Finanz- und Geschäftsbuchhaltung auch eine Kosten- und Leistungsrechnung einzurichten, lag es nahe, das erprobte Verfahren der doppelten Buchhaltung auch in dem neuen Rechnungszweig anzuwenden. Folgerichtig sprach man deshalb auch von Betriebsbuchhaltung.
Im Laufe der Zeit erwies sich diese Methode jedoch als zu starr und schwerfällig, um den vielfältigen und wechselnden Zwecken der KLEE-Rechnung gerecht zu werden. Man musste immer mehr Nebenrechnungen auf besonderen Formularen anfertigen und das Zahlenmaterial in Listen und Tabellen je nach den verschiedenen Auswertungszwecken immer wieder anders zusammenstellen. Um den damit verbundenen, oft hohen Aufwand zu vermeiden, wird die KLEE-Rechnung heute überwiegend in statistisch-tabellarischer Form durchgeführt. An einigen Schnittstellen besteht allerdings in der Regel die Möglichkeit und meist auch die Notwendigkeit einer Abstimmung mit der Finanz- bzw. Geschäftsbuchhaltung. Die Tendenz zur statistisch-tabellarischen Darstellung wurde durch das Vordringen der elektronischen Datenverarbeitung entscheidend gefördert. Sie gestattet ein schnelles Umgruppieren des einmal erfassten Zahlenmaterials, so dass bei entsprechender Programmierung der EDV-Anlage jedem Berichtsempfänger die ihn interessierenden Ausschnitte des gesamten Zahlenstoffs in einer für ihn geeigneten Form präsentiert werden können. Zu diesem Zweck bieten in Deutschland zahlreiche Software-Hersteller für die Praxis unterschiedliche Konzepte EDV gestützter Kostenrechnung an, die allerdings in ihrer betriebswirtschaftlichen Grundausrichtungen und auch in der Art der Datenerfassung, -verarbeitung und -aufbereitung stark divergieren.

2.2 Bereiche der Kosten-, Leistungs-, Erlös- und Ergebnisrechnung

Ein ganzheitliches, modernes Kostenrechnungskonzept beinhaltet neben der traditionellen Kostenrechnung eine Leistungsrechnung, eine Erlösrechnung und die sie verbindende Ergebnisrechnung. Dabei kann die Erlösrechnung als eigenständiger Teilbereich etabliert werden, wogegen sich die Leistungsrechnung als Ergänzung zur Kostenrechnung mehr im Hintergrund bewegt und über alle Bereiche hinweg detailliert Informationen über das Kapazitäts- und Leistungsbild der Unternehmung ohne Bewertung mit Kostengrößen liefert. Deutlich wird somit, dass Leistungen eine größere Bedeutung für Managemententscheidungen haben als bisher in der Kostenrechnung zugestanden.

Theoriegeleitete Grundlagen

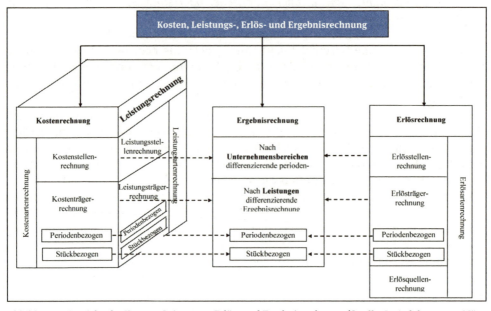

Abbildung 5: Bereiche der Kosten-, Leistungs-, Erlös- und Ergebnisrechnung (Quelle: In Anlehnung an Männel, W. (1992c), S. 633)

2.2.1 Segmentierung in Bereiche

2.2.1.1 Kostenrechnung

Die Kostenrechnung konzentriert sich in der Regel aus operativer Sicht auf die Planung und Kontrolle des Betriebsgeschehens. Sie ist eine intern orientierte kontrollierende vergangenheits- und entscheidungsorientierte Zukunftsrechnung, die sämtliche Kosten und Leistungen periodisch erfasst und nach dem Verursachungsprinzip den einzelnen Bereichen zuordnet. Ihre drei bzw. vier Hauptrechnungen, die auch als Kostenrechnungsstufen bezeichnet werden, sind die Kostenarten-, Kostenstellen- und Kostenträgerrechnung. Dabei stehen diese „...nicht gleichberechtigt nebeneinander, sondern gehen – quasi evolutorisch – auseinander hervor".[30] Im Rahmen dieser Stufen ist die Kostenlenkung als anschließende vierte Stufe anzufügen. Die Kostenrechnung ist nicht nur als Verfahren, sondern auch als Rückkoppelungsprozess zu verstehen. Die einzelnen Kostenstufen werden durch Abweichungsanalysen sowie Veränderungen der Leistungs-, Kosten- und Trägerstufen beeinflusst, um ein ökonomisches Ergebnis in der Systematik der Kostenrechnung herbeizuführen. Folgende Fragen werden deshalb zu beantworten sein:

– welche Kosten angefallen sind (Kostenartenrechnung),
– wo die Kosten angefallen sind (Kostenstellenrechnung),
– wofür die Kosten angefallen sind (Kostenträgerrechnung) und
– welche Kosten nicht optimal sind (Kostenlenkung).

Mit Blick auf die Darstellung des realisierten Unternehmungsprozesses beziehungsweise die Darstellung der Leistungsfähigkeit und die Beurteilung der Wirtschaftlichkeit ist es notwendig, die tatsächlich entstandenen Kosten zu ermitteln. Diese Ermittlung vollzieht sich innerhalb der beiden Phasen Kostenerfassung und Kostenverteilung. Geht es bei der Kostenerfassung um die Messung der Verbrauchsmengen und Güterpreise, so bezeichnet die Kostenverteilung die Zuordnung der zuvor definierten und erfassten Einzel- und Gemeinkosten auf Kostenstellen beziehungsweise auf Prozesse und Kostenträger.[31]

Nachfolgende Abbildung verschafft einen Überblick über die Kostenrechnungsstufen und Kostenrechnungsphasen der Kostenrechnung.

---

30   Graumann, M./Schmidt-Graumann, A. (2007), S. 195.
31   Vgl. Schweitzer, M./Küpper, H.-U. (2008), S. 39 f.

Theoriegeleitete Grundlagen

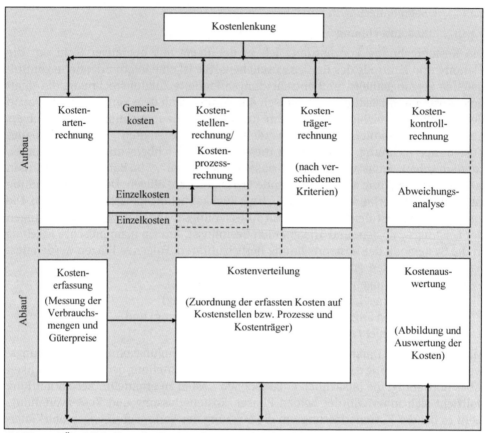

Abbildung 6: Überblick über die Kostenrechnungsstufen (Quelle: In Anlehnung an Zapp, W. (2004), S. 84 f.)

2.2.1.2 Leistungsrechnung

Entsprechend der Definition des mengenmäßigen Leistungsbegriffs ist es Aufgabe der Leistungsrechnung, die Höhe der sachzielbezogenen und bewerteten Leistungen zu ermitteln. Sachzielbezogen sind Leistungen dann, wenn zwischen ihnen und dem Sachziel eine Beziehung besteht, wie es zum Beispiel bei Krankenhausleistungen der Fall ist, die durch ein Entgelt (z.B. DRG-Fallpauschale) vergütet werden. Erträge, die dagegen nicht im Rahmen des Produktionsprogramms einer Unternehmung und damit nicht sachzielorientiert erwirtschaftet werden, dürfen nicht als Leistungen in die Kosten- und Leistungsrechnung eingehen. Nicht betriebsbedingte Tätigkeiten sind zu vernachlässigen. Ausschlaggebend für die Ermittlung einer bedarfsadäquaten Leistungsmenge ist die Festlegung der Leistungshäufigkeit unter Beachtung des zeitlichen Aufwandes, der Qualität oder eines festgelegten Qualitäts-Standards.[32]

Als Informationsinstrument der Unternehmungsleitung hat die Leistungsrechnung die bewerteten Güter und Dienstleistungen zu erfassen, die sodann zur Erreichung des Betriebszweckes zu erstellen beziehungsweise zu planen sind. Die Leistungserfassung der benötigten Mengen und Zeiten sollte dabei grundsätzlich am Ort des Verbrauchs – im Krankenhaus zum Beispiel in der Physiotherapie – erfolgen.[33] Die betrieblichen Leistungen werden hierbei als Gegenstück zu den Unternehmungskosten gesehen.[34]

Die Bedeutung der Leistungsrechnung liegt in der Ergänzung der Kostenrechnung. Sie erfüllt bei der Beantwortung folgender Fragen interne und externe Ansprüche:

W-Fragen	Erläuterung	Begrifflichkeit
Wer erbringt	Die **Dienstart**, die diese Leistung erbringt, zum Beispiel erbringt die Pflege Dienstleistungen	Personalkostenart
mit **welchen** Mitteln	Die **Sachmittel**, die zur Leistungserstellung benötigt werdena	Sachkostenart
wo	Die **Leistungsstelle**, in der die Leistung erbracht wird, zum Beispiel der Wohnbereich	Leistungsstelle → Kostenstelle
für **wen**	Der **Leistungsträger**, der die Leistung empfängt, zum Beispiel der Bewohner	Leistungsempfänger → möglicher Kostenträger
wann	Der **Zeitpunkt** der Leistungserstellung.	
welche Leistung?	Die **Art der Leistung**, zum Beispiel eine Mahlzeit (Verpflegungsleistung), ein Bad (Pflegeleistung), eine Theaterbegleitung (Zusatzleistung). Ist die Leistungsart eine abzurechnende Leistung, dann stimmen Leistungsart und Leistungsträger überein.	Leistungsart = Leistungsträger → Kostenträger

Tabelle 1: Ansprüche der Leistungsrechnung (Quelle: In Anlehnung an Zapp, W./Funke, M./Schnieder, S. (2000), S. 63)

---
32 Vgl. Neubauer, G./Schallemair, C. (1998), S. 363 ff.
33 Vgl. Männel, W. (1992b), S. 411.
34 Vgl. Plinke, W. (1993), S. 2654.

Durch die Leistungsrechnung im Krankenhaus erhält das Leistungsgeschehen die Transparenz, die es hinsichtlich des nicht direkt oder unmittelbar monetär quantifizierbaren Outputs der Krankenhausleistung benötigt.
Damit die Kostenverantwortlichen eindeutige Aussagen treffen können, muss die Betrachtung der Leistungen mit der Kostenperspektive übereinstimmen und vergleichbar sein. Das heißt, dass die Leistungen einer Kostenstelle eindeutig zurechenbar sein müssen. Ist insofern dieses nicht der Fall, werden die kostenorientierten Manager zu verfehlten Handlungen kommen.[35]
Bei immer komplexer werdenden Abläufen ist die Deckungsgleichheit von Kosten und Leistungen oft nur kostenträgerorientiert möglich. So müssen bei interdisziplinär belegten Stationen auch die unterschiedlichen Krankheitsbilder (Leistungen) den Kosten entsprechen. Eine andere Möglichkeit besteht darin, Stationen nicht nach Krankheitsbildern, sondern nach Prozesstiefe zu definieren wie beispielsweise bei Low-Care-Stationen. Sie werden nach pflegeintensiven Patienten strukturiert.

2.2.1.3 Erlösrechnung

An die Leistungsrechnung schließt sich die Erlösrechnung an, die analog zum wertmäßigen Leistungsbegriff die Wertentwicklung der Leistungsrechnung darstellt.[36] Die Erlösrechnung erfasst und strukturiert dabei alle durch die Erstellung und Verwertung von Leistungen zufließenden Werte.[37]
Nach Schweitzer und Küpper lässt sich die Erlösrechnung entsprechend der Kostenrechnung in Erlösarten-, Erlösstellen- und Erlösträgerrechnung untergliedern. Männel unterscheidet weiter die Erlösquellenrechnung, die festhält, von welchen absatzwirtschaftlichen Potentialen (im Krankenhaus DRGs) einer Unternehmung Erlöse zufließen und die neben der Erlösträgerrechnung jedoch im Gegensatz zur Kostenrechnung am Anfang der Erlösrechnung steht. Im Rahmen der Erlösträgerrechnung werden einer Unternehmung die zufließenden Erlöse den Kalkulationsobjekten zugeordnet, für die sich diese direkt als Einzelerlöse erfassen lassen. Die sich anschließende Erlösstellenrechnung zeigt auf, welchen Unternehmungsbereichen die erzielten Erlöse zuzuordnen sind.[38]
Konkreter lässt sich die Erlösstellenrechnung in außer- und innerbetriebliche Rechnungen untergliedern. Außerbetriebliche Erlösstellen werden gebildet, um zunächst die Erlöse auf die Erlösquellen[39] oder die Erlösträger zuzurechnen und sie dann zu planen und zu kontrollieren. Wie auch bei den Kostenstellen, sind die Erlösstellen hierbei ein einheitlicher Verantwortungsbereich mit homogenen Absatzbedingungen (zum Beispiel: Regionen, Kundengruppen). Im Rahmen der innerbetrieblichen Rechnung ermöglicht die Erlösstellenrechnung schließlich die Analyse von Teilbereichen der Unternehmung.[40]

---

35 Vgl. Zapp, W. (2004), S. 91.
36 Vgl. Weber (2008), S. 190.
37 Vgl. Liessmann, K. (1997), S. 193.
38 Vgl. Männel, W. (1992c), S. 632 f.
39 Vgl. ebenda.
40 Vgl. Weber, J. (2008), S. 114.

Die Erlösartenrechnung betont spezifische Merkmale zur Unterscheidung der Erlösarten. Die Erlösarten entstehen dabei durch ihre Betrachtungsweise, indem die Merkmale Güterentstehung, Sachzielbezogenheit und Bewertung zur Konkretisierung hinzugezogen werden.[41]

Nachfolgende Abbildung zeigt die Differenzierungsmöglichkeiten der Erlöse:

Merkmal	Ausprägung	Beispiel
Art der Ausbringungsgüter	Produkterlöse	DRG-Erlös
	Sachmittel-, Anlageerlöse	Apothekenartikel, Rückstellungszinsen
	Arbeitserlöse	Konsiliarleistung
	Informationserlöse	Softwareentwicklung, Beratungsleistung
	Nominalerlöse	Zins-, Dividendenerlöse
	Vermietererlöse	Mieteinnahmen für die Mitnutzung medizinischer Geräte eines anderen Krankenhauses oder ambulant tätiger Ärzte
Bezugsgröße	Stückerlöse	DRG-Erlöse
	Periodenerlöse	Sämtliche Erlöse für stationäre Leistungen
Wertansatz	Pagatorische Erlöse	DRG-Erlös
	Nichtpagatorische (kalkulatorische) Erlöse	Innerbetriebliche Erlöse z.B. für Röntgenleistungen
Zurechenbarkeit	Einzelerlöse	DRG-Erlös
	Gemeinerlöse	Integrierte Versorgung
Veränderlichkeit	Variable Erlöse	DRG-Erlös
	Fixe Erlöse	Pauschale Fördermittel
Erlösbereich, -stelle	Bereich A, Bereich B	Chirurgie oder konservative Kliniken
Erlösträger	Produkt A, Produkt B	DRG A, DRG B

Tabelle 2: Klassifikationsmöglichkeiten von Erlösarten (Quelle: In Anlehnung an Schweitzer, M./Küpper, H.-U. (2008), S. 99)

---

[41] Vgl. Schweitzer, M./Küpper, H.-U. (2008), S. 97f.

2.2.1.4 Ergebnisrechnung

Mit Blick auf die Instrumente zur Ermittlung eines Ergebnisses wird bei der Ergebnisrechnung zwischen der externen Ergebnisrechnung bzw. Gewinn- und Verlustrechnung und der internen Ergebnisrechnung bzw. Betriebsergebnisrechnung unterschieden.[42] Stellt die Gewinn- und Verlustrechnung die Aufwendungen und Erträge einer Unternehmung gegenüber, ermittelt die Betriebsergebnisrechnung durch die Gegenüberstellung von Erlösen und Kosten den unmittelbar aus der Leistungserstellung resultierenden Erfolg einer Unternehmung. Realisiert werden kann diese Zusammenführung von Kosten- und Erlösrechnung durch unterschiedliche Vorgehensweisen, wie zum Beispiel die Vollkosten- und Nettoergebnisrechnung oder die Teilkosten- und Bruttoergebnisrechnung (Deckungsbeitragsrechnung). Letztere ermöglicht den entscheidungsorientierten Erfolgsausweis für sachlich und zeitlich abgegrenzte Bezugsobjekte (Kliniken, DRGs, Patienten). Dabei bestimmt die Qualität der Daten aus der Kosten- und Erlösrechnung die Genauigkeit des Erfolgsausweises der Ergebnisrechnung.[43]

2.2.2 Anforderungen an die Rechnungen

Bei der Durchführung und Umsetzung einer effizienten Kosten-, Leistungs-, Erlös- und Ergebnisrechnung sind querschnitts-, rechnungs- und benutzerorientierte Anforderungen zu beachten. Die Anforderungen sind nicht isoliert zu betrachten, sondern miteinander verbunden. Sie lassen sich jedoch nicht immer z. B. aufgrund von Zielkonflikten gleichermaßen erfüllen.[44]

a) Querschnittsorientierte Anforderungen:
Die querschnittsorientierten Anforderungen durchziehen die weiteren Anforderungen und stellen eine generelle Zielperspektive dar: Wirtschaftlichkeitsüberlegungen sind die Grundlage aller Überlegungen. Ein Krankenhaus kann nur ein Rechnungssystem implementieren, das Erkenntnisse und Fortschritte bewirkt. Dabei ist das Prinzip der Wirtschaftlichkeit zu beachten. Die Präsentation der Daten aus der KLEE-Rechnung müssen klar und übersichtlich sein, da nicht nur Kaufleute, sondern auch Ärzte, Pflegekräfte oder Laborkräfte die Inhalte verstehen und nutzen sollen. Das Wesentliche muss schnell sichtbar sein. Damit verbunden ist zudem die Möglichkeit einer schnellen und einfachen Datenlieferung und -aufbereitung.

b) Rechnungsorientierte Anforderungen
Rechnungsorientierte Anforderungen beziehen sich auf die Anforderungen der Rechenoperationen, die Rechenkonzepte und -systeme. Sie sollten objektiv gestaltet sein, damit die Daten richtig, genau, realitätstreu, sicher und nachvollziehbar den Entscheidungsträgern zur Verfügung gestellt werden können. Ein ständiger Wechsel in der Erfassungs- und Darstellungsform mindert oder erschwert die Aussagefähigkeit der Daten, so dass Vergleiche und Analysen unmöglich wären. Die angewandten Systeme und Verfahren bedürfen daher einer Einheitlichkeit oder Stetigkeit. Die KLEE-Rechnung sollte jedoch auch so flexibel angelegt sein, dass insbesondere die rechtlichen Änderungen, die mit dem DRG-System einhergehen, relativ einfach integriert werden können.

---

42 Vgl. Helm, K. F. (1992), S. 671.
43 Vgl. ebenda, S. 631
44 Vgl. Zapp, W. (2007a), S. 274; Vgl. Zapp, W./Torbecke, O. (2005), S. 9ff.; Vgl. Zapp, W. (2004), S. 83ff.

c) Benutzerorientierte Anforderungen
Benutzerorientierte Anforderungen richten sich an jene Personen, die die Informationen erhalten und umsetzen müssen. Dabei geht es darum, durch die Bereitstellung von relevanten, adäquaten und aktuellen Informationen Entscheidungen zu ermöglichen. Während relevante Informationen genau das mitteilen, was man in einer bestimmten Situation kennen muss, um ein Problem lösen zu können, stellen adäquate Informationen darauf ab, dass sie verwertet und entsprechend der Probleme zu ihrer Lösung eingesetzt werden. Aktuelle Informationen hingegen zielen auf den Zeitpunkt ab, der notwendig ist, um Handlungsanweisungen zeitgerecht ableiten und einleiten zu können.

2.3 Funktionen der Kosten-, Leistungs-, Erlös- und Ergebnisrechnung

2.3.1 Darstellung des Unternehmungsprozesses

Als klassische Funktion der KLEE-Rechnung gilt die vergangenheitsorientierte Abbildung des Unternehmungsprozesses (Abbildungsfunktion). Dabei ist vor allem die Dokumentationsfunktion als eine Teilfunktion der Abbildung sehr ausgeprägt, da ohne Kosten und Leistungen nicht gerechnet werden kann. Die Dokumentation setzt die Erfassung der Kosten, Leistungen, Erlöse und Ergebnisse voraus (Ermittlungsfunktion).[45] Sind die Größen ermittelt, dokumentiert und abgebildet, dann ist die Weitergabe dieser Daten an die entsprechenden Stellen wichtig (Informationsfunktion).

2.3.1.1 Dokumentation

Im allgemeinen Rechnungswesen besteht die Bedeutung der Dokumentation vorrangig darin, dass sie mit ihren Informationen zur Einhaltung gesetzlichen Verpflichtungen (z.B. handels- und steuerrechtlicher) oder vertraglichen Vereinbarungen (z.B. Kredit- und Lizenzverträgen) beiträgt. Dokumentationsrechnungen richten sich überwiegend an externe Informationsadressaten und unterstützen die rechtlich gesicherte Ermittlung von Ergebnissen, an die sich Ansprüche knüpfen können. Dokumentationsinstrumente sind hier in besonderem Maße die Bilanz und die Gewinn- und Verlustrechnung der Finanzbuchhaltung.[46] Auch die KLEE-Rechnung nimmt beispielsweise durch die bilanzielle Herstellungskostenermittlung für fertige und unfertige Erzeugnisse sowie für Eigenleistungen eine Dokumentationsfunktion wahr.[47] Im Krankenhausbereich steht sie insbesondere im Zusammenhang mit der Kalkulation der bundeseinheitlichen Relativgewichte im Rahmen des DRG-Systems. Obendrein bildet die Dokumentation die Basis für die weiteren Rechnungszwecke der Information und Lenkung.

---

45 Vgl. Selke, S. (1997), S. 50
46 Vgl. Coenenberg, A. G. (2007), S. 26.
47 Vgl. ebenda.

2.3.1.2 Information

Unternehmungen bedürfen einer Vielzahl von zweckgerichteten und sinnvoll strukturierten Informationen, wenn die anstehenden Entscheidungen zur Aufgabenerfüllung und zur Erhaltung der Unternehmungsstabilität rational gestaltet und die damit verbundenen Ungewissheiten auf ein Mindestmaß begrenzt werden sollen.[48] Entsprechend den Unternehmungsentscheidungen werden somit genaue Daten über vergangene, gegenwärtige und zukünftige Situationen benötigt, die von der KLEE-Rechnung als wichtigste Informationsquelle zur Verfügung gestellt werden.

Um eine effektive Informationsbereitstellung zu gewährleisten, müssen zuvor die Entscheidungsprozesse in der Unternehmung in ihren zeitlichen Strukturen erforscht werden. Das heißt, es müssen präzise Aussagen über die zeitliche Reichweite der gewonnenen Informationen und damit den Zeitbezug der zu unterstützenden Entscheidungen erfolgen. Die ursprüngliche Kosten- und Leistungsrechnung ist nach Vorstellungen Schmalenbachs für kurzfristige Entscheidungen konzipiert worden. Mittel- und langfristige Probleme wurden kaum berücksichtigt. Heute stehen dagegen operative, taktische und strategische Kosteninformationen im Mittelpunkt von Planungsdiskussionen. Problematisch ist hierbei, dass bisher noch nicht alle Entscheidungsprozesse in ihren zeitlichen Strukturen erforscht sind und so nicht immer präzise Aussagen über den relevanten Informationsbedarf formuliert werden können. Dabei ist es erst nach dieser Erkenntnisgewinnung möglich, Anforderungen zu formulieren, welche Struktur die KLEE-Rechnung als Informationslieferant besitzen muss, um in der Lage zu sein, Informationen bereitzustellen, die nach Inhalt, Umfang und zeitlicher Struktur dem Anspruch nach Entscheidungsrelevanz bestmöglich entsprechen. Je mehr die KLEE-Rechnung somit die Detailliertheit, die Differenziertheit, die Präzision, die zeitliche Struktur und die Strukturmängel von Entscheidungsprozessen berücksichtigt, um so größer ist ihre Bedeutung als Unternehmungsführungsinstrument.[49]

2.3.2 Lenkung des Unternehmungsprozesses

Neben der Dokumentations- und Informationsfunktion übernimmt die KLEE-Rechnung eine Lenkungsfunktion: Im Sinne der Kybernetik kann über ein Rechnungssystem gesteuert (als Frühwarnsystem) oder geregelt werden (über Planung, Kontrolle und Abweichungsanalyse). Aus der Sicht der Führung kann das Arbeitsergebnis sachrational in den Vordergrund gestellt werden (Lokomotionsergebnis). Hier geht es darum, die richtigen Informationen zum richtigen Zeitpunkt, am richtigen Ort bereit zu stellen. Zahlen, Daten, Fakten und Informationen können auch zur Motivation oder zur Teamentwicklung eingesetzt werden und die sozio-emotionale Funktion stärken. Mitarbeiter denken verschieden, sie sind unterschiedlich sozialisiert und unterschiedlich anzusprechen; sie sind geprägt von ihrem jeweiligen Beruf und sind deshalb differenziert zu motivieren. Bei der Konzipierung von Budgets ist gerade letzteres intensiv zu berücksichtigen.

---

[48] Vgl. Eichhorn, S. (1988), S. 13.
[49] Vgl. Schweitzer, M./Küpper, H.-U. (2008), S. 4 ff.

2.3.2.1 Kybernetische Perspektive

Die ursprünglich aus der Naturwissenschaft stammende Systemtheorie und Kybernetik beschäftigen sich mit der Struktur und dem daraus resultierendem Verhalten von Systemen. Sie werden für das Erkennen, Beschreiben und Lösen komplexer Probleme in Unternehmungen genutzt, da durch die ganzheitliche Denkweise dieser beiden Theorien eine Lenkung von Systemen beziehungsweise Unternehmungen möglich wird.[50] Ein System ist ein in sich geschlossenes, geordnetes und gegliedertes Ganzes. Es ist eine Gesamtheit, ein Gefüge von Teilen, die voneinander abhängig sind, ineinander greifen oder zusammenwirken.[51] Das griechische Wort „systema" bedeutet „Gebilde". Ein System ist durch seine Struktur bestimmt,[52] was bedeutet, dass seine innere Gliederung die Art und das Verhalten des Systems ausmacht.

Unternehmungen werden als offene Systeme bezeichnet, da Wechselwirkungen der Umwelt von außen auf sie einwirken. Das Krankenhaus als offenes System befindet sich u. a. im übergeordneten Gesundheitssystem, welches sich stetig ändert. So bestehen Wechselwirkungen mit anderen Systemen wie beispielsweise Krankenhäusern, Gesetzen oder der Bevölkerungsstruktur. Sind Krankenhäuser nicht in der Lage, sich an die ändernden Rahmenbedingungen anzupassen, können sie nicht überleben.

Um ein System an die Gegebenheiten der Umwelt anzupassen, muss es beeinflusst werden. Die Systemtheorie bzw. Systemanalyse dient zur Aufdeckung der zu beeinflussenden Strukturen. Die Kybernetik, übersetzt etwa „Steuermannskunst", beschäftigt sich mit der Lenkung, Regelung und Steuerung von Systemen,[53] wobei Lenkung hierarchisch über der Regelung und Steuerung steht und somit den Oberbegriff für beides darstellt.[54] Unter Steuerung wird die zielgerichtete Verhaltensbeeinflussung von Systemen nach dem Prinzip des feed forward und unter Regelung wird eine Verhaltensbeeinflussung von Systemen nach dem Prinzip des feed back verstanden.[55]

Lenkung unterscheidet folglich mit der Steuerung und Regelung zwei Lenkungsmechanismen, die es Systemen ermöglichen, auf von Außen wirkende Störgrößen zu reagieren (vgl. Abbildung 7). Sie werden durch Führungstätigkeiten forciert.

---

50 Vgl. Zapp, W./Dorenkamp, A. (2002), S. 104.
51 Vgl. o.V. Wahrig – Fremdwörterlexikon (2001), S. 917.
52 Vgl. Zahn, O.K./Kapmeier, F. (2002), Sp. 1921.
53 Vgl. Untergruggenberger, S. (1974), S. 38.
54 Vgl. Zapp, W./u.a. (2000), S. 60, Zapp, W.(Dorenkamp, A. (2002), S. 87.
55 Vgl. Bleicher, K./Meyer, E. (1976), S. 93.

Theoriegeleitete Grundlagen

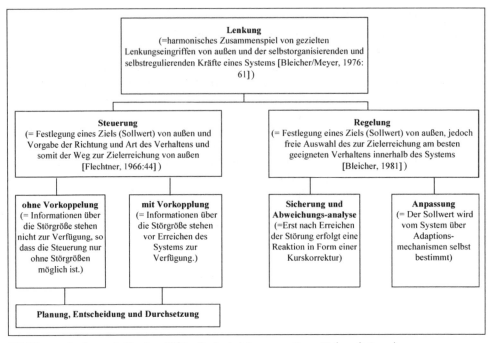

Abbildung 7: Lenkung als Oberbegriff (Quelle: In Anlehnung an Zapp, W. (2004), S. 105)

Steuerung beinhaltet den Prozess der Planung, Entscheidung und Durchsetzung, wobei Planung hier die systematisch vorbereitete, zukunftsbezogene Festlegung von Zielen und die dafür notwendigen Maßnahmen bedeutet. Folglich wird aus mehreren Handlungsalternativen die für die Zukunft einer Unternehmung vorteilhafteste Möglichkeit gewählt, durchgesetzt und implementiert. Das System wird durch die Steuerung auf ein Ziel ausgerichtet, für dessen Erreichen ein optimaler Pfad gefunden, bestimmt und festgelegt werden muss. Voraussetzung dafür sind Informationen, die unter anderem die KLEE-Rechnung liefert. Kennzeichnend für die Steuerung ist, dass diese Informationen beziehungsweise Störgrößen im Gegensatz zur Regelung vor Eintritt in das System aufgefangen werden. Erhält die Steuereinrichtung (Krankenhausleitung, Controller, usw.) keine detaillierten Informationen über diese Störgrößen, d.h. finden keine Vorkopplungen statt, ist eine Reaktion darauf nicht möglich. Folglich kann nur gesteuert werden, wenn keine Störungen auftreten.[56] Bei der Steuerung mit Vorkopplungen dagegen stehen die Störinformationen der Steuereinrichtung vor Erreichen des Systems zur Verfügung, was beispielsweise mittels Frühwarnsystem möglich ist.[57] Folglich können frühzeitig Reaktionsstrategien herausgearbeitet werden.[58]

---

56 Vgl. Zahn, O. K./Kapmeier, F. (2002), S. 1919 ff.
57 Vgl. Hahn, D. (2001), vgl. Krystek, U. (1992).
58 Vgl. Zapp, W. (2004), S. 105.

Bei der Regelung, die die Elemente Sicherung und Abweichungsanalyse bzw. die Kontrolle und die Anpassung umfasst, wird zugelassen, dass Störgrößen die Unternehmung erreichen. Erst dann erfolgt eine Reaktion darauf in Form einer Kurskorrektur.[59] Die Kontrolle dient der Ermittlung von Abweichungen des vorgegebenen Solls von dem tatsächlichen Ist. Insbesondere im Krankenhaus können Planungen nur einen Teil sämtlicher Eventualitäten bedenken wie beispielsweise die OP-Planung. Das Krankenhaussystem muss aber in der Lage sein, bei unerwarteten Ereignissen, die auf das System treffen und zu Turbulenzen führen, entsprechend immanente Maßnahmen zu ergreifen.[60]

Für die KLEE-Rechnung bedeutet dies konkret, dass sie den zukünftigen Unternehmungsprozess abbilden muss und dementsprechend als Vorrechnung zu konzipieren ist.[61] Vorrechnungen (= Prognosekostenrechnungen) sind dadurch gekennzeichnet, dass sie nach bestimmten Rechenverfahren bereits vor Beginn der Planperiode die zukünftig zu erwartenden Kosten berechnen.[62] Die KLEE-Rechnung stellt somit den Verantwortlichen in der Planungsfunktion entscheidungsrelevante Prognoseinformationen zur Verfügung.[63]

Die Prognoserechnung – ergänzt um eine Nachrechnung (Istrechnung) – ermöglicht es, Abweichungen zu ermitteln und zu untersuchen, um sodann Kontrollinformationen abzuleiten. Da mit Hilfe dieser Abweichungsinformationen zukünftige Prognosefehler verhindert werden können, kommt ihnen eine handlungslogische Entscheidungsfunktion zu.[64] Bei regelmäßig wiederkehrenden Abweichungsinformationen sollte also eine zielorientierte Anpassung von Prozessen und Verhaltensweisen erfolgen.

2.3.2.2 Führungsperspektive

Damit eine arbeitsteilige Leistungserstellung in einer Unternehmung erfolgreich vollzogen werden kann, ist sowohl Lokomotion (= Zielerreichung) als auch Motivation (= individuelle Anreizbildung) und Kohäsion (= Gruppenbindung) notwendig.

Damit einhergehen zwei Lenkungsebenen:
a) *Die Lenkung von Prozessen der Planrealisation und*
b) *die Lenkung von Verhaltensprozessen der Mitarbeiter.*

Die Orientierung beider Ebenen erfolgt über ein Informationssystem – den Führungsprozess der Unternehmung. Dieser wird auch als Willensbildungs- oder Entscheidungsprozess bezeichnet und gliedert sich in die Problemstellungsphase, Suchphase, Beurteilungsphase, Entscheidungsphase, Realisationsphase, und Kontrollphase.[65] Um eine optimale Lenkung zu ermöglichen, müssen die damit einhergehenden Tätigkeiten und die Zielvorstellungen der Unternehmung durch Vorkopplungs- und Rückkopplungsinformationen zweckmäßig verknüpft werden.[66]

---

59 Vgl. ebenda, S. 106.
60 Vgl. Zapp, W./Dorenkamp, A. (2002), S. 89
61 Vgl. Selke, S. (1997), S. 50.
62 Vgl. Schweitzer, M./Küpper, H.-U. (2008), S. 244 f.
63 Vgl. Selke, S. (1997), S. 51.
64 Vgl. ebenda.
65 Vgl. Hahn, D. (2001), S. 41
66 Vgl. Schweitzer, M./Küpper, H.-U. (2008), S. 5

a) Lenkung von Prozessen der Planrealisation
Unter Lokomotion kann das Ausmaß verstanden werden, in dem Mitarbeiter ziel- bzw. aufgabenorientiert handeln. Es ist Aufgabe der Führung, Lokomotion zu gewährleisten. Nach Bleicher umfasst die Lokomotionsfunktion der Führung Aufgaben, die sachbezogen die Mitarbeiter einer Unternehmung initiativ und steuernd auf das Ziel ausrichten, ihre Fähigkeiten auf dieses hin koordinieren und damit die Lösung von Aufgaben vorantreiben.[67] Geschehen kann das beispielsweise, in dem die Führungskräfte
- ihren Mitarbeitern alle relevanten Informationen bereitstellen, die sie zur Aufgabenerfüllung und Zielerreichung benötigen (Daten, Fakten und Kenntnisse),
- Meinungen und Ansichten ihrer Mitarbeiter erfragen und zur Beteiligung auffordern,
- alle erforderlichen Ressourcen zur Verfügung zu stellen und/oder
- dafür Sorge tragen, dass die richtigen Entscheidungen zur richtigen Zeit gefällt werden.

Weil die Gestaltung dieser Funktion direkt die technisch-wirtschaftliche Rationalität beeinflusst, kann die Lokomotion der sach-rationalen oder Sachdimension der Führung zugeordnet werden.[68]
Lokomotion gewährleistet somit das „Wissen" zur erfolgreichen Aufgabenerfüllung, was ohne eine optimal ausgestaltete KLEE-Rechnung nicht möglich ist.

b) Lenkung von Verhaltensprozessen der Mitarbeiter
Ein weiterer Aufgabenbereich der Lenkung umfasst jene Aufgaben, welche die Motivation der Mitarbeiter im Hinblick auf die Aufgabenerfüllung sowie den Zusammenhalt, die Rücksichtnahme und die Aufrechterhaltung der inneren Harmonie der Arbeitsgruppe zum Inhalt haben. Zusammengefasst werden können diese Aufgaben unter der Bezeichnung Motivations- und Kohäsionsfunktion der Führung oder auch unter den Begriff der Verhaltensbeeinflussung. Sie gewährleisten das „Wollen" zur erfolgreichen Aufgabenerfüllung und beeinflussen primär die sozio-emotionale Dimension.[69]
Da sämtliche Entscheidungen und Handlungen der in einer Unternehmung tätigen Personen immer von Informationen abhängen, kann die KLEE-Rechnung zur Verhaltensbeeinflussung von Entscheidungsträgern und Mitarbeitern genutzt werden. Geht man bei der Lenkung von Prozessen der Planrealisation jedoch in der Regel von einem Entscheidungsträger aus, lenkt die Verhaltensbeeinflussung ihren Blick auf eine größere Zahl von Personen mit individuellen Zielen und eigenem Informationsstand.[70]
Damit das Verhalten der Ausführenden zielorientiert beeinflusst werden kann, bedient man sich insbesondere Vorgabeinformationen und Kontrollinformationen, die von der KLEE-Rechnung bereitgestellt werden. Die Vorgabeinformationen werden als Zielgröße vorgegeben, die sodann vom Ausführenden erreicht werden sollen. Im Rahmen der Kontrollinformationen führt allein die angekündigte Kontrolle zu einem plangemäßen Verhalten der Entscheidungsträger und zur Mitarbeit. Die Durchführung einer Kontrolle führt schließlich dazu, dass die Mitarbeiter im Falle einer Planabweichung ihr Handeln überprüfen und verändern.

---

67 Vgl. Bleicher, K./Meyer, E. (1976), S. 39.
68 Vgl. ebenda, S. 40.
69 Bleicher, K./Meyer, E. (1976), S. 40.
70 Vgl. Schweitzer, M./Küpper, H.-U. (2008), S. 44 ff.

Gekoppelt mit einem Anreizsystem wird diese Bereitschaft noch verstärkt.[71] Zu berücksichtigen ist immer, dass das Verhalten der Mitarbeiter nicht nur von Vorgabe- und Kontrollinformationen bestimmt wird, sondern auch von individuellen Zielen und Informationsständen.[72]

Die nachfolgende Abbildung stellt abschließend die beschriebenen Funktionen der Kosten- und Ergebnisrechnung im Überblick dar.

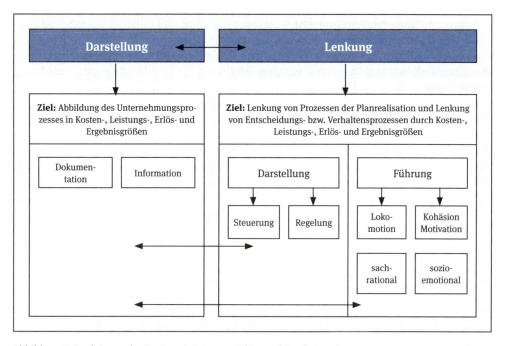

Abbildung 8: Funktionen der Kosten-, Leistungs-, Erlös- und Ergebnisrechnung

---

71 Vgl. Küpper, H.-U. (2008), S. 199 ff.
72 Vgl. Schweitzer, M. Küpper, H.-U. (2008), S. 44 ff.

3 Krankenhausspezifische Besonderheiten: Das DRG-System und die Krankenhausbuchführungsverordnung

3.1 Krankenhausfinanzierung im Rahmen des DRG-Vergütungssystems

Im Rahmen des Gesundheitsreformgesetzes 2000 wurde mit dem neu eingefügten § 17b im Krankenhausfinanzierungsgesetz (KHG) von der Bundesregierung die Entscheidung getroffen, ein möglichst durchgängiges, leistungsorientiertes und pauschalierendes Vergütungssystem für die allgemeinen voll- und teilstationären Krankenhausleistungen einzuführen. Konkretisiert wird diese Vorgabe im Fallpauschalengesetz 2002 sowie im ersten und zweiten Fallpauschalenänderungsgesetz und den damit verbundenen Änderungen bestehender Gesetze und Verordnungen sowie der Neueinführung des Krankenhausentgeltgesetzes, welches langfristig die Bundespflegesatzverordnung ablösen soll.

Ziel der Einführung des Vergütungssystems ist die Erhöhung der Transparenz über Leistungen und Kosten und eine leistungsbezogene Vergütung, so dass letztendlich das Prinzip „Geld folgt der Leistung" gilt. Neben mehr Wettbewerb unter den Krankenhäusern, einer Ausgabenstabilisierung der gesetzlichen Krankenversicherung und der Verkürzung der Verweildauern der Patienten im Krankenhaus, strebt der Gesetzgeber die Erschließung von Wirtschaftlichkeitsreserven an. Als Folge der internen und externen Transparenz der Leistungs- und Kostenstrukturen und möglichen Krankenhausvergleiche untereinander sowie der ökonomischen Anreize des neuen Vergütungssystems werden Strukturveränderungen erwartet, die u.a. zu einer Optimierung des Leistungsangebots der Krankenhäuser (Schwerpunktbildung, Abbau von Überkapazitäten, Kooperationen) führen werden.[73]

Im Rahmen des Vergütungssystems werden die voll- und teilstationären Leistungen der Krankenhäuser nach § 17b KHG ab dem 1. Januar 2003 bzw. 2004 mit Fallpauschalen auf Grundlage der Diagnosis Related Groups (DRGs) sowie in Einzelfällen mit bundeseinheitlich festgelegten Zusatzentgelten vergütet. DRGs sind diagnosebezogene Fallgruppen, deren Ressourcenverbrauch ähnlich ist. Sie fassen die im Krankenhaus erbrachten Leistungen aufgrund der Diagnosen (Haupt- und Nebendiagnosen), Prozeduren (z.B. Operationen) und weiterer Kriterien (z.B. Entlassungsgrund, Alter, Geschlecht) zu Leistungskomplexe zusammen. Jeder Fallgruppe wird eine Bewertungsrelation zugeordnet, die als Relativgewicht auf eine Bezugsleistung (= Durchschnitt aller DRG-Leistungen) definiert wird. Die Kalkulation der bundeseinheitlichen Relativgewichte erfolgt jährlich auf der Grundlage der gelieferten Kostendaten der Krankenhäuser durch die Selbstverwaltungspartner und wird in Form des DRG-Fallpauschalen-Katalogs veröffentlicht. Neben den einzelnen DRGs und deren Relativgewichte enthält der Katalog ebenso Angaben zu Zu- und Abschlägen, die bei Über- bzw. Unterschreitungen der Grenzverweildauer und bei Verlegungen bei der Abrechnung berücksichtigt werden müssen. Der Fallerlös für eine DRG ergibt sich aus der Multiplikation des effektiven Relativgewichtes mit dem Basisfallwert. Die Höhe des Basisfallwertes bestimmt sich in der Einführungsphase des neuen Vergütungssystems (2003 bis 2004) aus dem herkömmlich verhandelten Budget eines Krankenhauses und wird erst im Rahmen der Konvergenzphase (2005 bis 2009) stufenweise an einen landesweiten

---

[73] Vgl. Tuschen, K. H./Trefz, U. (2004), S. 105 f.

Basisfallwert (= Preis) angepasst. Mit Beginn der Anpassungsphase wird somit auf eine neue Verhandlungssystematik umgestellt, bei der nicht mehr über Kosten- und Leistungsentwicklungen verhandelt wird, sondern nur noch leistungsorientiert über Art und Anzahl der voraussichtlich zu erbringenden Fallpauschalen und Zusatzentgelte gemäß der Formel „Menge x Preis".

Neben den DRG-Fallpauschalen und bundeseinheitlichen Zusatzentgelten können die Krankenhäuser als weitere, ergänzende Entgelte Tagesentgelte bei Überschreitung der oberen Grenzverweildauer einer Fallpauschale, Zu- und Abschläge nach § 17 b KHG sowie sonstige Entgelte nach § 6 Absatz 1 KHEntgG innerhalb des Fallpauschalensystems abrechnen. Ferner haben sie ab 2005 Anspruch auf eine individuell vereinbarte Vergütung für neue Untersuchungs- und Behandlungsmethoden, insofern eine sachgerechte Vergütung dieser Leistungen mit den bereits kalkulierten Fallpauschalen und Zusatz-entgelten nicht möglich ist. Andere als die voll- und teilstationären Leistungen des Krankenhauses werden gesondert finanziert. Dazu zählen die Kosten der Forschung und Lehre, ambulante Leistungen des Krankenhauses, vor- und nachstationäre Behandlung sowie ambulantes Operieren und sonstige stationsersetzende Eingriffe nach § 115 b SGB V.

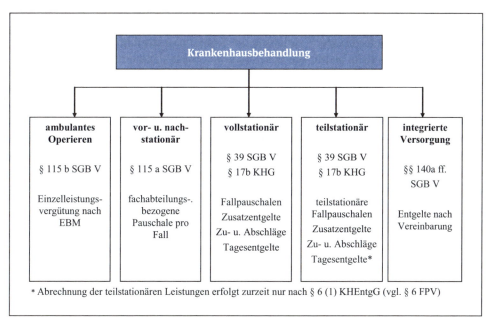

Abbildung 9: Vergütung der Krankenhausbehandlung (Quelle: In Anlehnung an: Tuschen, K. H./Trefz, U. (2004), S. 5)

An die Stelle des Basis- und Abteilungspflegesatzes treten somit im Krankenhausentgeltbereich leistungsorientierte Entgelte, zu deren Vorbereitung auf die Budgetverhandlungen das Krankenhaus eine AEB (Aufstellung der Entgelte und Budgetermittlung) vorzulegen hat. Diese Aufstellung enthält die Leistungen des Krankenhauses, ausgedrückt in DRG-Fallpauschalen, Casemix sowie ggf. Zusatzentgelte und krankenhausindividuelle Entgelte nach § 6 Abs. 1 KHEntgG. Da das neue Entgeltsystem die Vergütung psychiatrischer, psychosomatischer und psychotherapeutische Leistungen ausschließt, wird auch weiterhin die nach der Bundespflegesatzverordnung verpflichtende Leistungs- und Kalkulationsaufstellung (LKA) für die Krankenhäuser, die diese Leistungen erbringen, notwendig sein. Sie enthält Angaben zu den vereinbarten Vergütungen, den Leistungen und Kalkulationen von Budget und tagesgleichen Pflegesätzen, wobei nur die pflegesatzfähigen Kosten Gegenstand der Pflegesatzverhandlungen mit den Krankenkassen sind (= Nettoprinzip). Eine Darstellung der nichtpflegesatzfähigen Kosten ist nicht mehr erforderlich.[74]

3.2 Gesetzliche Rahmenbedingungen einer Kosten-, Leistungs-, Erlös- und Ergebnisrechnung im Krankenhaus

Die grundsätzlichen allgemein gültigen Anforderungen an die Kosten- und Ergebnisrechnung im Krankenhaus ergeben sich in erster Linie aus der aufgrund des Krankenhausfinanzierungsgesetzes[75] erlassenen Krankenhausbuchführungsverordnung (KHBV)[76]. Hat sich zwar bisher die gesetzlich geforderte Gliederung der KLEE-Rechnung mit Einführung des DRG-Fallpauschalensystems nicht verändert, so bedeuten neue Entgeltformen für viele Krankenhäuser jedoch die Einrichtung einer differenzierten Leistungserfassung und die Erweiterung des bisherigen Kostenrechnungssystems um eine aussagefähige Kostenträgerrechnung.[77]

Mit § 8 stellt die Krankenhausbuchführungsverordnung die Mindestanforderungen an das Rechnungswesen für jedes Krankenhaus dar. Danach hat jedes Krankenhaus eine aus der Buchführung nachprüfbar herzuleitende Kosten- und Leistungsrechnung zu führen, die folgende Aufgaben erfüllt:
- Betriebsinterne Steuerung
- Beurteilung der Wirtschaftlichkeit und Leistungsfähigkeit
- Ermittlung der pflegesatzfähigen Kosten sowie
- Erstellung der Leistungs- und Kalkulationsaufstellung nach den Vorschriften der Bundespflegesatzverordnung

Eine Aktualisierung der KHBV im Hinblick auf das DRG-System ist derzeit noch nicht erfolgt. Die Erstellung des Kosten- und Leistungsnachweises nach den Vorschriften der Bundespflegesatzverordnung bedeutet nichts anderes als die Abbildung des realisierten und des zukünftigen Unternehmungsprozesses in Kosten und Leistungsgrößen. Mit Einführung des neuen Entgeltsystems für Krankenhäuser im Jahr 2003 bzw. 2004 wird die Leistungs- und Kalkulationsaufstellung (LKA) zum größten Teil abgelöst durch die

---
74 Vgl. Keun, F./Prott, R. (2006), S. 116.
75 Gesetz zur wirtschaftlichen Sicherung der Krankenhäuser und zur Regelung der Krankenhauspflegesätze (Krankenhausfinanzierungsgesetz – KHG).
76 Verordnung über die Rechnungs- und Buchführungspflichten von Krankenhäusern (Krankenhausbuchführungsverordnung – KHBV).
77 Vgl. Maltry, H./Strehlau-Schwoll, H. (1997), S. 536.

Aufstellung der Entgelte und Budgetermittlung (AEB) nach den Vorschriften des neuen Krankenhausentgeltgesetzes.[78] Im Gegensatz zur LKA bildet die AEB jedoch nicht die Kosten und Leistungsgrößen ab, sondern sie zeigt auf, welche Leistungen die Einrichtung für das zukünftige Abrechnungsjahr plant.

Zur Bewältigung der genannten Aufgaben hat der Verordnungsgeber in § 8 Krankenhausbuchführungsverordnung neben einer Kostenartengliederung eine Kostenstellengliederung vorgegeben, die sich aus dem Kostenstellenrahmen der Anlage 5 ergibt. Eine abweichende Gliederung ist in beiden Fällen erlaubt. Dem durch den Verordnungsgeber als Mindestvorgabe erstellten Kostenstellenplan liegt eine Systematisierung nach funktionalen Kriterien zugrunde. Aufgrund der spezifischen Gegebenheiten des Betriebs Krankenhaus entspricht diese funktionale Gliederung in vielen Fällen gleichzeitig einer Differenzierung nach räumlich-geografischen Gesichtspunkten. Vielen Funktionsbereichen lassen sich eigene, voneinander getrennte Räume zuweisen.

Explizit vorgeschrieben sind für die Krankenhäuser durch die Krankenhausbuchführungsverordnung nur die Kostenartenrechnung und die Kostenstellenrechnung. Die Kostenträgerrechnung findet in der aktuellen KHBV keine Erwähnung. Auch speziell aus dem in § 8 Krankenhausbuchführungsverordnung genannten Aufgaben der KLEE-Rechnung lässt sich ein Erfordernis für eine Kostenträgerrechnung nicht ableiten, die jedoch vor dem Hintergrund des DRG-Systems unabdingbar ist. Nur mit Hilfe der Kostenträgerrechnung kann beispielsweise beurteilt werden, ob das Entgelt für eine DRG-Fallpauschale zur Kostendeckung ausreichend ist, da sie die Kosten je DRG ermittelt.[79] Es lassen sich rentable von unrentablen Leistungen unterscheiden, was u. a. bei der Planung des Leistungsspektrums unter Beachtung des Versorgungsauftrages hilfreich ist.

3.3 Aufgaben der Kosten-, Leistungs-, Erlös- und Ergebnisrechnung im Krankenhaus

3.3.1 Innerbetriebliche Lenkung

Nach § 8 KHBV haben Krankenhäuser eine KLEE-Rechnung zu führen, die eine innerbetriebliche Steuerung erlaubt. Im Sinne der Kybernetik wird von Lenkung gesprochen. Der Steuerungsbegriff in der KHBV ist funktional ausgerichtet.

Voraussetzung für eine effektive Lenkung ist eine eindeutige Zielsetzung, denn Ziele bilden Richtschnur und Maßstab für das betriebliche Handeln.[80] Sie sind das Ergebnis von Entscheidungen und bedürfen einer ständigen Anpassung an veränderte inner- und außerbetriebliche Begebenheiten.[81] Das Hauptziel des Krankenhauses besteht mit Blick auf die Existenzsicherung und auf das Wachstum des Betriebs in der Deckung des Bedarfs der Bevölkerung mit Krankenhausleistungen.[82] Es wird ergänzt durch verschiedene Nebenziele wie beispielsweise die Sicherung der Arbeitszufriedenheit des Krankenhauspersonals oder die Aus- und Weiterbildung[83] und konkretisiert durch

---

78 Gesetz über die Entgelte für voll- und teilstationäre Krankenhausleistungen vom 23. April 2002 (Krankenhausentgeltgesetz – KHEntgG).
79 Vgl. Keun, F./Prott, R. (2006), S. 117.
80 Vgl. Eichhorn, S. (1989), S. 3.
81 Vgl. Heinen, E. (1985), S. 95.
82 Vgl. Eichhorn, S. (1976), S. 14.
83 Vgl. Eichhorn, S. (1976), S. 14.

Zwischenziele, die sich zum Beispiel im Leistungserstellungsziel, Bedarfsdeckungsziel, Personalwirtschaftsziel und Finanzwirtschaftsziele ausdrücken.[84]
Zur Zielerfüllung bedarf es zunächst einer ausgefeilten Planung des Leistungsspektrums (Fächer, Spezialitäten) und des Leistungsprogramms (Art, Menge, Qualität).[85] Es muss der zukünftige Bedarf an Krankenhausleistungen ermittelt werden, um die notwendigen Ressourcen bereitzustellen. Die Planung und Feststellung der erforderlichen Produktionsfaktoren ist jedoch nur mit einer differenzierten Leistungserfassung und -dokumentation der Krankenhausleistungen möglich. In einem weiteren Schritt erfolgt sodann die Kostenplanung. Eine Kostenplanung auf Grundlage einer abgeschlossenen Leistungsplanung erscheint sinnvoll, weil die geplanten Leistungen der Kliniken maßgeblich die Auslastung – und somit auch entstehende Kosten – der Sekundär- und Tertiärbereiche bestimmen.[86] Anschließend kann der Bezug zum Gesamtbudget hergestellt und hinsichtlich einer realisierbaren Umsetzung überprüft werden.[87]
Die interne Leistungsplanung bildet die Grundlage für die Budgetverhandlung mit den Krankenkassen für den nächsten Budgetzeitraum. Zum Beispiel hat das Krankenhaus im Krankenhausentgeltbereich insbesondere Planvorgaben über die Anzahl der DRGs, dem Case-Mix-Index und krankenhausindividuell vereinbarter Entgelte (z.B. § & Abs. 1 KHEntgG) vorzulegen. Da Abweichungen durch gesetzlich vorgeschriebene, für Krankenhäuser oftmals nachteilige Erlösausgleichsregelungen abgefangen werden, ist eine genaue Planung erforderlich.[88] Diese gelingt nur mittels einer regelmäßigen Überwachung und Kontrolle der Planleistungen und Plankosten.[89] „Planung ohne Kontrolle ist sinnlos und Kontrolle ohne Planung unmöglich."[90]

3.3.2 Beurteilung der Wirtschaftlichkeit und Leistungsfähigkeit

Eine weitere Hauptaufgabe der Kosten- und Leistungsrechnung ist die Ermittlung und Beurteilung der Wirtschaftlichkeit und Leistungsfähigkeit des Krankenhauses.
Für den Begriff Wirtschaftlichkeit findet sich in der Literatur eine Vielzahl von Definitionen. Der nach Eichhorn vertretene Ansatz versteht unter ökonomischem Wirtschaften im Krankenhaus die Erreichung der erforderlichen ärztlich-pflegerischen Maßnahmen mit dem geringsten möglichen Mitteleinsatz.[91] Bestimmt werden kann die Wirtschaftlichkeit durch das Verhältnis zwischen der günstigsten Kostensituation (Sollkosten) und der tatsächlichen Kostensituation (Istkosten).[92] Ein Krankenhaus arbeitet dann wirtschaftlich, wenn die Istkosten sich im Rahmen der vorher festgelegten Sollkosten bewegen.[93]

---

84 Vgl. Eichhorn, S. (1976), S. 14.
85 Vgl. Hildebrand, R. (1988), S. 358.
86 Vgl. Schmidt-Retting, B. (1995), S. 295.
87 Vgl. ebenda.
88 Vgl. Keun, F./Prott, R. (2006), S. 117.
89 Vgl. Hildebrand, R. (1988), S. 348, 358 f.
90 Wild, J. (1974), S.44.
91 Vgl. Eichhorn, S. (1975), S. 20.
92 Vgl. Wöhe, G. (2008), S. 47.
93 Vgl. Keun, F./Prott, R. (2006), S. 112.

Voraussetzung für die Beurteilung der Wirtschaftlichkeit ist die Messbarkeit der Kosten bzw. Leistungen. Dabei muss jedoch nicht nur der Input wert- und/oder mengenmäßig quantifiziert werden, sondern auch der Output. Die Wirtschaftlichkeit im Krankenhaus kann daher nicht als Ganzes bestimmt werden, sondern nur für Teilbereiche, Leistungen oder Produkte.[94]
Hierfür sind entsprechend viele Teilinformationen erforderlich, die durch die Kosten- und Ergebnisrechnung zur Verfügung gestellt werden. Mit Hilfe von externen und internen Betriebsvergleichen ist es sodann möglich, Kostentreiber aufzuspüren, Abläufe zu optimieren und Leistungsschwerpunkte zu setzen,[95] um damit die wirtschaftliche Leistungserstellung zu verbessern.
Die Leistungsfähigkeit eines Krankenhauses zeigt sich in der Primärleistung, d.h. der Statusveränderung des Patienten und konkreter in den dafür erbrachten oder möglichen Sekundärleistungen der Bereiche Diagnostik, Therapie, Pflege und Versorgung. Sie ist immer gekoppelt mit der Forderung nach wirtschaftlicher Leistungserbringung und der Beschränkung auf medizinisch notwendige und zweckmäßige Leistungen. Entsprechend den Ausführungen zur Wirtschaftlichkeit haben Leistungen für die Kosten- und Leistungsrechnung nur dann praktische Bedeutung, wenn sie in messbare Betriebsleistungen bzw. innerbetriebliche Leistungen und Marktleistungen (z.B. DRGs) dargestellt werden.[96]

3.3.3 Ermittlung der Kosten- und Leistungsstruktur

Nach dem Krankenhausfinanzierungsgesetz werden die Investitionskosten der Krankenhäuser durch öffentliche Mittel und die Betriebskosten über das Budget und die Pflegesätze sowie durch die Vergütung für vor- und nachstationäre Behandlung und ambulantes Operieren finanziert. Voraussetzung dafür ist eine Transparenz der Kosten und Leistungen. Ist im BPflV-Bereich, der für psychiatrische Einrichtungen noch relevant ist, die Leistungs- und Kalkulationsaufstellung (LKA) bei den Kostenträgern (Krankenkassen) vorzulegen, wird mit Einführung der DRGs die Aufstellung der Entgelte und Budgetermittlung (AEB) für die meisten Krankenhäuser bedeutsam. Sowohl für die LKA als auch für die AEB müssen die Kosten und Leistungen genau für den folgenden Budgetzeitraum ermittelt und geplant werden,[97] was den Einsatz der KLEE-Rechnung erfordert.

---

[94] Vgl. Hildebrand, R. (1988), S. 360.
[95] Vgl. Keun, F./Prott, R. (2006), S. 112.
[96] Vgl. Hentze, J./Kehres, E. (2008), S. 4.
[97] Vgl. Kaun, F./Prott, R. (2006), S. 117.

Vorgehensweise der Kosten-, Leistungs-, Erlös- und Ergebnisrechnung

1 Kostenrechnerische Gestaltungsaufgaben

1.1 Systematisierung der Kosten

Ausgehend von den mit der Kostenrechnung verfolgten Rechnungszielen werden Kosten systematisiert.[98] Für eine Untergliederung der Kosten kommt eine Vielzahl von Kriterien in Betracht:

a) Herkunft

Bei der Unterscheidung der Kosten nach der (Daten-)Herkunft geht es um die Beziehung der Kostenart zum Datenmaterial der Finanzbuchhaltung. Die betriebs- und periodenbezogenen Aufwendungen einer Unternehmung oder auch Grundkosten werden direkt aus der Finanzbuchhaltung entnommen.[99] Abzugrenzen sind die Anderskosten und die Zusatzkosten. Die Anderskosten stellen kalkulatorische Kosten dar, denen ein Aufwand in anderer Höhe gegenübersteht, wie beispielsweise die kalkulatorischen Abschreibungen. Sie entstehen, wenn die Wiederbeschaffungskosten zugrunde gelegt werden. Kein Aufwand steht dagegen den Zusatzkosten gegenüber.[100] Sie werden in der Finanzbuchhaltung nicht erfasst, sind jedoch für die Kosten- und Ergebnisrechnung relevant, da sie einen leistungsbedingten Werteverzehr darstellen. Hierzu zählen beispielsweise kalkulatorische Zinsen auf das Eigenkapital.

b) Entstehungsort

Bei der Unterscheidung der Kosten nach dem Entstehungsort werden die Kosten nach dem Merkmal „Herkunft der Einsatzgüter" in primäre und sekundäre Kosten untergliedert und somit entsprechend des Abrechnungsbezirks abgegrenzt. Die Einsatzgüter, die von außen für einen Abrechnungsbezirk bezogen werden, stellen die primären Kosten dar. Sekundärkosten dagegen bezeichnen die innerhalb eines Abrechnungsbezirks eingesetzten Einsatzgüter. Wird die gesamte Unternehmung als ein Abrechnungsbezirk betrachtet und verstanden, so handelt es sich bei Kosten, die durch die von anderen Wirtschaftseinheiten bezogenen Güter beziehungsweise Dienstleistungen entstehen, um primäre Kosten.[101]

Die Primärkosten werden in der Kostenartenrechnung erfasst. Die sekundären Kosten, die sich aus primären und gegebenenfalls aus sekundären Kosten zusammensetzen, sind das Ergebnis aus dem Verbrauch von innerbetrieblichen Leistungen. Diese sekundären Kosten werden bezogen auf die Kostenstellen erfasst und durch die Innerbetriebliche Leistungsverrechnung auf Hauptkostenstellen verrechnet.[102]

c) Kostenort

Kosten können weiter unterschieden werden nach den Funktionen, die von einer Unternehmung wahrgenommen werden, wie zum Beispiel Beschaffungskosten, Fertigungskosten, Vertriebskosten- und Verwaltungskosten. Diese Form der Kostendifferenzierung ist insbesondere im Rahmen der Kostenstellenrechnung relevant.

---

98 Vgl. Niethammer, R. (2006), S. 117.
99 Vgl. Weber, J. (1990), S. 108.
100 Vgl. Haberstock, L. (2008), S. 22.
101 Vgl. Schweitzer, M./Küpper, H.-U. (2008), S. 95.
102 Vgl. Keun, F. (1999), S. 95.

d) Verbrauch

Im Sinne der grundlegenden Gliederungsform des Kostenartenplans, werden die Kostenarten nach der Art der verbrauchten Produktionsfaktoren und Dienstleistungen strukturiert, wie beispielsweise Personalkosten und Materialkosten. Bedürfnisse des Unternehmens und der Branche können hier Berücksichtigung finden.[103]

e) Zurechenbarkeit

Nach der Systematik der Zurechenbarkeit erfolgt die verursachungsgerechte Verteilung von Kosten in der Kostenstellen- und Kostenträgerrechnung. Unterschieden werden hiernach Einzel- und Gemeinkosten. Einzelkosten sind Kosten, die einem Bezugsobjekt direkt zuzurechenbar sind. Gemeinkosten dagegen fallen für mehrere Kalkulationsobjekte an und sind somit nicht direkt zurechenbar. Einzelkosten, die zwar direkt erfassbar sind, jedoch aus Wirtschaftlichkeitsgründen nicht direkt erfasst werden, bezeichnet man als unechte Gemeinkosten.[104] So wird beispielsweise im Krankenhaus der Verbrauch von Nahtmaterial im OP oder einfachen Schmerzmitteln auf der Station meistens nur monatlich für die Gesamtleistung der entsprechenden Kostenstelle und nicht für jeden Patienten oder jede DRG gesondert erfasst, obwohl es möglich wäre. Weil die Zurechenbarkeit der Kosten von dem jeweiligen Bezugsobjekt abhängig ist, sind zum einen Kostenstelleneinzel- und Kostenstellengemeinkosten und zum anderen Kostenträgereinzel- und Kostenträgergemeinkosten zu unterscheiden.[105]

f) Variabilität

Werden Kosten nach ihrem Verhalten bei Veränderungen des Leistungsvolumens gegliedert, führt dies zu den Begriffen variable Kosten und fixe Kosten. Die erbrachte Leistung – Beschäftigung – wird dabei als wichtigste Kosteneinflussgröße hervorgehoben. Bei einer Veränderung der Leistungsmenge werden die variablen Kosten in ihrer Höhe beeinflusst, während die fixen Kosten in ihrer Höhe konstant bleiben.[106] Beispielsweise ist in Krankenhäusern der Bettenauslastungsgrad als Einflussgröße auf die jeweilige Kostenhöhe von Bedeutung.[107]

Da eine exakte Abgrenzung fixer und variabler Kosten schwierig ist, wird stattdessen auch zwischen Leistungs- und Bereitschaftskosten unterschieden. Leistungskosten sind Kosten, die in ihrer Höhe vom tatsächlich realisierten Leistungsprogramm abhängen und die kurzfristig automatisch mit Art, Menge oder Wert der erzeugten bzw. abgesetzten Leistungen variieren. Bereitschaftskosten verändern sich dagegen mit dem Auf- oder Abbau der Betriebsbereitschaft oder der Kapazität nur mittel- oder längerfristig.[108] Wegen der beschränkten Teilbarkeit von Produktionsfaktoren erfolgt die Anpassung in der Regel nicht kontinuierlich, sondern nur sprunghaft in bestimmten Intervallen und zu bestimmten Terminen. Beschäftigungsfixe Kosten lassen sich daher weiter differenzieren in sprung- oder intervallfixe Kosten und absolut fixe Kosten.[109]

---

103 Vgl. Brombach, K./Walter, W. (1998), S. 68.
104 Vgl. Hummel, S./Männel, W. (1986), S. 99.
105 Vgl. Schweitzer, M./Küpper, H.-U. (2008), S. 95 f.
106 Vgl. ebenda, S. 95 f.
107 Vgl. Keun, F. (1999), S. 97.
108 Vgl. Hummel, S./Männel, W. (1983), S. 51.
109 Vgl. Hummel, S./Männel, W. (2000), S. 106.

Vorgehensweise der Kosten-, Leistungs-, Erlös- und Ergebnisrechnung

Die Beziehung zwischen fixen und variablen Kosten einerseits sowie den zuvor dargestellten Einzel- und Gemeinkosten andererseits stellt die folgende Abbildung dar. Einzelkosten sind danach auch immer variable Kosten und Fixkosten sind grundsätzlich Gemeinkosten. Ferner können Gemeinkosten auch variabler und Einzelkosten fixer Natur sein. Beispielsweise stellen Personalkosten für eine Hüftoperation Kostenträgereinzelkosten dar, die jedoch auf das gesamte Krankenhaus bezogen fix sind, da mit Wegfall der Operation die Personalkosten weiter bestehen.

Kostenzuordnungskriterium		Varianten		Beispiel
Zurechenbarkeit	Beschäftigungsänderung			
Gemeinkosten	Fixkosten	I	GK = FK	Abschreibungen
	Variable Kosten	II	GK = VK	Nahtmaterial
Einzelkosten		III	EK = VK	Prothese
	Fixkosten	IV	EK = FK	Personalkosten

Tabelle 3: Beziehung zwischen Einzel- und Gemeinkosten und variable und fixe Kosten (Quelle: In Anlehnung an Coenenberg, A. G. (2007), S. 53 und Däumler, K.D./Grabe, J. (2003), S. 137)

g) Elastizität

Abzugrenzen von den zuvor beschriebenen fixen und variablen Kosten ist die Unterscheidung der Kosten in Grenzkosten und Residualkosten.

Grenz- und Residualkosten basieren auf einem Erklärungs- und Gestaltungsmodell, das Unternehmungen zur Realisierung des stückkostenminimalen Produktionsvolumens hinführen soll. Dem Modell liegt die Annahme zugrunde, dass sich die Gesamtkosten einer Unternehmung aus absolut fixen Kosten und überproportional verlaufenden variablen Kosten zusammensetzen. Mit Hilfe sog. Produktionsschichten wird der kontinuierliche Gesamtkostenverlauf in einen diskreten Gesamtkostenverlauf umgewandelt, so dass im Anschluss daran mittels Grenz- bzw. Differenzbetrachtungen die zusätzlichen Kosten jeder einzelnen „Produktionsschicht" bestimmt werden können. Die Division dieser „Schichtkosten" durch die „Schichtausbringung" führt zu einer Proportionalisierung des Kostenverlaufs innerhalb jeder „Produktionsschicht". Man erhält für den gesamten Bereich konstante Grenzkosten, mit denen die gesamte Produktionsmenge einer Periode bewertet wird.[110] Grenzkosten bezeichnen somit den Zuwachs zu den Gesamtkosten, der durch die Produktion der jeweils letzten Ausbringungseinheit verursacht wird.

Bei absolut fixen und überproportional verlaufend variablen zusammengesetzten Gesamtkosten stimmten die grenzkostenorientiert bewerteten Kosten nur für die „Produktionsschicht" überein, die zu den niedrigsten anteiligen Kosten pro Stück führen. Die sich für nicht stückkostenminimale „Produktionsschichten" ergebene Differenz zwischen den effektiven Gesamtkosten und den „Grenzkosten der gesamten Periodenleistung" bezeichnet man als Residualkosten. Residualkosten sind ein ökonomischer Indikator für den Grad der Kapazitätsauslastung. Sie sind ein Indiz für Art und Ausmaß der Abweichung vom optimalen Beschäftigungsgrad, bei dem mit minimalen Kosten

---

110 Vgl. Hummel, S./Männel, W. (2000), S. 109.

pro Mengeneinheit produziert wird. Verstärken positive Residualkosten den Anreiz, den Beschäftigungsgrad zu steigern, sollten negative Residualkosten eine Unternehmung zu einer Reduzierung der Kapazitätsauslastung veranlassen.[111]

h) Entscheidung

Die Kosten der Entscheidung oder auch Opportunitätskosten bestehen in der am höchsten bewerteten Alternative, auf die infolge der Entscheidung verzichtet werden muss.[112] Es ist der bei der Realisierung einer bestimmten Maßnahme entgehende Nutzen, den man beim Verzicht auf diese Aktivität für die beste aller anderen Handlungsalternativen hätte erzielen können.[113] Die Ermittlung der Opportunitätskosten zeigt Unternehmungen auf, worauf verzichtet werden muss, wenn eine Entscheidung getroffen wird. Als ein auf die Zukunft gerichtetes entscheidungsorientiertes Konzept hilft er somit die richtigen Entscheidungen zu treffen.[114]

i) Auslastung

Die Unterscheidung der Kosten nach deren Auslastung führt zu der Definition von Leer- und Nutzkosten. Leerkosten sind dabei der Teil der Fixkosten, die durch die tatsächlich beanspruchte Kapazität im Verhältnis zur geplanten Kapazität nicht genutzt wird. Bei Nutzkosten handelt es sich um jenen Teil der Fixkosten, die durch die tatsächlich beanspruchte Kapazität im Verhältnis zur geplanten Kapazität ausgenutzt wird.[115]

j) Zeitbezug

Nach dem zeitlichen Bezug der Kosten unterscheidet man zwischen Ist-, Normal- und Plankosten.

Istkosten sind die innerhalb einer Periode für ein Kalkulationsobjekt tatsächlich angefallenen Kosten. Sie lassen sich somit erst erfassen, wenn der leistungsbezogene Güterverbrauch bereits stattgefunden hat. Als Vergangenheitswerte sind Istkosten mit allen Einmaligkeiten und Zufälligkeiten der zurückliegenden Leistungserstellung behaftet. Auf ihre Höhe wirken sich nicht nur Schwankungen des Beschäftigungsgrades aus, sondern auch Änderungen der Beschaffungspreise.[116]

Normalkosten basieren auf den Durchschnittswerten der Vergangenheit (Istkosten). Grundlage ist hierbei der normale, d.h. durchschnittliche Verbrauch an Kostengütern. Das Rechnen mit Normalkosten führt zu einer Kostennivellierung. Diese soll Zufälligkeiten und Schwankungen von der laufenden Kostenrechnung fernhalten. Im Vergleich zum Rechnen mit Istkosten wird die interne Rechnungslegung durch den Ansatz von Normalkosten zwar vereinfacht und beschleunigt, es sind jedoch gerade durch das Fernhalten von Zufälligkeiten und Schwankungen keine Kontrollen der Istkosten möglich.[117]

Plankosten sind die im Voraus für eine geplante Beschäftigung methodisch ermittelten, bei ordnungsgemäßem Betriebsablauf und unter gegebenen Produktionsverhältnissen als erreichbar betrachteten Kosten, die dadurch Norm- und Vorgabecharakter

---

[111] Vgl. ebenda, S. 111 f.
[112] Vgl. Demmler, H. (1991).
[113] Vgl. Hummel, S./Männel, W. (2000), S. 119.
[114] Vgl. Demmler, H. (1991).
[115] Vgl. Coenenberg, A. G. (2007), S. 423.
[116] Vgl. Hummel. S./Männel, W. (2000), S. 112.
[117] Vgl. ebenda, S. 113.

besitzen. Geht man bei der Festlegung der Plankosten von der erwarteten Beschäftigung und von den für den Planungszeitraum erwarteten Preisen aus, werden Plankosten auch als Prognosekosten bezeichnet. Demgegenüber stehen die Standardkosten. Hier werden die Kosten als Norm vorgegeben und auf der Grundlage der Optimal- der Normalbeschäftigung bestimmt.[118]

Sollkosten werden als die für die jeweilige Istbeschäftigung geltenden Kostenvorgaben bezeichnet. Sie ergeben sich durch Umrechnung der für die Planbeschäftigung ermittelten Plankosten auf die Istbeschäftigung. Sollkosten und Plankosten stimmen nur dann überein, wenn die Istbeschäftigung der im Voraus festgelegten Planbeschäftigung entspricht. Weicht die Istbeschäftigung von der Planbeschäftigung, für die man die Plankosten vorgibt, ab, ermittelt die Plankostenrechnung jene Sollkosten, die man für den realisierten Beschäftigungsgrad geplant hätte. Auf diese Weise gelingt es, die Abweichung der Istkosten von den Plankosten zu separieren, die auf Beschäftigungsabweichungen zurückzuführen sind.

k) Sachumfang
Die Differenzierung der Kosten nach dem Sachumfang der auf die Kalkulationsobjekte verrechneten Kosten führt zu der Unterscheidung in Vollkosten und Teilkosten. Beinhalten Vollkosten sämtliche im Betrieb anfallenden Kostenarten, beschränken sich die Teilkosten nur auf den Teil der Kosten, die sich nach dem Verursachungsprinzip zurechnen lassen.[119]

l) Relevanz
Für jede entscheidungsorientierte Kostenrechnung ist die Unterscheidung zwischen relevanten und irrelevanten Kosten von zentraler Bedeutung. Bezogen auf eine zu fällende Entscheidung, auf ein zu lösendes Wahlproblem, lassen sich davon betroffene und nicht betroffene Kosten auseinanderhalten. Der Ausdruck relevante Kosten leitet sich aus dem anglo-amerikanischen Terminus „relevant-costs" ab. Dem engeren Wortsinn nach handelt es sich um zu beachtende, erhebliche, bedeutsame, wichtige Kosten. Dem Sachzusammenhang nach sind es entscheidungsabhängige Kosten.

Als relevant sind die Kosten zu bezeichnen, die von einer Entscheidung über eine bestimmte Aktion, Handlungsmöglichkeit oder Maßnahme zusätzlich ausgelöst werden und die demzufolge auch bei der kostenmäßigen Beurteilung dieser Disposition zu berücksichtigen sind. Im Gegensatz dazu werden solche Wertverzehre, die von der Entscheidung über eine Handlungsalternative unabhängig sind und deshalb in der Entscheidungsrechnung auch nicht berücksichtigt werden dürfen, als irrelevante Kosten bezeichnet.

Ein Spezialfall entscheidungsirrelevanter Kosten sind die so genannten „sunk-costs". Es handelt sich hierbei um Kosten, die in der Vergangenheit bereits angefallen, zumindest aber schon vordisponiert worden sind und deren Höhe in Gegenwart und Zukunft nicht mehr beeinflusst werden kann. Der Terminus „sunk-costs" bringt zum Ausdruck, dass es sich bei diesen Beträgen um versunkene, verlorene somit um nicht mehr rückgängig zu machende Kosten handelt. Auf sie kann überhaupt kein Einfluss mehr genommen werden. Allgemein gilt für irrelevante Kosten, dass diese von einer

---
118 Vgl. Hummel, S./Männel, W. (2000), S. 114.
119 Vgl. Hentze, J./Kehres, E. (2008), S. 38, vgl. Hummel, S./Männel, W. (2000), S. 43.

bestimmten Entscheidung nicht beeinflusst werden. Im Umkehrschluss lassen sich relevante Kosten als erwartete zukünftige, noch beeinflussbare, alternativenspezifische Kosten definieren.

1.2 Prinzipien der Kostenerfassung

Die Kostenerfassung, die in der Kostenartenrechnung vorgenommen wird, bildet die Grundlage der betrieblichen Kostenrechnung. Sie dient dazu, die Höhe der Kosten bei ihrer Entstehung zu ermitteln. Die ermittelten Kostenzahlen müssen den tatsächlichen sachzielbezogenen Güterverbrauch abbilden. An diesen Messvorgang sind einige Anforderungen zu stellen, da von ihm die Zuverlässigkeit und die Verwendbarkeit der Kosteninformationen abhängen.[120]

Eine grundlegende Anforderung an die Kostenerfassung besteht in der Isomorphie, der Strukturgleichheit, zwischen den realen Gegebenheiten und den ermittelten Kostenzahlen. Als weitere grundsätzliche Bedingung tritt das Prinzip der intersubjektiven Überprüfbarkeit hinzu. Dies beinhaltet, dass die Ermittlung der Kosten von fachkundigen Personen nachprüfbar sein muss.

Während die bisher genannten beiden Prinzipien die Zuverlässigkeit der Kostenzahlen gewährleisten sollen, sind die folgenden Anforderungen auf die Verwendbarkeit der Kosteninformationen ausgerichtet. Hierzu gehören die Prinzipien der Vollständigkeit, der Genauigkeit und der Aktualität der Kostenerfassung. Sie besagen, dass die entstandenen Kosten möglichst vollständig erfasst werden sowie den erforderlichen Grad an Genauigkeit aufweisen sollen. Ferner muss ihre Erfassung so rechtzeitig erfolgen, dass sie für relevante Entscheidungen ausgewertet werden können.

Hinsichtlich des Grads der Erfüllung an Vollständigkeit, Genauigkeit und Aktualität der Kostenerfassung ist auch das Prinzip der Wirtschaftlichkeit zu beachten. Eine angemessene Abwägung dieser Prinzipien ist oftmals im Einzelfall vorzunehmen.

Die Kostenerfassung hat ferner die Aufgabe, die entstehenden Kosten fortlaufend und nach einheitlichen Gesichtspunkten zu messen. Dabei muss das System der Kostenartenrechnung dem Prinzip der Flexibilität insoweit gehorchen, dass auch neu auftretende Verbrauchsvorgänge erfasst werden können.

An die Erfassung der Kosten im Rahmen der Kostenartenrechnung können weitere Anforderungen gestellt werden, die von den in der anschließenden Kostenstellen- und Kostenträgerrechnung verfolgten Zwecken stark beeinflusst werden. Das Zusammenfassen und Gruppieren der ermittelten Zahlen zu verschiedenen Kostenarten im Rahmen der Kostenartenrechnung muss immer im Hinblick auf die zugrunde gelegten Ziele in der Kostenstellen- und Kostenträgerrechnung erfolgen. Die Kostenartenrechnung darf niemals isoliert von der darauf aufbauenden Kostenstellen- und Kostenträgerrechnung gesehen werden.

1.3 Regeln der Kostenzuordnung

Die Zuordnung der erfassten Kosten und Leistungen zu den Kostenstellen bzw. Kostenträgern wird nach bestimmten Regeln vorgenommen, die jedoch eine Beziehung zwischen den Kosten und Leistungen einerseits und den Zuordnungsobjekten

---

[120] Vgl. dazu auch Zapp, W. (1997), S. 484 ff.

andererseits unterstellen. Die in der Literatur dafür entwickelten Regeln können je nach der Art der dabei unterstellten Beziehung in zwei Gruppen unterteilt werden (vgl. Tabelle 4). Handelt es sich bei Methoden mit relativ willkürlicher Schlüsselung der Kosten und Leistungen um eine „künstlich" konstruierte Kosten- und Leistungsbeziehung, streben andere Regeln wiederum eine isomorphe Abbildung der Beziehungen zwischen Kosten/Leistungen und dem Bezugsobjekt an und stellen damit eine „natürliche" Kosten- und Leistungsbeziehung dar. Da die Kosten- und Leistungszuordnung immer zweckorientiert sein sollte, ist die Art der Zuordnungszwecke ebenso maßgeblich für die Auswahl der Zuordnungsregel. Besteht bei den natürlichen Beziehungen der Zuordnungszweck in der Abbildung einer real zu beobachtenden Beziehung und damit existenten, nachvollziehbaren Zusammengehörigkeit, so ist dieses bei den künstlichen Zuordnungen nicht der Fall. Hier geht es darum, die Kosten/Leistungen und Objekte überhaupt erst in eine Beziehung zueinander zu setzen. Der konkrete Zweck einer derartigen Zuordnung liegt meistens in der Erfüllung externer Informationsaufgaben, wie beispielsweise die Bewertung von halbfertigen Erzeugnissen oder die Preisgestaltung. Da den künstlichen Beziehungen keine natürliche Relation zugrunde liegt, werden sie auch als Anlastungsprinzipien bezeichnet. Bei natürlichen Beziehungen wird dagegen entsprechend von Zurechnungsprinzipien gesprochen.[121]

	Zurechnungsprinzipien	Anlastungsprinzipien
Art der unterstellten Beziehung	Natürliche Beziehungen	Künstliche Beziehungen
Zweck der Zuordnung	Abbildung einer real existierenden Zusammengehörigkeit	Abbildung, um eine Zusammengehörigkeit überhaupt erst herzustellen
Ausprägungen von Zuordnungsregeln	Verursachungsprinzipien in kausaler und finaler Interpretation, Identitätsprinzip	Durchschnittsprinzip, Tragfähigkeitsprinzip

Tabelle 4: Differenzierung von Zurechnungsregeln (Quelle: In Anlehnung an Selke, S. (1996), S. 187)

1.3.1 Zurechnungsprinzipien

Bei den Zurechnungsprinzipien werden folgende Möglichkeiten der Kostenverteilung unterschieden:
1) Verursachungsprinzipien
   a) Proportionalitätsprinzip
   b) Kausalitätsprinzip
   c) Finalprinzip
2) Identitätsprinzip

---

[121] Vgl. Selke, S. (1996), S. 185 ff.

Zu 1): Verursachungsprinzipien
Dieses Prinzip entspricht einer verständlichen Denkweise und besagt: Jeder Kostenträger (= jedes Kalkulationsobjekt) soll die Kosten tragen, die er (es) verursacht hat. Ein logisches Prinzip entspricht das dem Denken nach Gerechtigkeit. Doch wie soll das konkret aussehen? Kommt die breite Zustimmung nicht deshalb zustande, weil es aufgrund einer inhaltlichen Unbestimmtheit des Verursachungsprinzips beruht? Es bestehen keine klaren Regeln nach denen die Kostenverteilung ablaufen könnte und so stellt diese Forderung nach verursachungsgerechter Verteilung eine pseudonormative Leerformel dar.[122] Hummel und Männel beschreiben in einem Beispiel, wie schwierig es ist, die verursachungsgerechte Verteilung der Kosten vorzunehmen hier dargestellt auf den Gesundheitsbereich: Nach erfolgreicher Umbaumaßnahme macht ein Fotograf Aufnahmen vom neuen Gebäudekomplex des Krankenhauses. Die Geschäftsführung ist begeistert von den Fotos und will Abzüge kaufen. Welche Kosten muss nun das Krankenhaus begleichen:
- Kosten der Kopien; d.h. die Kosten, die das Fotogeschäft in Rechnung stellt (Personalkosten + Materialkosten = Kosten);
- Sind die Kosten des Films und seiner Entwicklung zu berücksichtigen?
- Sind die anteiligen Anschaffungskosten des Fotoapparates zu berücksichtigen?
- Sind die Fahrtkosten (Fototermin, usw.) zu berücksichtigen?

Hier stehen die Forderung nach verursachungsgerechter Leistung auf der einen Seite und die Forderung nach Konkretisierung der Abrechnungsvorgänge auf der anderen Seite widersprüchlich gegenüber. Die Problematik wird dadurch verschärft, dass die Fixkosten als Block z.B. von der gesamten Unternehmung ausgelöst werden. Eine Verteilung nach verursachungsgerechten Kriterien ist nicht möglich. Deshalb hat man versucht, das Verursachungsprinzip zu konkretisieren. Eine Variante ist das Proportionalitätsprinzip.

Zu 1a): Proportionalitätsprinzip
Nach dem von Rummel geprägten Begriff des Proportionalitätsprinzips erfolgt die Zurechnung aufgrund nachgewiesener proportionaler Beziehungen zwischen Kosten und Leistungen.[123] Folglich sind einem Bezugsobjekt genau jene Kosten und Erlöse zuzurechnen, die durch die Existenz des Bezugsobjektes zusätzlich ausgelöst werden und die bei Nichtexistenz des Bezugsobjektes gar nicht erst angefallen bzw. vermieden worden wären.[124] D.h. die Zurechnung erfolgt aufgrund einer festgestellten Abhängigkeit der Kosten von bestimmten Einflussgrößen (Diese Verrechnung betrifft vor allem die Gemeinkosten (= Kostenstellen und Kostenträger-Gemeinkosten)). Sofern es nicht möglich ist, die Verbrauchsmenge eines Einsatzgutes direkt zu messen (z.B. nach Outputgrößen), müssen Maßgrößen diese Rolle übernehmen. Diese Schlüsselgrößen spiegeln die Leistungen der Kostenstellen derart wider, dass sie zu den Stellenkosten proportional verlaufen. Damit können die Kosten geschlüsselt und verteilt werden.

---
122 Vgl. Hummel, S./Männel, W. (2000), S. 54.
123 Vgl. Rummel, W. (1949).
124 Vgl. Hummel, S./Männel, W. (2000), S. 55.

Nach diesem Prinzip sind die (= alle) Kosteneinflussgrößen zu berücksichtigen. Die Frage ist, ob man das kann, denn dann müsste die Kostenfunktion mit ihren Variablen und Parametern bekannt sein. In der Regel ist es aber so, dass proportionale Beziehungen als linear verstanden werden. Kritiker weisen auf folgende Sachverhalte hin:
1. In Autos müssen – damit sie fahren können – neben Benzin auch Autobatterien in das Auto eingebaut werden. Die Anzahl der in die Autos eingebauten Autobatterien korreliert linear mit der Anzahl der produzierten Autos. Die empirisch erfassten proportionalen Kosten dürfen nicht auf deren ursächliche Verknüpfung zurückgeführt werden.
2. Die Bevölkerungszahlen sind rückläufig. In bestimmten Regionen und Bezirken hat man rückläufige Bevölkerungszahlen gemessen. Der Nachweis ist unbestritten und lässt sich anhand von Geburtenstatistiken nachweisen. Auffallend ist nun, dass in den untersuchten Bezirken und Regionen die Häufigkeit der Nester und damit auch die Anzahl der Vögel, die darin brüten, rückläufig sind. Fachleute wissen, dass es sich bei der untersuchten Vogelart nicht um Tauben, sondern um Störche handelt. Es liegt unbestreitbar eine proportionale Beziehung von Storchennestern und Geburtenzahlen vor.

Aber ist damit die Ursache erfasst? Auch bei Schlüsselgrößen sind Widerstände zu erwarten. Es gibt keine allgemeingültigen Schlüssel; sie sind argumentativ zu begründen. Man wird ohne Schlüssel in der Kostenrechnung nicht auskommen; sollte aber mit Größen wie Storch und Kind vorsichtig sein.

Zu 1b): Kausalitätsprinzip

Ein weiterer Präzisionsansatz besteht in der kausalen Interpretation des Verursachungsprinzips. Dieses sogenannte Kausalitätsprinzip oder auch Ursache-Wirkungs-Prinzip besagt, dass die Kosten als „Wirkung" den Bezugsobjekten zugeordnet werden müssen, die sie als „Ursache" bewirkt haben. Das Kausalprinzip begreift als Ursache der Kostenentstehung jedoch nicht wie häufig angenommen und kritisiert die Leistungserstellung, sondern die eigentliche Entscheidung, die hinter dem Leistungserstellungsprozess steht. Die Kostenentstehung einerseits und die Produktion andererseits sind funktionalgebundene Wirkungen bestimmter Entscheidungen.[125] Somit werden nur die von der jeweiligen Bezugsgrößenmenge abhängigen Kosten zugerechnet.[126] Mit Rücksicht auf die Entscheidungs- und Kontrollrelevanz der jeweils variablen Kosten, spricht Kilger auch vom Funktionalprinzip bzw. Relevanzprinzip.[127]

Zu 1c): Finalprinzip

Interpretiert man wie Kosiol[128] das Verursachungsprinzip final, wird der Zusammenhang zwischen Kosten/Leistungen und dem Bezugsobjekt nicht als Ursache-Wirkungs-Beziehung begriffen, sondern vielmehr als Mittel-Zweck-Zusammenhang betrachtet. Es liegt eine finale Beziehung zwischen Mittel und Zweck immer dann zugrunde, wenn das eine (das Mittel) um des anderen Willens (des Zwecks) bewusst in Kauf genommen wird.[129] Damit Leistungen erstellt werden können, müssen geeignete Produktionsfaktoren eingesetzt werden. Es ist nach dem Finalprinzip verursachungsgerecht,

---

125 Vgl. Kilger, W. (1987), S. 75.
126 Vgl. Selke, S. (1996), S. 189.
127 Vgl. Kilger, W. (1987), S. 76.
128 Vgl. Kosiol, E. (1972), S. 29 ff.
129 Vgl. Selke, S. (1996), S. 190 f.

bestimmte Kosten der Betriebsbereitschaft im Verhältnis der zeitlichen oder räumlichen Inanspruchnahme auf die einzelnen Leistungsarten bzw. Leistungseinheiten aufzuteilen, da der Anfall dieser Kosten das Mittel für den angestrebten Zweck der Erzeugung bestimmter Produkte ist. Diese Art der Kostenrechnung wird mitunter auch Veranlassungsprinzip genannt.

Zu 2): Identitätsprinzip
Aus der kritischen Analyse sowohl des kausalen als auch finalen Verursachungsprinzips heraus entwickelte Riebel das sog. Identitätsprinzip.[130] Es knüpft bei der Kausalität an: Ursache und Wirkung: Eine Ursache hat eine Wirkung. Diese Beziehung gilt für die Güter und Kosten nicht. Die Entstehung der Güter kann nicht als Ursache für Kosten angesehen werden, weil eine Ursache vor der Wirkung liegt. Somit kann die Güterentstehung, die am Ende eines Leistungserstellungsprozesses liegt, nicht Ursache für Kosten sein. Auch Kosten sind nicht die Ursache für eine Leistungsentstehung. Riebel vertritt folgende Auffassung, die einleuchtet: Der kombinierte Einsatz von Produktionsfaktoren stellt eine Ursache dar, die zu zwei Wirkungen führt:
1. Wirkung: Produktionsfaktoren werden in Anspruch genommen oder verzehrt.
2. Wirkung: Es entsteht ein Produkt.
Die Ausgangslage hat mit Entscheidungen zu tun: Der Einsatz von Produktionsfaktoren beruht auf Entscheidungen. Zwischen Kosten und Leistungen bestehen jetzt keine Ursache-Wirkungsbeziehungen, sondern: Kosten und Leistungen sind gekoppelte Wirkungen einer anderen Ursache: Die Ursache ist die Entscheidung, die sowohl den Güterverbrauch als auch die Leistungsentstehung auslöst. Danach können Kosten bestimmten Erlösen nur dann zugerechnet werden, wenn Kosten und Erlöse durch dieselbe Entscheidung ausgelöst werden. Die Zurückführung auf dieselbe identische Entscheidung („Identitätsprinzip") ist das allein maßgebliche Kriterium. Unternehmerische Entscheidungen sind die Kostenbestimmungsfaktoren oder die Kostenquellen. Durch dieses Prinzip werden aber auch verteilungsfähige Kosten durch eine Verteilung nicht weiterverteilt, so dass die Kostenträgerstückrechnung dadurch ungenau wird. Zu fragen ist also auch bei diesen Anwendungen, welches Rechnungsziel will ich erreichen?
Anknüpfend an dieses Prinzip hat man das Marginalprinzip entwickelt. Es besagt, dass bei einem Kalkulationsobjekt stets genau jene Kosten und Erlöse zugerechnet werden, die durch die Existenz dieses Kalkulationsobjekts zusätzlich ausgelöst werden und die bei Nichtexistenz dieses Kalkulationsobjekts überhaupt nicht angefallen wären. Hier wird auf relevante Kosten abgestellt.[131]

---
130 Vgl. Riebel, P. (1994), S. 76.
131 Vgl. Schweitzer, M./Küpper, H. (2008), S. 88–90; Hummel, S./Männel, W. (2000), S. 56–58.

1.3.2 Anlastungsprinzipien

Anlastungsprinzipien werden bei Systemen der Vollkostenrechnung angewandt, da diese Prinzipien alle angefallenen Kosten – auch die nicht zurechenbaren Gemeinkosten – zuordnen. Unterschieden wird die
a) durchschnittsorientierte Verteilung und
b) die Verteilung nach der Tragfähigkeit

zu a) Durchschnittsorientierte Verteilung
Ziel ist eine verursachungsgerechte Zuordnung. Die durchschnittsorientierte Verteilung ist hierzu am bekanntesten und am einfachsten in der Lage. Ein Kostenblock wird durch Division auf homogene Untereinheiten aufgeteilt. Die Kosten und Erlöse werden durchschnittlich auf die Leistungseinheiten oder sonstigen Bezugsgrößen verteilt. Hier wird nicht gefragt: Welche Kosten sind durch welche Leistungen verursacht? Sondern: Welche Kosten entfallen im Durchschnitt auf welche Leistungen? Die Suche nach Abhängigkeiten und Proportionalitäten entfällt.

zu b) Tragfähigkeitsprinzip
Dieses Prinzip wird auch Belastbarkeits- oder Deckungsprinzip genannt. Die Kostenbelastbarkeit einzelner Kalkulationsobjekte bestimmt die Zuordnung der Kosten. Die Belastbarkeit wird durch den Überschuss der Erlöse über die direkt zurechenbaren Kosten gemessen oder es wird der Bruttoerlös genommen. Je nach Zuordnung geschieht folgendes in diesem Verfahren: Separat abgerechnete Produktionsstätten einer Unternehmung werden die Kosten der Verwaltung im Verhältnis der von den beiden Werken erwirtschafteten Überschüsse aufgebürdet. D.h. der Leiter, der durch hohe Anstrengungen die höchsten Überschüsse erwirtschaftet, wird damit bestraft, dass er die hohen Kosten der Verwaltung zu bezahlen hat. Wird er im nächsten Jahr noch höhere Überschüsse erzielen, wird er noch mehr mit Kosten belastet. Die Motivation, sich für die Unternehmung einzusetzen, dürfte schwierig sein. Der Leiter kann noch darauf spekulieren, dass dadurch eine Versetzung an höherer Stelle möglich ist. Die Mitarbeiter vor Ort werden kaum motiviert.
Dennoch kann dieses Prinzip Beachtung finden. In einem Konzern mit einem Krankenhaus, einem Altenheim und einer Pflegestation kann nach den Budgetverhandlungen folgendes passieren: Im Krankenhaus erhält die Unternehmung zehn Handwerker, im Altenheim und Pflegestation kann es nur jeweils einen Handwerker geben, der über Budgets finanziert wird. Da das Krankenhaus aber mit Handwerksleistungen nicht ausgelastet ist, können aber die Handwerker, die unter Budgetgesichtspunkten dem Krankenhaus belastet werden, Arbeiten im Altenheim übernehmen. Die darin liegende Verrechnungsproblematik ist im Krankenhausbereich interessant.

2 Kostenartenrechnung
2.1 Grundlagen der Kostenartenrechnung
2.1.1 Aufgaben der Kostenartenrechnung

Die Kostenartenrechnung ist im allgemeinen Ausgangspunkt und Grundlage der Kostenrechnung, die langfristig betrachtet einen Überblick über die Kostenartenstruktur einer Unternehmung bietet. Sie ist kein spezifisches Rechenverfahren oder eine bestimmte Rechenmethode, sondern dient dazu, die Kosten systematisch, vollständig und überschneidungsfrei zu erfassen. Weiterhin liefert sie kurzfristig Informationen, die eine Entwicklung der Kostenbestandteile (Kostenniveau) aufzeigen.[132]

Nach Haberstock hat die Kostenartenrechnung folgende Aufgaben zu erfüllen:[133]
- Definition des Begriffs „Kosten" in Abhängigkeit vom angewandten Kostenbegriff
- Vorbereitung der Kostenstellen- und Kostenträgerrechnung durch eine eindeutige Kostenzuordnung auf Kostenstellen und Kostenträger
- Kostenartenorientierte Planung und Kontrolle von Betriebsabläufen
- Bereitstellung von Informationen für Entscheidungen.

Die Kostenartenrechnung ist somit nicht als ein eigenständiges und isoliertes Teilgebiet der Kostenrechnung zu verstehen. Vielmehr handelt es sich um eine geordnete Erfassung der Kosten unter Einbezug kostenstellen- und kostenträgerbezogener Aspekte.[134] Sie ist Lieferant von Daten für die nachfolgende Kostenstellen- und Kostenträgerrechnung und kann als Analyseinstrument für Lenkungszwecke genutzt werden, wenngleich auch nicht so effektiv wie z.B. die Kostenstellenrechnung. Gleichzeitig wird man in der Kostenstellenrechnung wieder auf Kostenarten zurückgreifen müssen, um lenkend in den Leistungserstellungsprozess einzugreifen. Die Personalkosten als ein Block der Kostenarten kann untersucht werden. Dieser Block ist besonders wichtig, weil er vor allem den Ausgangspunkt für weitere Planungen bildet. Hat man hier Abweichungen oder exorbitante Steigerungen festgestellt, können weitere Analysen die Ursachen transparent machen. Erleichtert wird die Überwachung, indem man die Kostenarten tiefer untergliedert (z.B. nach Dienstarten).[135] Ob sie zu Lenkungszwecken benutzt werden kann, ist strittig, weil weitere Analyseschritte durchzuführen sind.

Die Spannweite der Kostenartenrechnung reicht letztlich von der Ermittlungsfunktion bis hin zur entscheidungsorientierten Kostenartenrechnung. Eine sehr differenzierte Erfassung der Kostenarten kann zwar im Dienst der Ermittlungsfunktion sein, sie kann aber dann im Widerspruch stehen zu einer entscheidungsorientierten Kostenartenrechnung. Hier besteht ein Spielraum, der uns immer wieder begegnen wird. Auch in der Praxis wird es hier Diskussionen geben. Im Vordergrund dürfte jedoch eine Kostenartenrechnung stehen, die so differenziert aufbereitet ist, dass sie als Entscheidungshilfe herangezogen werden kann. Danach wird sich dann auch die Systematisierung der Kostenarten richten müssen. So wird eine ermittlungsorientierte Kostenartenrechnung, die eine genaue Wiedergabe der Input-Output-Prozesse anstrebt, anders ausgestaltet sein als eine entscheidungsorientierte Kostenartenrechnung, die

---
132 Vgl. Ebert, G. (2008), S. 27.
133 Vgl. Haberstock, L. (2008), S. 55 f.
134 Vgl. Männel, W. (1992a), S. 397.
135 Vgl. Zapp, W. (2007a), S. 281.

primär Informationen für Management-Entscheidungen liefert.[136] Kostenarten sind Kostenelemente der Unternehmung. Die verschiedenen Kostenelemente wie Stoffe, Materialien, Leistungen, Nutzungen usw. schlagen sich als Kosten im Produkt bzw. in der Leistung nieder. Die Bildung der Kostenarten erfolgt durch die Herauslösung jener Kosten aus dem Gesamtkostenblock, die sich in gewissen Merkmalen von den anderen unterscheiden. Interessant sind dabei jedoch nur diejenigen Merkmale, deren Informationsgehalt für die Rechnungsziele der Kostenrechnung von Interesse ist.[137] Der Detaillierungsgrad, der auch vom Anteil des jeweiligen Kostenblocks an den Gesamtkosten und vom Beitrag zur Wertschöpfung beeinflusst wird, gewährleistet die nötige Kostentransparenz. In Abhängigkeit vom jeweiligen Informationsbedarf wird der Detaillierungsgrad unterschiedlich gewählt.[138]

2.1.2 Anforderungen an die Kostenartenrechnung

Die Anforderungen an die Kostenartenrechnung werden durch die Aufgabenstellung beeinflusst, die man ihr beimisst. Die Ermittlungsfunktion führt dazu, dass sehr genau und systematisch ein Ordnungsprinzip gesucht wird, das dann umgesetzt wird. Der entscheidungsorientierte Ansatz führt dazu, die Kostenarten nach dem Prinzip der Entscheidungsfähigkeit zu gliedern. Diese Spannweite stellt jedoch kein unüberwindbarer Gegensatz dar. Was letztendlich entscheidungs- und ermittlungsrelevant ist, wird vor allem durch die Branche bestimmt, in der die Unternehmung agiert. Für einen Fahrzeugproduzent werden andere Zahlen wichtig sein als für ein Krankenhaus. Funktionsunabhängig wird auch das Prinzip der Wirtschaftlichkeit zu beachten sein. Wenn eine allzu differenzierte Unterteilung vorgenommen wird, erhöht sich nicht nur der Arbeitsaufwand in der Buchhaltung, sondern auch im Nachhinein ist es aufwendig, bestimmte Zahlen wieder zusammenzufassen, zum Beispiel bei der Durchführung einer Deckungsbeitragsrechnung.

Folgende Anforderungen können für die Kostenartenrechnung abgeleitet werden:

1. Systematische Ordnung: Die Erfassung der Kosten soll systematisch/geordnet erfolgen:
Die Kostenartenrechnung ist der erste Baustein der Kostenrechnung. Erfassungs- und Kontierungsfehler, die hier anfallen, werden zwangsläufig in die anderen Kostenrechenbereiche übertragen und führen dort – aber auch schon in der Kostenartenrechnung – zu falschen Ergebnissen, zu falschen Analysen und bewirken falsche Entscheidungen. Nur eine zweckentsprechende Kostenartengliederung kann zu einer richtigen Erfassung führen. Richtig heißt, das die Erfassung

a. eindeutig und überschneidungsfrei und

b. einheitlich

erfolgt.

---

[136] Vgl. Niethammer, R. (1992), S. 399.
[137] Vgl. Preißler, P. R. (1995), S. 32/33.
[138] Vgl. ebenda.

a) *Eindeutigkeit* ist dann gegeben, wenn der Inhalt einer Kostenart nur für eine Kostengüterart bestimmt ist. *Überschneidungsfrei* heißt, dass diese Kostenart nicht in eine andere Kostenart hineinreicht oder doppelt erfasst wird. Die Kosten sind den Kostenarten zweifelsfrei zuzuordnen. Daraus folgt für die Abwicklung, dass die Kostenarten so zu bilden sind, dass für jeden Kostenartenbeleg jeweils nur eine bestimmte Kostenart in Frage kommt. Unklare und mehrdeutige Kostenartenbezeichnungen sind soweit wie möglich zu vermeiden. Wegen der Vielschichtigkeit des Faktoreinsatzes lassen sich aber völlig eindeutige Kostenartenbezeichnungen (nicht immer) erreichen und strittige Kostenarteneinteilungen lassen sich nie ganz ausschließen. Dieser Mangel wird dadurch behoben, dass man die Kostenarteneinteilung durch eine Kontierungsvorschrift ergänzt, die Regeln beinhaltet, die durch Beispiele erklärt werden. Sie zeigen, wie die Zuordnung zu den einzelnen Kostenarten zu erfolgen hat.[139]

b) „Aus Gründen der Vergleichbarkeit der Ergebnisse der Kostenrechnung ist es wichtig, die gleichen Kostengüter auch in jeder Abrechnungsmethode den gleichen Kostenarten zuzuordnen".[140] Damit spricht auch die Anforderung der Einheitlichkeit für ein Kontierungshandbuch.

2. Vollständigkeit: Die Erfassung der Kosten soll vollständig sein:
Alle entstandenen Kosten sind zu erfassen, damit die darauf aufbauenden Analysen und/oder die anschließende Weiterverrechnung exakt erfolgen können. Die Abgrenzung zwischen Aufwand der Buchhaltung und Kosten der Kostenrechnung ist dabei zu beachten.[141]

3. Periodengerechte Abgrenzung: Die Erfassung der Kosten soll periodengerecht erfolgen:
Diese Abgrenzung ist notwendig, wenn betriebliche Ausgaben über mehrere Abrechnungsperioden anfallen.[142] Wartungsverträge werden einmal im Jahr bezahlt. Hier ist darauf zu achten, dass die Kosten bei monatlicher Betrachtung nicht unberücksichtigt bleiben oder fehlinterpretiert werden: Wenn die Wartungsverträge im Januar überwiesen wurden und nicht auf 12 Monate verteilt wurden, weist die Kostenrechnung im Januar aus, dass die Wartungsverträge 12 Mal so hoch liegen wie im Vorjahr. Bei Hochrechnungen können so Doppelzählungen erfolgen. Durch die Beachtung dieser Anforderung soll somit vermieden werden, dass eine Periode mehr als die andere belastet wird und damit Verschiebungen und infolgedessen falsche Interpretationsergebnisse produziert werden.

4. Berücksichtigung Primärer Kosten: Die Kostenartenrechnung soll nur primäre Kosten erfassen:
Eine wesentliche Unterscheidung besteht in der Untergliederung von primären und sekundären Kosten. Die Anforderung besagt, dass die Kostenrechnung nur den bewerteten Verzehr jener Güter und Dienstleistungen erfassen soll, die eine Unternehmung von außen bezieht. Solche Primärkosten sind Gehälter, Materialkosten, Fremdleistungskosten usw. Sekundäre Kosten resultieren aus dem Widereinsatz selbst erstellter innerbetrieblicher Leistungen. Hierbei handelt es sich um Kosten für die Röntgen-

---
139 Vgl. Kilger, W. (1987), S. 69.
140 Haberstock, L. (2008), S. 76.
141 Vgl. Olfert, K. (2008), S. 84.
142 Vgl. ebenda.

leistung der Radiologie, die Blutuntersuchung des Krankenhauslabors, eigenerzeugte Energie, Eigenreparaturkosten, Fahrten des betriebseigenen Fuhrparks, Kekse für die Geschäftsführung aus der eigenen Bäckerei usw. Die sekundären Kosten umfassen wiederum primäre Kosten: Bei einer Eigenreparatur fallen als primäre Kosten die Entlohnung des Werkstattpersonals, Wergzeugkosten, Instandhaltungsmaterial und Energiekosten an. Die sekundären Kosten fließen später in die Kostenstellenrechnung ein. Würde man die sekundären Kosten in der Kostenartenrechnung berücksichtigen, käme es zu einer Doppelzählung der Kosten: Der Lohn des Reparateurs in der Kostenart Personalkosten und in der Kostenart Instandhaltung die Kosten der Reparatur, worin jedoch die Lohnkosten bereits enthalten sind. Sekundäre Kosten sind der Preis der innerbetrieblichen Leistungen (z. B. Blutbild), den jene Kostenstellen entrichten müssen, die die Leistungen empfangen (z. B. Klinik für Innere Medizin). Dieser Preis enthält aber verschiedene Kostenarten, die nun doppelt gezählt werden würden.

5. Branchenspezifische Kostenartenpläne:
Die Struktur von Kostenartenplänen ist stets auf die oft sehr spezielle Informationsbedürfnisse der einzelnen Unternehmungen auszurichten. Dies macht die prinzipiell anzustrebende durchgängige Systematisierung der Kostenarten nach einem einzigen Kriterium häufig unmöglich – so vor allem nach der Art der eingesetzten Kostengüter.

Entlastung bieten hier Orientierungsrahmen wie
– der Industriekontenrahmen (IKR) und
– die Krankenhausbuchführungsverordnung für Krankenhäuser (KHBV).

2.2 Darstellung der unterschiedlichen Kostenarten

2.2.1 Sachkosten

Dieser Gliederungspunkt wird auch Stoff- oder Materialrechnung genannt. Gegenstand der Sachkosten sind die beweglichen, materiellen Güter, die im Vollzug des Unternehmungsprozesses eingesetzt und bearbeitet, verarbeitet oder aufgebraucht werden. Zu ihnen gehören vor allem Fertigungsstoffe, Hilfsstoffe, Betriebsstoffe, Büromaterial:[143]

a) Fertigungsstoffe
   Fertigungsstoffe gehen als Hauptbestandteile unmittelbar in die Erzeugnisse ein. Im Allgemeinen handelt es sich hier um Rohstoffe, Werkstoffe oder bezogene Teile. Im Krankenhaus sind damit zum Beispiel Implantate, Arzneimittel oder Lebensmittel gemeint.

b) Hilfsstoffe
   Hilfsstoffe gehen ebenfalls unmittelbar in das Erzeugnis ein; diese Stoffe erfüllen aber quasi nur eine Hilfsfunktion: z.B. Nahtmaterial, Schrauben

c) Betriebsstoffe:
   Betriebsstoffe gehen nicht in die Erzeugnisse ein, sondern sie werden bei der Herstellung mittelbar oder unmittelbar verbraucht: z. B. Desinfektionsmittel, Spritzen, Einweghandschuhe, Energie

---
143 Vgl. Zapp, W. (2007a), S. 279.

d) Büromaterial:
Büromaterial wird für die Planung und Kontrolle des Unternehmungsprozesses benötigt: z.B. Papier, Vordrucke, Formulare, Stifte.

Aufgabe dieser Stoffrechnung ist es, die Bewegungen und Bestände von Stoffen mengen- und wertmäßig zu erfassen und die Verteilung des Materialeinsatzes nach Wert und Menge auf die Kostenstellen und Kostenträger vorzubereiten. Dieser Vorgang lässt sich zweiteilen:
a) Erfassung der Menge und
b) Bewertung der Menge

Zu a) Mengenerfassung
Bei der Mengenerfassung werden drei Verfahren unterschieden:
1. Festwertverfahren: Das Festwertverfahren eignet sich insbesondere für die Erfassung von Betriebs- und Hilfsstoffen, die für einen längeren Zeitraum in nahezu gleich bleibender Menge bevorratet werden. Bei diesem Verfahren (auch Zugangsverfahren genannt) wird der Festwert sowie die Zugänge an Betriebsstoffen, Hilfsstoffen und sonstigen Materialien nur unternehmensbereichs- oder gesamtunternehmensbezogen aufgeführt. Die Kosten für Materialeinkäufe werden aufgrund von Erfahrungswerten auf die Kostenstellen verteilt. Das Verfahren gilt daher als einfach, relativ grob und ungenau.[144] Inventurverfahren: Mithilfe des Inventurverfahrens wird die in einer Periode verbrauchte Materialmenge aus der Gegenüberstellung des Endbestands eines Zeitraums zu dem Anfangsbestand ermittelt. Die Methode wird daher auch „Bestandsdifferenzrechnung" und „Befundrechnung" genannt; das Ergebnis ist die tatsächlich vorhandene Materialmenge, welche indirekt eine Aussage über die nicht mehr vorhandene Materialmenge erlaubt. Jedoch ist eine Ursachenanalyse bei Abweichungen von Soll-Materialverbrauchsmengen nicht möglich. Da die Inventur des Lagerbestands stets zum Ende einer Periode durchgeführt wird, ist der Aufwand für Verwaltungsarbeit gering, es findet jedoch auch keine laufende Ermittlung der Verbrauchsmengen statt.[145]
2. Fortschreibung: Die Fortschreibungsmethode basiert auf dem Vorhandensein der Lagerbuchhaltung und ist damit das genaueste Verfahren der Mengenerfassung. Anhand von Belegen werden die Zugänge (Lieferscheine) und Abgänge (Materialentnahmescheine) in der Lagerkartei festgehalten. Mit diesen Informationen kann der laufende Veränderungsbestand des Lagers nachvollzogen werden. Dazu müssen die Materialentnahmescheine im Wesentlichen die folgenden Angaben enthalten: Materialmenge, Materialart, Kostenstellennummer, Auftragsnummer/Kostenträger und Datum (Hilfs- und Betriebsstoffe lassen wegen ihres Gemeinkostencharakters nur Angaben über die belastete Kostenstelle zu). Diese Methode (ebenfalls „Skontrationsrechnung" bezeichnet) gewährleistet, jederzeit den buchmäßigen Soll-Lagerbestand ausweisen zu können, da sie die Lagerentnahmen während einer Periode als Abgang ausweist. Hieraus Rückschlüsse auf die effektiv verbrauchte Materialmenge zu ziehen, ist jedoch nur zulässig, wenn zwischen Materialentnahme und Materialverbrauch zeitlich kein bedeutsamer Unterschied besteht.[146]

---
[144] Vgl. Hummel, S./Männel, W. (2000), S. 144.
[145] Vgl. Hummel, S./Männel, W. (2000), S. 144 f. und Olfert, K. (2008), S. 92.
[146] Vgl. Hummel, S./Männel, W. (2000), S. 145 und Olfert, K. (2008), S. 90 f.

3. Rückrechnung: Dieses Verfahren (auch „retrograde Methode") zur Berechnung der Materialmenge lässt sich anwenden, wenn die erforderlichen Materialarten und -mengen für ein Erzeugnis bekannt sind bzw. sich aus den erstellten Halb- und Fertigerzeugnissen ableiten lassen. In diesem Fall dient die Stückliste als Grundlage zur Berücksichtigung aller Einzelteile, die in die Herstellung des Erzeugnisses eingehen. Der Verbrauch ergibt sich aus der hergestellten Stückzahl multipliziert mit der Soll-Verbrauchsmenge pro Stück. Durch die retrograde Methode erhält man den Materialverbrauch als Sollwert, jedoch ist es nicht möglich, Minder- oder Mehrverbrauchszahlen zu ermitteln. In dem Fall ist eine Ergänzung durch die Inventurmethode sinnvoll.[147]

Zu b) Bewertung der Menge
Gegenstand der Materialbewertung sind die Methoden
1. Durchschnittsbewertung: Nach dieser Methode wird entweder der Bestand hinsichtlich seines Durchschnittspreises nach jedem Zugang („permanente Durchschnittsmethode") oder am Ende einer Periode („periodische Durchschnittsbewertung") bewertet.[148]
2. Lifo (Last in – First out): Bei dieser Methode zur Sammelbewertung von Vorratsvermögen wird unterstellt, dass die zuletzt beschafften Bestände (last in) als erste das Lager wieder verlassen (first out). Dadurch werden die Endbestände mit den zeitlich ältesten Preisen bewertet.
3. FiFo (First in – First out): Das Fifo-Verfahren unterstellt, dass die jeweils zuerst angeschafften Vermögensgegenstände auch zuerst verbraucht oder veräußert werden.
4. Hifo-Verfahren (Highest in – First out): Diesem Verfahren liegt die Annahme zugrunde, dass zuerst jene Vorratsgüter dem Lager entnommen werden, deren Beschaffungspreise am höchsten waren. Dieses Verfahren entspricht dem Lifo- bzw. Fifo-Verfahren; vorausgesetzt die Preise steigen/sinken konstant.[149]
5. Lofo-Verfahren (Lowest in – First out): Hier wird davon ausgegangen, dass die am billigsten erworbenen Materialbestände zuerst verbraucht oder veräußert worden sind. Somit erfolgt am Bilanzstichtag eine höchstmögliche Bewertung der Mengen.[150]

Als Wertansätze kommen in Frage:
1. Einstandspreise: Der Einstandspreis ist der Preis, der bei der Beschaffung des Materials zu zahlen ist („Anschaffungspreis"). Die Höhe ergibt sich durch folgende Berechnung: Ausgangsbasis ist der Angebotspreis, von dem der gewährte Rabatt und Bonus abgezogen und ein Mindermengenzuschlag aufsummiert werden. Diese Zwischensumme bildet den Zieleinkaufspreis. Reduziert um das Skonto erhält man den Bareinkaufspreis. Der Einstandpreis ergibt sich, indem im letzten Schritt die Bezugskosten (Verpackung, Fracht, Rollgeld, Versicherung und Zoll) hinzu gerechnet werden.[151]

---

[147] Vgl. Hummel, S./Männel, W. (2000), S. 146 und Olfert, K. (2008), S. 93.
[148] Vgl. Olfert, K. (2008), S. 96 f.
[149] Vgl. ebenda. S. 100.
[150] Vgl. ebenda. S. 101.
[151] Vgl. ebenda. S. 201.

2. Festpreise: Festpreise sind standardisierte Rechenpreise zur Bewertung von Kostengütern, die längere Zeit konstant gehalten und nur bei sich langfristig ändernden Marktverhältnissen angepasst werden.
3. Durchschnittspreise: Die Beschaffungspreise von Gütern vergangener Perioden dienen als Größenwerte zur Ermittlung des Durchschnittspreises.[152]

2.2.2 Personalkosten

Personalkosten stellen für Krankenhäuser den größten Kostenblock dar; sie spielen somit für die Überlebensstrategie der Unternehmung eine wichtige Rolle. Ihre exakte Erfassung und Zuordnung in der Kostenartenrechnung ist deshalb sehr wichtig.

Personalkosten stellen die Kosten dar, die durch den Verbrauch von Arbeitsleistung entstehen. Sie beinhalten Löhne und Gehälter, gesetzliche und freiwillige Sozialabgaben sowie sonstige Personalnebenkosten.

Die Sozialabgaben sind Aufwendungen für die Arbeitnehmer, die über die Löhne und Gehälter hinaus gehen. Zum einen sind hier die gesetzlichen Arbeitgeberbeiträge zur Renten-, Kranken-, Pflege-, Arbeitslosen- und Unfallversicherung und zum anderen freiwillige Sozialkosten auf Basis von Betriebsvereinbarungen oder Absprachen, wie z.B. Beihilfen und Unterstützungen, zu nennen. Sonstige Personalnebenkosten fallen meist bei Veränderungen im Personalbereich an, z.B. sind hierunter Abfindungskosten, Kosten für die Anwerbung neuer Mitarbeiter Vorstellungskosten und Umzugskosten für neue Mitarbeiter zu verstehen.[153]

Löhne und Gehälter umfassen über das regelmäßige Arbeitsentgelt hinaus auch Vergütungen für Überstunden, Bereitschafts- und Rufbereitschaftsdienste, Zeitzuschläge und Sachbezüge für freie Unterkunft und Verpflegung sowie Gestellungsgelder für die Leistungen von Angehörigen von Ordensgemeinschaften. Im Krankenhaus gelten für die Bewertung der Arbeitsleistung von Bereitschaftsdiensten und Rufbereitschaften Anrechnungsfaktoren in Abhängigkeit von der Bereitschaftsdienststufe, die aufgrund der prozentualen Arbeitsleistung innerhalb des Bereitschaftsdienstes gebildet wird, und der Anzahl der geleisteten Bereitschaftsdienste im Abrechnungsmonat.[154] Zur Unterteilung für die betriebliche Disposition wird im Allgemeinen eine Unterteilung der Personalkosten nach den folgenden Kriterien empfohlen: Personalkosten für
- die Regelarbeitszeit,
- Überstunden und
- Bereitschaftsdienste.[155]

Für Personalstatistiken werden die Kosten einer Vollzeitkraft (mit voller tariflicher Arbeitszeit) ermittelt, hierfür ist es wichtig, ob Überstunden ausgezahlt oder per Freizeitausgleich abgegolten werden.[156]

---

[152] Vgl. ebenda. S. 234.
[153] Vgl. ebenda. S. 111.
[154] Vgl. Hentze, J./Kehres, E. (2008), S. 49.; Graumann, M./Schmidt-Graumann, A. (2007), S. 282 f.
[155] Vgl. Graumann, M./Schmidt-Graumann, A. (2007), S. 283.
[156] Vgl. ebenda.

Die Erfassung der Personalkosten erfolgt üblicherweise im Rahmen vorgelagerter Lohn- und Gehaltsabrechnungen. Diese Abrechnung verfolgt zwei Aufgaben:
1. Sie hat die Erfassung, Berechnung, Buchung und Zahlungsregulierung sämtlicher Arbeitsentgelte der Beschäftigten sicherzustellen.
2. Die Abrechnung bereitet so die Verteilung der Kosten auf die Kostenstellen und Kostenträger vor.

Bei der Verrechnung der Personalkosten ist auf ein Problem hinzuweisen: Fallen Zahlungstermin und Abrechnungszeitraum auseinander, ist eine Periodenabgrenzung durchzuführen. Beispielsweise wird Urlaubsgeld im Juni und Weihnachtsgeld meist im November für Dezember ausgezahlt, diese beziehen sich allerdings auf das gesamte Jahr. Diese Kosten können daher nicht allein einer Teilperiode (hier: Monat) zugerechnet werden, sondern sind auf die gesamte Rechnungsperiode (hier: Jahr) zu verteilen.

2.2.3 Dienstleistungskosten

Dienstleistungskosten entstehen dann, wenn die Unternehmung von anderen Institutionen Leistungen in Anspruch nimmt.[157] Häufig synonym verwendet wird der Begriff Fremdleistungskosten. Wichtig ist, dass zu den Dienstleistungskosten nur Kosten für Leistungen gerechnet werden, die außerhalb der Unternehmung geleistet werden. Innerbetriebliche Leistungen sind abzugrenzen. Zur Ermittlung bzw. Erfassung der Dienstleistungskosten werden in der Regel die Rechnungen der dienstleistenden Unternehmungen hinzugezogen.

Unter Dienstleistungskosten fallen zum Beispiel Beratungsgebühren, Leasinggebühren für z.B. medizintechnische Geräte, Fremd-EDV, Pachtkosten, Werbekosten etc. Weitere Dienstleistungskosten sind Instandhaltungskosten, die zur Herstellung der Funktionsfähigkeit von Betriebsmitteln anfallen, sowie Inspektions- und Wartungskosten.

Als weiterer Block werden hier auch die Öffentlichen Abgaben mitgezählt und zu den Dienstleistungskosten zusammengefasst.[158] Viele Autoren bilden hier eine eigene Kostenart, haben dann aber auch Abgrenzungsprobleme, da die Entwässerungsbeiträge, Kanalbenutzungsgebühr und Vermessungsgebühren auch Leistungen der öffentlichen Hand darstellen.[159]

2.2.4 Kalkulatorische Kosten

Bisher haben wir nur solche Kosten behandelt, die sich direkt aus den betrieblichen Aufwendungen der Finanzbuchhaltung ableiten lassen. Dieser Zweckaufwand geht als Grundkosten in die Kostenrechnung ein. Es wird damit eine überschneidungsfreie Zuordnung von Zahlen der Buchhaltung und der Kostenrechnung erreicht. Nun sind darüber hinaus kalkulatorische Kosten zu berücksichtigen, wenn die Kosten-, Leistungs-, Erlös- und Ergebnisrechnung ihre gesetzten Ziele erreichen soll.

---

157 Vgl. Zapp, W. (2007a), S. 280.
158 Vgl. ebenda.
159 Vgl. Eisele, W. (2002), S. 589.

Kalkulatorische Kosten sind solche Kosten, denen
entweder kein Aufwand – dann sind es Zusatzkosten oder
Aufwand in anderer Höhe – dann spricht man von Anderskosten
gegenüberstehen.

Die kalkulatorischen Kostenarten sorgen dafür, dass nur der Werteverzehr in die KLEE-Rechnung eingebracht wird, der durch die Leistungserstellung und -verwertung tatsächlich entstanden ist, auch wenn er in der Gesamtergebnisrechnung der Finanzbuchhaltung nicht oder in anderer Höhe angesetzt ist. Dadurch wird die KLEE-Rechnung genauer, zudem können Schwankungen der Kosten ausgeschaltet werden und ein Kostenvergleich mit einzelnen Abrechnungsperioden oder branchengleichen Unternehmungen ist möglich.

Die Einzelbetrachtung der kalkulatorischen Kosten erfolgt nach der Definition und der Abgrenzung. Üblicherweise werden folgende kalkulatorische Kostenarten unterschieden:

a) Kalkulatorische Abschreibungen: Sie stellen Kosten dar, die die tatsächliche Werteminderung der Anlagen erfassen und in der Selbstkosten- und Betriebsergebnisrechnung verrechnet werden. Sofern sie höher als die bilanzmäßigen Abschreibungen sind und über die Marktpreise abgegolten werden, beeinflussen sie das Gesamtergebnis.

b) Kalkulatorische Miete: Sie wird angesetzt für Räumlichkeiten, die zwar betrieblich genutzt werden, für die aber keine Mietzahlungen anfallen. Geeigneter erscheint hier Instandhaltungskosten, Strom und Wasser u.a. zu verrechnen.

c) Kalkulatorische Wagnisse: Die Verrechnung von konstanten kalkulatorischen Wagniszuschlägen trägt dazu bei, dass die Selbstkosten- und Betriebsergebnisrechnungen von Zufallsschwankungen befreit werden. Die Abrechnungsperioden werden somit gleichmäßig belastet (Beispiele für Einzelwagnisse: Anlagewagnis (z. B. Gebäudebrand), Beständewagnis (z. B. Verlust von Vorräten)). Auch hier ist aus krankenhausspezifischer Sicht eher abzuraten, da über Istaufwendungen die Aussagekraft eindeutig ist.

d) Kalkulatorischer Unternehmerlohn: Bei Einzelunternehmen und Personengesellschaften wird für die mitarbeitenden Inhaber ein angemessener Unternehmerlohn in die Selbstkosten- und Betriebsrechnung einbezogen. Im Krankenhaus fallen diese kalkulatorischen Kosten nicht an, da Managergehälter bezahlt werden.

e) Kalkulatorische Zinsen: Sie stellen Kosten für die Nutzung des betriebsnotwendigen Kapitals dar. Ihre Verrechnung ermöglicht eine gleichmäßige Belastung der Abrechnungsperioden mit Zinskosten. In den Umsatzerlösen werden die Zinsen dem Unternehmen i.d.R. „vergütet".

2.3 Abgrenzungsrechnung

Die Abgrenzungsrechnung ist das Bindeglied zwischen Finanzbuchhaltung und KLEE-Rechnung. Da in der KLEE-Rechnung einer Periode nur die sachzielorientierten Aufwendungen und Erträge übernommen werden dürfen, ist es erforderlich, betriebsfremde, periodenfremde und betrieblich-außerordentliche Aufwendungen und Erträge abzugrenzen und zusätzlich kostenrechnerische Korrekturen durchzuführen. Nach der unternehmungsbezogenen und kostenrechnerischen Abgrenzung kann das Betriebsergebnis ermittelt werden.

2.3.1 Unternehmungsbezogene Abgrenzung

Bei der unternehmungsbezogenen Abgrenzung werden die Aufwendungen und Erträge herausgefiltert, die neutral sind, d.h. die nicht durch die betriebliche Tätigkeit in der Periode oder nur unregelmäßig oder außerordentlich verursacht werden. Bei den neutralen Aufwendungen und Erträge handelt es sich um folgende Positionen:[160]

1. Betriebsfremde Aufwendungen und Erträge stehen nicht im Zusammenhang mit der Leistungserstellung zur Erreichung des Sachziels der Unternehmung, z. B. Mieterträge, Zinsaufwendungen und Zinserträge, Erträge aus Wertpapieren.
2. Periodenfremde Aufwendungen und Erträge entstehen zwar im Rahmen der betrieblichen Tätigkeit, fallen jedoch unregelmäßig an, z.B. Nachzahlung von Gehältern, Steuernachzahlungen, Steuerrückerstattung für vergangene Geschäftsjahre. Die KLEE-Rechnung darf nur regelmäßig anfallende Kosten und Leistungen berücksichtigen.
3. Betrieblich-außerordentliche Aufwendungen und Erträge stellen Positionen dar, die aufgrund von ungewöhnlich und selten vorkommender Geschäftsfälle anfallen und damit nicht vorhersehbar sind, z.B. Verluste aus Schadensfällen und Diebstahl, Verluste aus Enteignung oder aus dem Verkauf von Unternehmungsteilen, Steuererlass, Erträge aus Gläubigerverzicht.

Durch die unternehmungsbezogene Abgrenzung wird erreicht, dass die neutralen Aufwendungen und Erträge von der KLEE-Rechnung ferngehalten werden. Die abgegrenzten neutralen Werte werden zum Ergebnis aus unternehmungsbezogenen Abgrenzungen zusammengeführt. Bevor jedoch das Neutrale Ergebnis (Abgrenzungsrechnung) und das Betriebsergebnis (KLEE-Rechnung) ermittelt werden kann, sind ggf. kostenrechnerische Korrekturen erforderlich.

2.3.2 Kostenrechnerische Abgrenzung

Gegenstand der kostenrechnerischen Korrekturen sind korrekturbedürftige betriebliche Aufwendungen der Finanzbuchhaltung und verrechnete Kosten. Bei den korrekturbedürftigen betrieblichen Aufwendungen handelt es sich z.B. um bilanzmäßige Abschreibungen, die in der KLEE-Rechnung mit anderen Werten verrechnet werden. Man spricht auch von Anderskosten. Sie sind kalkulatorisch ungeeignet und müssen daher korrigiert werden. Zum Beispiel werden Abschreibungen in der Finanzbuchhaltung oft nach degressiven Methoden ermittelt. Um den Kostenträger verursachungsgerecht zu belasten, bietet sich für die Kostenrechnung jedoch eher die lineare Abschreibungsmethode an. Neben den kalkulatorischen Abschreibungen zählen zu den

---
[160] Vgl. Langenbeck, J. (2008), S. 28 f.

Anderskosten auch die kalkulatorischen Zinsen auf das betriebsnotwendige Kapital, die kalkulatorischen Wagnisse und die kalkulatorische Miete. Zusätzlich zu den Korrekturen werden bei der kostenrechnerischen Abgrenzung Zusatzkosten verrechnet. Hierbei handelt es sich um Aufwendungen, die zusätzlich zu den Aufwendungen in der Finanzbuchhaltung anfallen. Sie stellen einen leistungsbedingten Verzehr dar, auch wenn damit keine Geldausgaben verbunden sind. Hierzu zählen der kalkulatorische Unternehmerlohn (bei Einzelunternehmungen und bei Personengesellschaften) und die kalkulatorischen Eigenkapitalzinsen. Nach Korrektur der betrieblichen Aufwendungen und Verrechnung der Zusatzkosten lässt sich das Ergebnis aus kostenrechnerischen Korrekturen ermitteln.

Addiert man zum Ergebnis aus unternehmungsbezogenen Abgrenzungen das Ergebnis aus kostenrechnerischen Korrekturen ergibt sich das Neutrale Ergebnis auf der einen Seite und das Betriebsergebnis auf der anderen Seite. In der Praxis wird die Abgrenzungsrechnung mit Hilfe einer Ergebnistabelle durchgeführt (vgl. Tabelle 5). Die linke Spalte weist alle Aufwands- und Ertragskonten mit ihren jeweiligen Salden aus. In ihr spiegelt sich der Inhalt des Gewinn- und Verlustkontos wieder. Der rechte Teil bezieht sich auf die KLEE-Rechnung und unterscheidet dann weiter die Abgrenzungsrechnung, mit der das Neutrale Ergebnis ermittelt wird, und die Betriebsergebnisrechnung mit ihrem Betriebsergebnis.

ERGEBNISTABELLE					
Finanzbuchhaltung (= Rechnungskreis I)				**KLEE-Rechnung** (= Rechnungskreis II)	
Gesamtergebnisrechnung der Unternehmung				Abgrenzungsrechnung	**Betriebs-** **ergebnisrechnung**
^				Unternehmungsbezogene Abgrenzungen	^
Kontenklassen 6 und 7 (GuV)	Aufwendungen	Erträge		Neutrale Aufwendungen / Neutrale Erträge	Kosten / Leistungen
Abstimmung	**Gesamtergebnis** =			**Neutrales Ergebnis** (Abgrenzungsergebnis) +	**Betriebsergebnis**

Tabelle 5: Abgrenzungsrechnung (Quelle: In Anlehnung an Schmolke, S./Deitermann, M. (2008), S. 355)

2.4 Betrachtung der Leistungs- und Erlösseite

Leistungen stellen immer einen mengenmäßigen Ansatz dar. Sind Geldwerte maßgeblich – werden die Leistungen also bewertet – sollte der Erlösbegriff gewählt werden. Es ist ein nebeneinander von Leistungs- und Erlösrechnung zu fordern: Öffentliche Unternehmungen produzieren öffentliche Güter, für die sie
- vielfach nur ein die Kosten nicht deckendes,
- sehr geringes oder
- gar kein Entgelt

erhalten. Damit schlägt sich der Wert der Leistungserstellung nur teilweise in den erzielten Einnahmen und im Ertrag wieder. Beide Rechnungen nach Leistungen und Erlösen sind deshalb nebeneinander durchzuführen.

Der Güterverzehr oder der Leistungsverzehr bezieht sich auf zwei oder drei Bereiche[161]:
a) auf den Absatzbereich und
b) auf die Innerbetriebliche Leistungsverrechnung
c) Schließlich kann man noch die Bestandsrechnung benennen, die sich auf die Erhöhung oder Verminderung des Bestandes an fertigen und unfertigen Erzeugnissen bezieht.

Die Erlöserfassung nach der Mengenkomponente wird gewählt, wenn die Güterentstehung nicht zu unmittelbaren Markterlösen führt (= Innerbetriebliche Leistungsverrechnung). Die Bewertung von Bestanderhöhungen und die Innerbetriebliche Leistungsverrechnung erfolgt nach verschiedenen Verfahren (vgl. dazu Kapitel 3.3.3.2 Innerbetriebliche Leistungsverrechnung). Bei den Verkaufsleistungen sind beide Formen der Leistungserfassung möglich: Menge * Stückerlös ergibt den Markterlös. Dabei ist die tatsächliche Erfassung in Form von Einzahlungen zu beachten.[162]

---

[161] Vgl. Schweitzer, M./Küpper, H.-U. (2008), S. 101.
[162] Vgl. ebenda. S. 123.

3 Kostenstellenrechnung

Bisher sind die Fragen nach der Art und der Höhe der angefallenen Kosten beantwortet worden. Die erste Aufgabe der Kostenrechnung ist damit erfüllt; nämlich die Aufgabe, sämtliche angefallenen Kosten systematisch zu erfassen. Bekannt ist nun die Höhe der einzelnen Kostenarten. Nicht korrekt beantwortbar ist hingegen die Frage, ob die Kostenartengliederung auch aussagefähig ist. Des Weiteren kann noch nicht gesagt werden, ob die Kostenarten in ihrer Höhe aussagefähig sind und wo gespart werden müsste, wenn der Entscheidungsträger der Meinung wäre, dass die Kosten zu hoch sind. Selbst wenn Vergleichszahlen aus den abgelaufenen Jahren vorliegen würden, würde ihn das nicht unbedingt weiterführen. Er wüsste, dass die Personalkosten zu hoch wären, aber welche? Die Personalkosten der Verwaltung oder der Ärzte, der Inneren oder Chirurgischen Abteilung? Auch wenn Vergleichszahlen aus anderen Betrieben vorliegen würden, gleicher Branche oder gleicher Größenordnungen würde ihm das in der Summe der Kostenarten nicht viel weiter helfen. Wichtige konstruktiv – aussagefähige – kritische Aussagen erhält man erst dann, wenn Kostenstellen gebildet sind. Kostenstellen stehen verfahrenstechnisch zwischen den Kostenarten und den Kostenträgern: Die Kostenarten werden über die Kostenstellen den Kostenträgern weiterverrechnet. Kostenstellen sollen die Frage beantworten, wo die Kosten entstanden sind.

3.1 Grundlagen der Kostenstellenrechnung

3.1.1 Aufgaben der Kostenstellenrechnung

Die Kostenstellenrechnung hat mehrere Aufgaben zu erfüllen, die man unterschiedlich systematisieren und weiter untergliedern kann:[163]

1) Verteilung der Kosten auf die Kostenträger
   a) Verrechnung von Kostenarten auf Kostenträger
   b) Innerbetriebliche Leistungsverrechnung
   c) Kalkulationsverfahren
   d) Bestandsbewertung
2) Feststellung der Wirtschaftlichkeit
   a) Verantwortungsbereiche
   b) Kostenbudgets und Kostenplanung

zu 1) Verteilung der Kosten auf die Kostenträger
zu 1a) Verrechnung von Kostenarten auf Kostenträgern
Die Verteilung der Kosten auf Kostenträger dient dazu, dass nicht nur die Einzelkosten, sondern auch die Gemeinkosten tatsächlich dem Ort oder dem Tätigkeitsbereich zugerechnet werden, dem sie zugehören, damit sie betriebsgerecht in die Kostenträgerrechnung eingehen. Wenn die Kostenträger die einzelnen Betriebsabteilungen unterschiedlich beanspruchen, so würde die Verrechnung der Gemeinkosten mit einem einzigen Gesamtzuschlag auf die Einzelkosten alle Kostenträger im gleichen Verhältnis mit Gemeinkosten belasten, obwohl die einzelnen Kostenträger ganz unterschiedliche Kosten verursacht haben können. Die Aufteilung in Kostenstellen bedeutet, dass ein Zuschlag auf Kostenträger nur erfolgt, wenn er die betreffende Kostenstelle auch beansprucht hat.

---
[163] Vgl. Zapp, W. (2007a), S. 283.

zu 1b) Innerbetriebliche Leistungsverrechnung
Mit dem o.g. Verfahren werden die Kostenarten auf die Kostenstellen weiterverrechnet. Die einzelnen Kostenstellen erfahren so, mit welchen Kosten sie belastet werden.
zu 1c) Kalkulationsverfahren
Dies führt dazu, dass die Verteilung zur Genauigkeit der Kalkulation beiträgt. In der Kostenstellenrechnung werden entsprechende Zuschläge errechnet.
zu 1d) Bestandsbewertung
Unfertige Erzeugnisse können zum Bilanzstichtag gemäß dem erreichten Produktionsfortschritt bewertet werden.
zu 2) Feststellung der Wirtschaftlichkeit
2a) Verantwortungsbereiche
Durch die Bildung von Kostenstellen und die Verteilung der Kosten auf diese Stellen, werden die Kostenstellen zu Verantwortungsbereichen erhoben (= Responsibility Accounting), denen ein Kostenstellenverantwortlicher vorsteht. Somit können Kosten effektiver vor Ort gesteuert werden, statt über Kostenarten, ohne zu wissen, wo sie anfallen. Eine detaillierte Darstellung der Kosten nach Bereichen, lässt Aussagen über die Wirtschaftlichkeit spezifischer und gezielter zu.[164] Über Vorgaben, Entwicklung von Normwerten oder dem Vergleich von Istwerten ist eine Kontrolle, eine Abweichungsanalyse und eine Steuerung der Kosten möglich.[165]
zu 2b) Kostenbudgets und Kostenplanung
Durch Kostenstellen sind die Krankenhäuser in der Lage, ein Kostenbudget und eine sinnvolle Kostenplanung durchzuführen. Diese Planung korrespondiert wiederum mit der Innerbetrieblichen Leistungsverrechnung, weil hier die Leistungsströme aufgezeigt werden.

3.1.2 Definition der Kostenstelle

Nach Kilger ist die Kostenstelle ein betrieblicher Teilbereich, der kostenrechnerisch selbständig abgerechnet wird.[166] Preißler und Dörrie definieren die Kostenstelle als abgrenzbaren überschaubaren, homogenen betrieblichen Verantwortungsbereich, für den Kostenbelastungen und -entlastungen individuell und überprüfbar zum Zwecke der Kostenrechnung durchgeführt werden.[167] Ähnlich sehen es auch Hummel und Männel: Kostenstellen sind funktional, organisatorisch, raumorientiert oder nach anderen Kriterien voneinander abgegrenzte Teilbereiche einer Unternehmung, für die die von ihnen jeweils verursachten Kosten erfasst und ausgewiesen gegebenenfalls auch geplant und kontrolliert werden.[168] Kostenstellen allein in diesen Begriffsbestimmungen sagen nicht viel aus; Kostenstellen sind in Bezug zueinander zusetzen und werden dann in ihrer wirtschaftlichen Zielorientierung greifbar. Bevor jedoch Kostenstellen systematisiert werden, ist es erforderlich, die Anforderungen an Kostenstellen zu formulieren. Sie gelten anwendungsorientiert; d.h. wenn ein Controller eine Kostenstellensystematik erstellt, muss er auf diese Anforderungen achten. Es wird sich zeigen, dass diese Anforderungen nicht immer leicht umsetzbar sind.

---

164 Vgl. Olfert, K. (2008), S. 146.
165 Vgl. Buggert, W. (1988), S. 76.
166 Vgl. Kilger, W. (1987), S. 114.
167 Vgl. Preißler, P.-R./Dörrie, U. (1987), S. 119.
168 Vgl. Hummel, S./Männel, W. (2000).

3.1.3 Anforderungen an die Kostenstellenrechnung

Folgende allgemeinen Grundsätze sind bei der Kostenstellenbildung zu beachten:[169]
1) Identität von Kostenstelle und Verantwortungsbereich
2) Proportionale Beziehungen von angefallenen Kosten und den von der Kostenstelle erstellten Leistungen.
3) Zweifelsfreie Zuordnung der Kosten
4) Beachtung der Wirtschaftlichkeit

1) Identität von Kostenstelle und Verantwortungsbereich
Für jede Kostenstelle muss ein Abteilungsleiter, ein Klinikleiter o.ä. vorhanden sein, der die entstandenen Kosten zu vertreten hat. Unzulässig ist nach diesem Prinzip eine Kostenstelle mehreren Verantwortlichen zuzuordnen, da dann keiner letztlich die Verantwortung übernimmt. Hinter dieser Anforderung steht ein altes organisatorisches Prinzip: Aufgabe, Kompetenz und Verantwortung in einer Hand! Die Aufgabe umschreibt das Tätigkeitsfeld der betreffenden Abteilung oder des zuständigen Klinikleiters. Die Kompetenz besagt, dass sie die Maßnahmen lenken und Einfluss nehmen können. Deshalb ist es wichtig, bei der Lenkung darauf zu achten, dass die Motivation nicht zurückgeht.

2) Proportionale Beziehungen von angefallenen Kosten und den von der Kostenstelle erstellten Leistungen.
Die Maßgrößen der Kostenverursachung müssen stimmen. Solche Maßgrößen werden als Bezugsgrößen bezeichnet. Sie geben an, wie sich die Kosten entwickeln, wenn die Leistungen dieser Kostenstelle sich verändern. Das heißt also, je mehr Berechnungstage, desto mehr Pflegekosten, je mehr Operationen desto mehr Desinfektionsmittel usw. Dabei gilt:
– Je feiner die Kostenstelleneinteilung durchgeführt wird, umso einfacher ist die Wahl der richtigen Bezugsgröße.
– Je feiner die Kostenstelleneinteilung, desto größer der Aufwand.
Die Wahl der richtigen Bezugsgröße gelingt umso wirksamer, je homogener die Arbeitsplätze gestaltet sind.

3) Zweifelsfreie Zuordnung der Kosten
Die Kostenarten müssen sich ohne Kontierungsschwierigkeiten den verursachenden Kostenstellen problemlos zuordnen können. Die Kostenzuordnung muss eindeutig sein. Es darf nicht vorkommen, dass einmal die Kosten auf Kostenstelle X, das andere Mal oder bei einem anderen Mitarbeiter auf Kostenstelle Y gebucht werden.

4) Beachtung der Wirtschaftlichkeit
Auch bei der Kostenstellenbildung ist die Wirtschaftlichkeit in folgender Form zu berücksichtigen: Bei der Separierung einzelner Kostenstellen sollte man so weit differenzieren, wie dies wirtschaftlich gerechtfertigt ist und die Übersichtlichkeit nicht gefährdet. Je differenzierter, desto höher Datenerfassung-, Rechen- und Arbeitsaufwand.

---
[169] Vgl. Preißler, P.-R./Dörrie, U. (1987), S. 121; Hummel, S./Männel, W. (2000), S. 198; Kilger, W. (1987), S. 155.

Ab einer bestimmten Differenziertheit geht die Übersichtlichkeit verloren. Die Frage ist, wie viele Parameter oder Variablen zur Lenkung benötigt werden. Sicherlich nicht unendliche Parameter, weil diese wieder in einem gegenseitigen Abhängigkeitsverhältnis stehen, so dass die Beziehung gar nicht mehr nachvollzogen werden kann.

3.1.4 Arten von Kostenstellen

Man unterscheidet häufig:[170]
a) nach produktionstechnischen oder ablauftechnischen Gesichtspunkte *Haupt-, Neben- und Hilfskostenstellen* und
b) nach abrechnungstechnischen Gesichtspunkten *Vor- und Endkostenstellen*.

a) Haupt-, Neben- und Hilfskostenstellen
Die Unterscheidung ergibt sich danach, wie direkt die in den Kostenstellen vollzogenen Prozesse der Erstellung des Produktionsprogramms dienen.

a 1) Hauptkostenstellen
In den Hauptkostenstellen wird die Haupt- oder Marktleistung, d.h. die stationäre Behandlung des Patienten, erbracht. Hauptkostenstelle sind damit die einzelnen Fachabteilungen wie Chirurgie, Innere Medizin usw. im Krankenhaus.

a 2) Nebenkostenstellen
Kostenstellen, die nicht am Hauptleistungserstellungsprozess des Krankenhauses mitwirken, werden als Nebenkostenstellen bezeichnet, wie beispielsweise Kosten für Personaleinrichtungen, Ausbildung sowie Forschung und Lehre und Ambulanzen.[171]

a 3) Hilfskostenstellen
Hilfskostenstellen sind nur indirekt an der Hauptleistung beteiligt. Sie geben innerbetriebliche Leistungen an andere Kostenstellen, insbesondere den Hauptkostenstellen, ab. Hierbei handelt es sich um die Leistungen der medizinischen Institutionen (z.B. Labor), die Leistungen der Küche und Reinigung, Technik und Verwaltung.

b) Vor- und Endkostenstellen
Vorkostenstellen verrechnen ihre Kosten auf die (End-)Kostenstellen für die sie Leistungen erbracht haben. Die Verbuchung der Vor- auf die Endkostenstellen erfolgt über die innerbetriebliche Leistungsverrechnung und die Umlagenverrechnung.[172]

---

[170] Vgl. Ebert, G. (2008), S. 69.
[171] Vgl. Hentze, J./Kehres, E. (1999), S. 43 ff.
[172] Vgl. Zapp, W. (2004), S. 88.

3.2 Darstellung unterschiedlicher Gliederungsmöglichkeiten

Um die Zwecke der Kostenstellenrechnung zielorientiert abwickeln zu können, ist eine geeignete Gliederung des gesamten Unternehmungsprozesses in ein System von Abrechnungsbezirken vorzunehmen. Die Kostenstellenrechnung wird sich in ihrer Systematik
- an der gegebenen Unternehmungsstruktur orientieren oder
- an der Abrechnungssystematik wie im Krankenhaus,

wo Fallpauschalen und Zusatzentgelte vom Gesetzgeber abrechnungstechnisch vorgeschrieben sind. Obwohl die Unternehmungsstruktur und die Abrechnungssystematik oder die Branche von herausragender Bedeutung ist, kann die Bildung von Kostenstellen nach verschiedenen Mustern und Systematiken erfolgen.

3.2.1 Funktionsorientierte Kostenstellen

Auf diese Weise werden gleiche bzw. ähnliche Funktion erfüllende Organisationseinheiten zu Kostenstellen zusammengefasst.[173] Die Gliederung erfolgt nach Kostenbereichen in gemeinsame Kostenstellen, Versorgungseinrichtungen, medizinische Institutionen, Pflegefachbereiche, sonstige Einrichtungen und Ausgliederungen.[174]

3.2.2 Raumorientierte Kostenstellen

Auf der Grundlage der funktionsorientierten Kostenstellengliederung kann die raumorientierte Gliederung erfolgen. Dazu stehen zwei Möglichkeiten zur Verfügung. Entweder werden betriebliche Funktionen in einer Kostenstelle zusammengefasst, z. B. wenn eine aus drei Mitgliedern bestehende Werksvertretung Werbe-, Kundendienst- oder Verwaltungsaufgaben erfüllt. Demgegenüber kann eine betriebliche Funktion in mehrere Kostenstellen gegliedert werden, z. B. wenn eine Unternehmung unter räumlichen-geografischen Gesichtspunkten den Kostenanfall für den Fuhrpark in Zweigwerken überwachen möchte.[175]

3.2.3 Sonstige Kostenstellengliederungen

3.2.3.1 Rechnungsorientierte Kostenstellen

In Abhängigkeit von dem primär verfolgten Rechnungszweck wird das anzuwendende Gliederungskriterium bestimmt. Wird mit der Kostenstellenrechnung der Zweck erfüllt, die Kosten auf die Kostenträger zu verrechnen, eignet sich insbesondere die funktionale Abgrenzung. Die funktionsorientierte Gliederung ermöglicht eine weitgehend verursachungsgerechte Kostenverteilung.[176] Soll die Kostenstellenrechnung den Zweck eines Führungs-, Steuerungs- und Kontrollinstruments erfüllen, muss eine Gliederung nach Verantwortungsbereichen erfolgen.[177]

---

173 Vgl. Olfert, K. (2008), S. 149 ff.
174 gemäß KHBV Anlage 5.
175 Vgl. Olfert, K. (2008), S. 153 f.
176 Vgl. ebenda. S. 155.
177 Vgl. Hummel, S./Männel. W. (2000), S. 197.

3.2.3.2 Verantwortungsorientierte Kostenstellen

Die Gliederung nach Verantwortungsbereichen als eigenständige Kostenstellen ist geeignet, wenn mit der Kostenstellenrechnung Kosten- und Wirtschaftlichkeitskontrollen einhergehen sollen. Vorausgesetzt, die Kompetenzen sind klar abgegrenzt, kann auf diesem Weg der Kostenstellenleiter für die Höhe der Kosten verantwortlich gemacht werden.[178] Olfert[179] nennt diese Einteilung auch organisationsorientierte Kostenstellen.

3.2.3.3 Tätigkeitsorientierte Kostenstellen

Die Gliederung nach tätigkeitsorientierten Kostenstellen ist gemäß Buggert[180] verwandt mit den Funktionen (Tätigkeiten wie z.B. OP, Pflege).

3.3 Systematisierung von Kostenstellen zu Kostenstellenplänen

Bekannt sind nun Ordnungsprinzipien, nach denen Kostenstellen gegliedert werden können. Diese Kostenstellen können wiederum in sich systematisch gegliedert werden und so zu Stellenplänen führen, in denen die Kostenstellen miteinander verbunden sind und eine Systematik besonderer Art ergeben. Diese Konzepte können sehr detailliert, hierarchisiert und nach unterschiedlichen Ordnungsmustern gestrickt sein. Sie werden nachfolgend dargestellt.

3.3.1 Methodische Konzeption der Kostenstellenrechnung durch den Betriebsabrechnungsbogen (BAB)

Der Betriebsabrechnungsbogen stellt ein Hilfsmittel dar, mit dem die Kosten in tabellarischer Form verrechnet werden Er ist ein statistischer Kostensammelbogen, der in seiner Vertikalen die kostenstellenbezogen erfassten Kostenarten und in seiner Horizontalen die im Kostenstellenplan festgehaltenen Kostenstellen auflistet.[181] Die Kostenstellen in der Horizontalen sollten entsprechend der Reihenfolge des dominierenden Leistungsflusses aufgelistet werden.

Die Erstellung des Betriebsabrechnungsbogens vollzieht sich im Krankenhaus in zwei Schritten:
1. Primärkostenrechnung
2. Sekundärkostenrechnung

1. Primärkostenrechnung
Im ersten Schritt werden die direkt zurechenbaren Einzelkosten (Personalkosten, Sachkosten, usw.) auf die Kostenstellengruppen verteilt. Im Krankenhaus werden dabei unterschieden (vgl. Anlage 6 zu § 8 Krankenhausbuchführungsverordnung)
– Gemeinsame Kostenstellen (90)
– Versorgungseinrichtungen (91)
– Medizinische Institutionen (92)
– Pflegefachbereiche – Normalpflege (93 – 95)

---
178 Vgl. ebenda. S. 197.
179 Vgl. Olfert, K. (2008), S. 154 f.
180 Vgl. Buggert, W. (1988), S. 77.
181 Vgl. Preißler, P.-R./Dörrie, U. (1987), S. 126–127.

- Pflegefachbereiche – abweichende Pflegeintensität (96)
- Sonstige Einrichtungen (97)
- Ausgliederungen (98)

Kosten, die nicht direkt auf die Kostenstellen verteilt werden können, wie zum Beispiel Energiekosten oder der Wasserverbrauch werden mit Hilfe von Verteilungsschlüsseln möglichst verursachungsgerecht den Kostenstellen belastet. Hierbei handelt es sich um Kostenstellengemeinkosten.

2. Sekundärkostenrechnung

Da im Krankenhaus nur die Kostenstellengruppen 93 – 95 unmittelbar pflegesatzwirksamen sind, ist es erforderlich die summierten Kosten der Kostenstellengruppen 90 – 92 mit Hilfe von Umlageschlüsseln oder Verrechnungspreisen auf die Kostenstellengruppen 93 – 95 zu verrechnen. Die nicht betroffenen Kostenstellen der Gruppen 97 – 98 sind auszugrenzen.

Bei der Kostenverteilung wird im Stufenleiterverfahren vorgegangen: zunächst werden die Kosten der Kostenstellengruppe 90 auf die Kostenstellengruppe 91 verteilt, die dann weiter auf die Kostenstellengruppe 92 verrechnet werden. Danach erfolgt die Verteilung dieser Kosten auf die Kostenstellengruppen 93 – 95.

Vorgehensweise der Kosten-, Leistungs-, Erlös- und Ergebnisrechnung

	Kostenstellenrechnung – BAB											
	Kostenstellen	Zahlen der Buchhaltung	Aussonde-rungsbetrag	Vorkostenstellen			Endkostenstellen					Summe
Kostenarten				90	91	92	93	94	95	96	97	98	
Primärkostenrechnung	Kosten-stellen-einzelkosten												
	Kosten-stellengemein-kosten												
	Primäre Kosten	Summe	Summe										
Sekundärkostenr.	Sekundäre Kosten				↳	↳ ↳							
	Endkosten			0 €	0 €	0 €	Σ	Σ	Σ	Σ	Σ	Σ	Σ

Tabelle 6: Betriebsabrechnungsbogen

Der hier dargestellte Betriebsabrechnungsbogen zeigt die Kostenverteilung, wie es die Bundespflegesatzverordnung zur Ermittlung der pflegesatzfähigen Kosten verlangte (Kostendeckungsprinzip). Im Sinne des Nettoprinzips wurden die Kosten herausgefiltert, die nicht über Pflegesätze vergütet werden (Kostenstelle 97 – 98). Auch mit Einführung der DRGs ist es weiter notwendig, zwischen Kosten zu entscheiden, die für die stationäre Behandlung und z.B. ambulante Behandlung entstehen. Für die Kalkulation der Pflegesätze (DRGs) wird aber auf die InEK- Kalkulationssystematik zurückgegriffen. Dabei werden zum Beispiel die Kosten der medizinischen Institutionen nicht auf die Endkostenstellen (Fachabteilungen, Kliniken) verteilt, sondern direkt auf den Kostenträger (Fall). Im Übrigen erfolgt eine manuelle Erstellung des Betriebsabrechnungsbogens in der Regel nicht mehr. Es wird vielmehr mit Hilfe der EDV Kostenstellenblätter erstellt, die so ausgestaltet sind, dass sie der Kostenträgerrechnung und den Lenkungsanforderungen des Krankenhauses gerecht werden.[182]

Neben inhaltlichen Nachteilen wird das oben beschriebene Stufenleiterverfahren oft problematisiert, da es die Kostenumlage nur in eine Richtung ermöglicht. Ein gegenseitiger Leistungsaustausch von zwei Kostenstellen kann nicht berücksichtigt werden. Dadurch wird das Verfahren ungenau. Ein Lösung können hier mathematische Verfahren sein, da sie wechselseitige Leistungsverpflichtungen mit Hilfe von Gleichungen berücksichtigen. Aus krankenhausspezifischer Sicht ist die Verrechnung in eine Richtung ein vereinfachtes Verfahren. Die gegenseitige Leistungsverpflechtung kann vernachlässigt werden, weil es sich in der Regel um geringfügige Kosten handelt.

---

[182] Vgl. Hentze, J., Kehres, E. (2008), S. 107.

Im BAB werden die Gemeinkostenzuschläge anders als in der Industrie nicht auf der Grundlage der Einzelkosten beim Materialbereich und Fertigungsbereich sowie der Herstellkosten des Umsatzes beim Verwaltungsbereich und Vertriebsbereich ermittelt, sondern durch Verrechnungsschlüssel.[183]

3.3.2 Innerbetriebliche Leistungsverrechnung

Im Unternehmungsprozess wird eine Reihe von Gütern produziert, die nicht für den Absatzmarkt bestimmt sind. Es handelt sich um
a) Eigenleistungen wie Instandhaltungsarbeiten durch die eigene technische Abteilung oder
b) Innenaufträge wie die Blutuntersuchung, das Erstellen eines Röntgenbildes oder die Zubereitung der Speisen für die Patienten.

Diese Eigenleistungen können aktivierungspflichtig sein, sie können aber auch nicht aktivierungspflichtig sein. Im Krankenhaus hat diese Entscheidung auch Auswirkungen auf die Finanzierungsseite und stellt deshalb dort ein Problem in besonderem Maße dar.

Kostenstellen können in unterschiedlichem Maße innerbetriebliche Leistungen erstellen und erbringen:
a) Leistungen materieller Art: Röntgenbilder, Brunnen im Garten des Krankenhaus
b) Leistungen immaterieller Art: Forschungs- und Entwicklungsarbeiten, Planung
c) Vorhaltung und Verfügbarmachung betrieblicher Potentiale: Überlassen von Räumlichkeiten

Die Erfassung dieser Innerbetrieblichen Leistungsverflechtung ist aus zwei Gründen heraus wichtig:[184]
1) Ermittlung der Selbstkosten der Kostenträger, um möglichst genaue Aussagen über die Inanspruchnahme von Kostenstellen machen zu können.
2) Informationsbereitstellung darüber, ob Fremd- oder Eigenbezug wirtschaftlich sinnvoll ist.

Die Leistungsverflechtungen können einfach und komplex sein und sie können deshalb dementsprechend einfach oder komplex abgebildet werden: Es lassen sich verschiedene Typen der Leistungsverrechnung aufzeigen und unterschiedliche Verfahren der Leistungsverrechnung darstellen.

---

183 Vgl. hierzu ausführlich Kapitel 4.2.4 Bezugsgrößenkalkulation
184 Vgl. Hentze, J./Kehres, E. (2008), S. 172.

3.3.2.1 Typen

Nach Hummel und Männel lassen sich folgende vier Grundtypen unterscheiden:

Typ	Beziehung	Beschreibung	Beispiel
I	□ → □	Einseitige, einstufige Leistungsabgabe an eine Kostenstelle	Speziallabor für OP
II	□ → □, □	Einseitige, einstufige Leistungsabgabe an mehrere Kostenstellen	Labor an Fachabteilungen
III	□ → □ → □	Einseitige, mehrstufige Leistungsabgabe	Fahrdienst an Apotheke u. Stationen, Apotheke an Fachabteilungen
IV	□ ↔ □	Wechselseitige Leistungsverflechtung	gegenseitige Konsiliarleistungen der Fachabteilungen

Abbildung 10: Grundtypen der innerbetrieblichen Leistungsverrechnung (Quelle: In Anlehnung an Hummel, S./Männel, W. (2000), S. 212)

Typ I ist der einfachste Fall einer leistungswirtschaftlichen Beziehung zwischen zwei Kostenstellen. Diese Form der Kostenstellenverknüpfung wird in der Regel nur dann getrennt im Kostenstellenplan ausgewiesen, wenn die Kostenstellen unterschiedlichen Verantwortungsbereichen angehören und deshalb oder aus anderen Gründen separat kontrolliert werden sollen. Im Krankenhaus kommt dieser Typ kaum vor. Als sinnvoll kann es sich aber zum Beispiel erweisen, ein Speziallabor im OP-Bereich, das ausschließlich Leistungen für den OP-Bereich erbringt, als eigenständigen Abrechnungsbezirk anzulegen, da es einem anderen Verantwortungsbereich zuzuordnen ist als der OP-Bereich. Im Allgemeinen wird von dieser Regelung abgeraten, da der Aufwand zu hoch und der Erkenntnisnitzen auch innerhalb einer Kostenstelle eruierbar ist. Im Gegensatz zum Typ I ist Typ II dadurch gekennzeichnet, dass zwar auch hier eine einseitige, einstufige Leistungsabgabe erfolgt – jedoch nicht nur an eine Kostenstelle, sondern an mehrere Kostenstellen. Im Krankenhaus ist das der Fall, wenn Versorgungseinrichtungen oder medizinische Institutionen ihre Leistungen ausschließlich an verschiedene Endkostenstellen abgeben. Für Typ III ist eine einseitige, mehrstufige Leistungsabgabe charakteristisch, d.h., dass der Leistungsstrom zwar weiterhin in eine Richtung fließt, sich aber immer weiter auffächernd über mehrere aufeinander folgende Stufen der Leistungserstellung erstreckt. Im Krankenhaus kommt das zum Beispiel im Rahmen der Wäscheversorgung vor, da einerseits Leistungen für die medizinischen Institutionen erbracht werden, die dann ihrerseits wiederum Leistungen für die Fachabteilungen erbringen. Der letzte Typ der innerbetrieblichen Leistungsverrechnung zeigt das Grundmuster wechselseitig miteinander verflochtener Kostenstellen in seiner einfachsten Form. Wechselseitige Leistungsverflechtungen können zwischen zwei – wie dargestellt – aber auch zwischen vielen Kostenstellen bestehen. Im Krankenhaus gibt es diese Verknüpfungen zum Beispiel innerhalb der Fachabteilungen, die für ihre Patienten gegenseitig Konsiliarleistungen erbringen.[185]

---
185 Vgl. Hummel, S./Männel, W. (2000), S. 212; Hentze, J./Kehres, E. (2008), S. 74.

Entsprechend der gesamten Kosten- und Ergebnisrechnung gilt auch für die Ausgestaltung der innerbetrieblichen Leistungsverrechnung, dass der Differenzierungsaufwand in einem entsprechenden Rahmen zu dem damit verbundenen Nutzen stehen soll.[186]

3.3.2.2 Verfahren

3.3.2.2.1 Einseitige Leistungsverrechnung

Kostenartenverfahren
Dieses Verfahren wird angewendet, wenn die innerbetrieblichen Leistungen in Hauptkostenstellen erbracht werden. Das Vorgehen beinhaltet die belegmäßige Erfassung der angefallenen Einzelkosten; die Entlastung der leitenden Kostenstellen mit den Einzelkosten, die durch die Eigenleistungen entstanden sind und die Belastung der leistungsempfangenden Kostenstellen in Form von Gemeinkosten.[187]

Kostenstellenumlageverfahren
Das Kostenstellenumlageverfahren zieht die Gemeinkosten der innerbetrieblichen Leistung in die Abrechnung mit ein. Mit dieser Verfeinerung zeichnet es sich gegenüber dem Kostenartenverfahren aus. Besondere Hilfskostenstellen werden für die Hilfeleistungen Reparatur und Strom als Vorkostenstellen eingerichtet. Die gesamten Kosten (Löhne und Materialien) und Gemeinkosten (Zinsen, Abschreibungen und Energie) werden den Hilfskostenstellen zugerechnet.[188]
Die Umlage der Kosten der Hilfsbetriebe geschieht bei einheitlichen Stellenleistungen nach der Divisionskalkulation. Die von der empfangenen Kostenstelle abgenommene Menge wird mit den Leistungseinheitskosten multipliziert. Eine weitere Methode des Kostenstellenumlageverfahrens ist die Zuschlagskalkulation. Hier werden die empfangenden Kostenstellen mit den Stellen-Einzelkosten direkt belastet und die Gemeinkosten werden als Kalkulationszuschlag auf den Lohn bzw. das Material mitverrechnet.[189]

Kostenstellenausgleichsverfahren
Die Einzelkosten der innerbetrieblichen Leistung werden der empfangenen Kostenstelle als Gemeinkosten berechnet. Bei diesem Verfahren werden außerdem die verursachten Gemeinkosten der leistenden Kostenstelle auf die empfangene Kostenstelle verrechnet.[190] Auf der Basis von Kalkulationsgrundsätzen werden die Stellenleistungen ermittelt und diesen neben den Löhnen und Materialkosten auch die lohnbezogenen Gemeinkosten der Kostenstelle zugerechnet.[191]

Kostenträgerverfahren
Das Kostenträgerverfahren wird auf Basis des BAB angewendet, um die Kosten aktivierbarer Eigenleistungen zu ermitteln und Wirtschaftlichkeitsvergleiche zwischen Eigenfertigung und Fremdbezug durchzuführen. Die ermittelten Kosten der Ausgliederungsstelle werden auf zwei Weisen verteilt: Nicht aktivierungspflichtige Leistungen

---
186 Vgl. Tuschen, K. H./Quaas, M. (1998), S. 53.
187 Vgl. Olfert, K. (2008), S. 173.
188 Vgl. ebenda. S. 98.
189 Vgl. Buggert, W. (1988), S. 98
190 Vgl. Olfert, K. (2008), S. 175.
191 Vgl. Buggert, W. (1988), S. 100.

werden in einer Ausgliederungsstelle erfasst und den leistungsempfangenden Kostenstellen gemäß der empfangenen Höhe berechnet. Dagegen werden die Kosten von aktivierungspflichtigen Leistungen wie bei Verkaufsaufträgen auf Kostenträgern erfasst und abgerechnet, ehe die Leistungen aktiviert und über die betriebsgewöhnliche Nutzungsdauer abgeschrieben werden.[192]

3.3.2.2.2 Gegenseitige Leistungsverrechnung

Gleichungsverfahren
Mit dem Gleichungsverfahren (Simultanverfahren, mathematisches Verfahren) kann ein exakter Verrechnungspreis bei einer gegenseitigen Kostenstellenbelieferung bestimmt werden. Dabei gehen die Mengen der innerbetrieblichen Leistungen als Daten und die Verrechnungspreise als Variablen in die Gleichung ein. Die Anzahl der Gleichungen wird durch die Zahl der Kostenstellen bestimmt, die beim Leistungsaustausch beteiligt sind.[193]

Iterationsverfahren
Beim Iterationsverfahren werden die Verrechnungspreise durch einen sich wiederholenden (iterativen) Prozess bestimmt. Die einzelnen Prozessstufen (Iterationen) nehmen jeweils eine vollständige innerbetriebliche Leistungsverrechnung vor, so dass sich die Verrechnungspreise immer mehr den „richtigen" Verrechnungspreisen annähern. Ausgangspunkt für dieses Verfahren bildet die Vorgabe eines Verrechnungspreises, z.B. indem man die Primärkosten der Hilfskostenstellen durch die Anzahl der abgegebenen Leistungseinheiten dividiert oder indem der Verrechnungspreis des Vorjahres angesetzt wird. Die damit einher gehenden Verrechnungsdifferenzen werden dann durch den Iterationsprozess aufgelöst; die Preise werden von Iteration zu Iteration genauer.[194]

Beide Verfahren eignen sich für das Krankenhaus nicht, da es zu aufwendig ist und die Erkenntnisse für ökonomisches Handeln zu gering sind.

---

[192] Vgl. Olfert, K. (2008), S. 177 f.
[193] Vgl. Hummel, S./Männel, W. (2000), S. 230; Hentze, J./Kehres, E. (2008), S. 100.
[194] Vgl. Hummel, S./Männel, W. (2000), S. 234; Langenbeck, J. (2008), S. 84.

3.3.2.3 Funktion

Verrechnungspreise sind Preise für bestimmte Arten innerbetrieblicher Leistungen. Je nachdem welche Zwecke man mit Verrechnungs- oder Lenkpreise erreichen will, setzt man Marktpreise oder die bei der innerbetrieblichen Leistungsverrechnung anfallenden Kosten oder Knappheitspreise an, die die Leistungsinanspruchnahme steuern sollen. Verrechnungspreise stellen somit einen Wert dar, der bei der internen Erfassung für den Transfer von Gütern oder Dienstleistungen bzw. die Nutzung gemeinsamer Ressourcen und Märkte zwischen wirtschaftlich selbständigen Bereichen innerhalb einer Unternehmung angesetzt wird.[195] In Abhängigkeit der Ziele einer Unternehmung hat der Verrechnungspreis drei Aufgaben:[196]

1. Abrechnungs- und Planungsfunktion
2. Lenkungsfunktion – sowohl hinsichtlich
   – Lokomotion
   – Verhaltensbeeinflussung
3. Zuweisungsfunktion

Zu 1: Im Rahmen der Abrechnungsfunktion geht es um die Ermittlung von Inventurwerten für die handels- und steuerrechtliche Bilanzierung und um die Erleichterung der Betriebsabrechnung, Kalkulation und Ermittlung von Preisgrenzen. Bei der Planungsfunktion ist die Lieferung von Daten gemeint, die für die Kostenkalkulation der betrieblichen Leistungserstellung nötig ist. Ferner müssen die Verrechnungspreise hier Preiskalkulationen für neu auf den Markt kommende Produkte ermöglichen sowie Entscheidungsgrundlagen für die Wahl zwischen Fremd- und Eigenfertigung bereitstellen.

Zu 2: Die Lenkungsfunktion als zentrale Aufgabe der Verrechnungspreise besteht darin, die Entscheidungen der Bereiche einer Unternehmung aufeinander abzustimmen und auf das Gesamtziel der Unternehmung hin zu steuern, so dass der Marktmechanismus durch die Verrechnungspreise auf die einzelne Unternehmung übertragen wird.[197] Der Verrechnungspreis kann so als Koordinationsinstrument genutzt werden.[198]

Zu 3: Eng verbunden mit der Lenkungsfunktion ist die Zuweisungsfunktion der Verrechnungspreise, die durch die Wahl eines geeigneten Preises eine Spaltung des Gesamtunternehmungserfolgs in einzelne Teilergebnisse ermöglichen soll, um so die Selbstständigkeit der Teilbereiche (Sparten, Divisionen, Profit-Center, usw.) zu fördern und die Motivation der Mitarbeiter zu stärken. Koppelt man an den Erfolgsausweis ein Prämiensystem, übernimmt der Verrechnungspreis zusätzlich eine Motivations- und Anreizfunktion.[199]

---

[195] Vgl. Coenenberg, A. G. (2007), S. 524.
[196] Vgl. ebenda. S. 524.
[197] Schmalenbach hat hierzu den Begriff der pretialen Lenkung geprägt, bei dem es um die Idee einer (fiktiven) Übertragung des Marktes auf die Unternehmung geht. Die Bereiche sollen wie selbstständige Unternehmungen ihre Entscheidungen treffen und sich dabei an ihren Bereichserfolgen orientieren. Über die Festlegung der Verrechnungspreise soll erreicht werden, dass die dezentralen Entscheidungen zugleich zur Maximierung des Gesamterfolges der Unternehmung führen. Vgl. Schmalenbach, E. (1947), S. 58 ff; Coenenberg, A. G. (2007), S. 525; Küpper, H.-U. (2008), S. 378.
[198] Vgl. Küpper, H.-U. (2008), S. 378.
[199] Vgl. ebenda. S. 378.

3.3.2.4 Methoden

Im Krankenhaus ist die Verrechnungspreisbildung mit Schwierigkeiten verbunden, da die Kosten- und Leistungsdaten oftmals undifferenziert, unvollständig oder ungenau sind. Angewandt werden Verrechnungspreise in der Regel im Bereich der medizinischen Sekundärleistungsstellen (Labor, EKG, Physikalische Therapie, usw.) und bei der Verrechnung der Kosten des medizinischen Bedarfs. Auch die Leistungen für die Reinigung, Wäscherei und Beköstigung, die häufig durch ein Fremdunternehmen erbracht werden, lassen sich mittels Preisen verrechnen. Dagegen sind beispielsweise Instandhaltungskosten oder Verwaltungskosten kaum Gegenstand der Verrechnungspreismethode.[200] Die derzeit verstärkte Diskussion der Implementierung einer Profitcenter-Organisation verstärkt die Bedeutung interner Verrechnungspreise in Krankenhäusern, da eine nach Dezentralisationsgesichtspunkten ausgerichtete Organisationsform die Koordination der Teilbereiche bedingt, damit das Lenkungsziel erfüllt werden kann. Diese Koordination gelingt zum einen durch explizite Verhaltensnormen, d.h. allgemeingültige Regelungen, und implizite Verhaltensnormen, d.h. allgemeine Ziele, an denen sich die Entscheidungen im Hinblick auf das Gesamtoptimum orientieren sollen. Ein Instrument dafür sind die Verrechnungspreise.[201]

Die Höhe der Verrechnungspreise hängt von der mit ihnen verfolgten Zielsetzung und den jeweiligen Anwendungsbedingungen ab. Daher ist die Kenntnis der unterschiedlichen theoretischen Ansätze der Verrechnungspreisgestaltung, deren Wirkungsweise und deren Anwendungsbedeutung für Krankenhäuser wichtig.[202] Methodisch werden dazu in der betriebswirtschaftlichen Literatur allgemein marktpreisorientierte und kostenorientierte Verrechnungspreise unterschieden, deren Ausprägungen in der nachfolgenden Abbildung dargestellt sind.

---

200 Vgl. Strehlau-Schwoll, H. (1999), S. 73 ff.
201 Vgl. Coenenberg, A. G. (2007), S. 533.
202 Vgl. Strehlau-Schwoll, H. (1999), S. 72.

Vorgehensweise der Kosten-, Leistungs-, Erlös- und Ergebnisrechnung

	Methode	Inhalt
Marktpreisorientierter Ansatz	Marktpreismethode	Herleitung der Verrechnungspreise aus Marktpreisen Herleitung ist nur möglich, – wenn das innerbetrieblich gelieferte Gut auf einem externen Markt gehandelt wird und – interne und externe Güter weitgehend homogen sind
	Verhandlungspreismethode	Unterstellung einer marknahen Situation. Der Verrechnungspreis wird zwischen Nachfrager und Anbieter ausgehandelt. Fixiert wird lediglich ein Verhandlungsrahmen durch die Unternehmungsleitung.
Kostenorientierter Ansatz	Vollkostenmethoden	
	Gesamte Vollkostenmethode	Sämtliche Kosten der Kostenstellen werden verrechnet: Kosten der Infrastruktur Fixe und variable Personalkosten Fixe und variable Sachkosten
	Direkte Vollkostenmethode	Die vom Land finanzierten Infrastrukturkosten werden im Verrechnungspreis nicht berücksichtigt: Fixe und variable Personalkosten Fixe und variable Sachkosten
	Teilkostenmethoden	
	Volle Teilkostenmethode	Sämtliche Teilkosten werden verrechnet: Variable Personalkosten Variable Sachkosten
	Einfache Teilkostenmethode	Verrechnet werden nur Variable Sachkosten
	Grenzkostenmethoden	
	Einfache Grenzkostenmethode	Berücksichtung von Grenzkosten in den Verrechnungspreisen
	Grenzkosten-Plus-Methode	Verrechnung der Grenzkosten plus proportionalisierte Stückfixkosten und ggf. einem anteiligen Gewinnaufschlag
	Einzelkostenmethode	Verrechnung von Preisen auf der Basis relativer Einzelkosten

Abbildung 11: Methoden der Verrechnungspreisgestaltung

3.4. Betrachtung der Erlösseite
3.4.1 Gliederung der Erlösstellen

Erlöse entstehen, wenn Güter veräußert werden. Den Kostenstellen, bei denen das zutrifft, stehen Markt-Erlöse gegenüber.

Erlöse werden auf Erlösstellen gebucht (z.B. Chirurgie). Die Erlösarten können sehr differenziert aufbereitet werden, dann würde aber der Gesamtzusammenhang verloren gehen. Eine Abgrenzung der Erlösstellen ermöglicht
a) eine Planung von zukünftig zu erwartenden Erlösen und
b) eine Abweichungsanalyse nach Eingang der Erlöse zwischen Plan und ist.
c) Damit einher geht die Verteilung der Verantwortlichkeit für die Höhe der Erlöse.

Der Produktionsprozess gibt im Wesentlichen die Stellen vor. Die Erlösstellen werden von der Absatzseite gesehen oder unter Marktgesichtspunkten vorgegeben. Homogene Absatzbedingungen und eine eindeutige Vertriebsverantwortung sollen die Erlösseite auszeichnen.

Damit kann man folgende Kriterien für eine Erlösstellenbildung anwenden:[203]
a) *Produktarten und Produktgruppen*, z.B. nach Erkrankungen oder einer bestimmten DRG.
b) *Marktsegmente und räumlich-geographische Teilmärkte*, z.B. ambulanter oder stationärer Markt, Märkte für bestimmte Fachabteilungen wie Geburtshilfe, Orthopädie etc. Bei der Bildung der Segmente ist ein ähnliches Kaufverhalten der Nachfrager entscheidend.
c) *Kunden und Kundengruppen*, z.B. private und gesetzlich Versicherte, ambulante und stationäre Patienten.
d) *Organisatorische Gestaltung und rechnungstechnische Gesichtspunkte:* Bei der organisatorischen Gestaltung des Absatzmarktes können unterschiedliche Merkmale, z.B. bestimmte Personen, hinzugezogen werden. Es stellt sich hier die Frage, inwieweit sich die Erlösstellenbildung daran orientieren soll, um im Hinblick auf die Kontrolle der Erlöse die Verantwortlichkeit der Erlösstellenleiter sichtbar zu machen. Bei der Erlösstellenbildung nach rechnungstechnischen Gesichtspunkten erfolgt die Stellenbildung z.B. so, dass sich die Erlösarten unmittelbar einzelnen Stellen zuordnen lassen.[204]

Bei der Bildung der Erlösstellen ist – wie auch bei der Kostenstellenbildung – zwischen den unterschiedlichen Gliederungskriterien abzuwägen. Häufig kann es sinnvoll sein, die verschiedenen Merkmale nacheinander anzuwenden: Ausgangspunkt für eine Erlösstellenbildung ist häufig die Zusammensetzung des Absatzprogramms, das wiederum von den Produktarten und -gruppen beeinflusst wird. Diese Erlösstellen können dann in eine Hierarchie gebracht werden.

---

[203] Vgl. Schweitzer, M./Küpper, H.-U. (2008), S. 132.
[204] Vgl. ebenda. S. 133.

3.4.2 Erfassung und Verteilung von Markt-Erlösen

Die Erfassung der Erlöse kann nach unterschiedlichen Kriterien erfolgen und in der Gegenüberstellung mit den entsprechenden Kosten unternehmungswichtige Entscheidungen herbeiführen. Dabei ist die Erlösseite variabler. Die Erlöse können nach Segmenten oder Produkten entsprechend einer Hierarchie abgebildet und zusammengefasst werden.

Die Verrechnung von Markterlösen auf Leistungsbereiche, die keine Marktpreise erzielen (Küche, Physiotherapie im Krankenhaus) führt dazu, dass ggf. Überschüsse augewiesen werden (mit der Forderung der Abteilung diese Überschüsse zu vereinnahmen) oder Verluste. Deshalb erscheint es zielstrebig zu sein, die Kosten zu den Erlösen zu verteilen. Die innerbetriebliche Leistungsverrechnung ist ausführlich beschrieben worden (s.o.)

4 Kostenträgerrechnung

4.1 Grundlagen der Kostenträgerrechnung

4.1.1 Aufgaben der Kostenträgerrechnung

Die Kostenträgerrechnung als vorletzte Stufe der Kostenrechnung stellt fest, wofür Kosten entstanden sind.[205]

Die Kostenträgerrechnung hat mehrere Aufgaben zu erfüllen. Zum einen dient sie der Ermittlung von Angebotspreisen und Bestimmung von Preisuntergrenzen, wodurch gewinnorientierte Aussagen bezüglich des Leistungsprogramms (Lenkung) ermöglicht werden.[206] Dabei ist diese Bestimmung dann von besonderem Interesse, wenn für die betrieblichen Leistungen Marktpreise existieren, die von den einzelnen Unternehmungen nicht festgesetzt werden können. Dies gilt beispielsweise für Krankenhausleistungen, die über DRG-Fallpauschalen abgegolten werden. Die Wirtschaftlichkeitskontrolle als eine weitere Aufgabe der Kostenträgerrechnung gehört primär zum Aufgabengebiet der Kostenstellenrechnung, da diese die Kosten und Leistungen beziehungsweise die Istkosten und die Plankosten am Ort der Kostenentstehung gegenüberstellt. Die Kostenträgerrechung ermöglicht durch die Kalkulation von Betriebsleistungen zwischenbetriebliche Vergleiche, mit denen die Wirtschaftlichkeit beurteilt und die Frage der Eigenfertigung oder des Fremdbezuges beantwortet werden kann.[207] Der Wirtschaftlichkeitsvergleich, bei dem die Ist-Kosten den Sollkosten gegenübergestellt werden, um Abweichungen offen zu legen, sollte nicht auf eine Kostenstelle beschränkt sein. Um Auswirkungen der Abweichungen auf den Kostenträger festzustellen, sollte der Kostenvergleich kostenträgerbezogen durchgeführt werden.[208] Schließlich stellt die Kostenträgerrechnung für die Planung, Steuerung und Kontrolle des Leistungsprogramms neben den Erlösfunktionen die notwendigen Kosteninformationen bereit. Dafür ist es erforderlich, die Kostenträgerstückrechnung um die Kostenträgerzeitrechnung zu ergänzen und daraus die kurzfristige Erfolgsrechnung abzuleiten.[209]

---

[205] Vgl. Eisele, W. (2002), S. 699.
[206] Vgl. Zapp, W. (2007a), S. 286.
[207] Vgl. Hentze, J./Kehres, E. (2008), S. 84 ff.
[208] Vgl. Vormbaum, H./Ornau, H. (1992), S. 533.
[209] Vgl. Hentze, J./Kehres, E. (2008), S. 84 ff.; Zapp, W./Torbecke, O. (2005), S. 38 ff.

4.1.2 Definition der Kostenträger

Als Kostenträger gelten jene betrieblichen Leistungen, die einen Güter- und Leistungsverzehr ausgelöst haben.[210] Es kann sich hierbei um Absatzleistungen oder innerbetriebliche Leistungen handeln. Im Allgemeinen wird als Kostenträger eine selbstständige Produkt- und Leistungseinheit deklariert.[211] Im Krankenhaus werden aus Sicht der Kostenrechnung die Leistungsempfänger verstanden, durch die Kosten verursacht werden. Da sich jedoch Krankenhausleistungen nicht operationalisieren lassen, wird auf eine Hilfsgröße wie beispielsweise der Behandlungsfall oder die DRG zurückgegriffen.[212] Wie vielseitig der Kostenträgerbegriff ist, zeigt Abbildung 12.

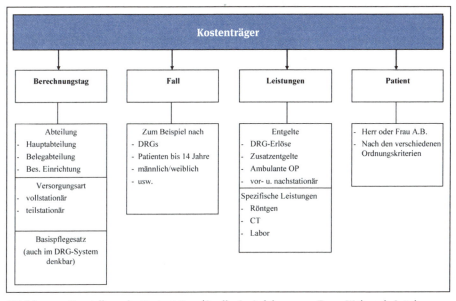

Abbildung 12: Darstellung der Kostenträger (Quelle: In Anlehnung an Zapp, W. (2004), S. 89)

4.1.3 Arten von Kostenträgern

Die Definition und die Arten von Kostenträgern hängen eng miteinander zusammen. Kostenträger stellen eine direkte oder indirekte dem Betriebszweck entsprechende Leistung der Unternehmung dar. Hiernach werden unterschieden:[213]

– Hauptkostenträger: Leistungen, deren Erstellung und Vertrieb der eigentliche Gegenstand der Unternehmung ist (Patient, Fall)
– Nebenkostenträger: Leistungen, deren Erstellungen in einem technischen oder wirtschaftlichen Zusammenhang mit der Erstellung der Hauptkostenträger stehen. Sie werden neben den Hauptkostenträgern am Markt angeboten.

---

210 Vgl. Haberstock, L. (1998), S. 143.
211 Vgl. Coenenberg, A. G. (1997), S. 91.
212 Vgl. Zapp, W. (2004), S. 89.
213 Vgl. Preißler, P.-R./Dörrie, U. (1987), S. 163.

– Hilfskostenträger: Leistungen, deren Ergebnis zur Verwendung im eigenen Betrieb bestimmt sind. Sie dienen indirekt der Erstellung der Haupt- und Nebenkostenträger (eigene Instandhaltung)

4.1.4 Systematik der Kostenträgerrechnung

Die Kostenträgerrechnung kann als Kostenträgerstückrechnung (Kalkulation) oder als Kostenträgerzeitrechnung (Betriebsergebnisrechnung) durchgeführt werden.[214] Die Stückrechnung ermittelt die Kosten einzelner Leistungseinheiten und ist damit Grundlage für die Preisbildung. In der Zeit- bzw. Periodenrechnung wird durch die Gegenüberstellung der Kosten und Leistungen der Betriebserfolg einer bestimmten Periode ermittelt.[215]

Die Kostenträgerstückrechnung ist eine einzelleistungsbezogene Rechnung, die durch die Zurechnung der Kosten auf die einzelnen Kostenträger die Herstellungs- und Selbstkosten für eine Produkt- beziehungsweise Leistungseinheit ermittelt.[216] Dabei müssen mit Hilfe dieser Rechnung die Kosten ermittelt werden, die für die Herstellung und Verwertung einer Mengeneinheit eines Kostenträgers entstehen, so dass diese sodann mit dem erzielbaren Preis verglichen werden können.[217] Die Kostenträgerrechnung kann als Vollkosten- und als Teilkostenrechnung konzipiert werden. Die Vollkostenrechnung verteilt die gesamten Kosten (fixe und variable) auf die Kostenträger. Die Teilkostenrechnung dagegen berücksichtigt nur bestimmte Kosten (variable Kosten, Einzelkosten).[218] Da im Rahmen des neuen DRG-Entgeltsystems für Krankenhäuser Vollkosten für die Entwicklung der Relativgewichte berücksichtigt wurden, ist in den Krankenhäusern eine Kostenträgerrechnung als Vollkostenkalkulation erforderlich, wenn das Krankenhaus am InEK-Verfahren teilnehmen möchte.[219] Weiterhin kann die Kostenträgerrechnung für die Festlegung innerbetrieblicher Verrechnungspreise verwandt werden, womit dann die Bewertung von intern angeforderten Leistungen möglich ist.

Ferner kann die Kalkulation nach dem Zeitpunkt der Durchführung als
– Vor- und Plankalkulation,
– Zwischenkalkulation oder
– Nachkalkulation
bezeichnet werden.[220]

Eine Vorkalkulation, die vor der Leistungserstellung für bestimmte Aufträge und/oder Einzelerzeugnisse oder zur Beurteilung von Neuprodukten und Zusatzaufträgen durchgeführt wird, bildet die Basis für Preisverhandlungen (z.B. Kalkulation von Zusatzentgelt). Sie unterscheidet sich von der Plankalkulation dadurch, dass sie auf der Grundlage überschlägig geschätzter Kosten für jeweils spezielle Zwecke durchgeführt wird. Die Plankalkulation beruht dagegen auf der Basis exakt geplanter Kosten,

---

[214] Vgl. Coenenberg, A. G. (2007), S. 91.
[215] Vgl. Keun, F. (1999), S. 154.
[216] Vgl. Haberstock, L. (2008), S. 145; Coenenberg, A. (2007), S. 91.
[217] Vgl. Keun, E. (1999), S. 156.
[218] Vgl. Schweitzer, M./Küpper, H.-U. (2008). S. 166 f.
[219] Vgl. dazu Kapitel 3.4.4.2: Kostenträgerstückrechnung im DRG-System
[220] Vgl. Haberstock, L. (2008), S. 146.

mit der für eine bestimmte Planperiode im Voraus die Selbst- und Herstellkosten für eine Leistungseinheit ermittelt werden. Sie ist Bestandteil eines Plankostenrechnungssystems. Die Kostendaten der Plankalkulation werden der Kostenplanung entnommen, die nach Kostenarten und Kostenstellen differenziert ist. Die Gültigkeitsdauer der Plankalkulation entspricht hierbei der Planungsperiode der Kostenplanung. Das wesentliche Merkmal der Plankalkulation ist die Konstanz, die sich in den unveränderten Kalkulationsergebnissen der laufenden Planungsperiode zeigt. Die hierbei ermittelten Selbst- und Herstellungskosten stellen Standardkosten dar, die auf konstante Daten der Kostenplanung beruhen.[221] Es handelt sich dabei um[222]
- Planpreise für bezogene Leistungen,
- geplante Personalkosten,
- Planvorgaben pro Produkt- beziehungsweise Leistungseinheit für die Einzelkosten,
- geplante Kostensätze der Kostenplanung,
  - bei der die Vollkostensätze den Planungsbezugsgrößen entsprechen und
  - den proportionalen Kostensätzen ein bestimmter Fristigkeitsgrad der Kostenplanung zu Grunde liegt, und
- geplante Bezugsgrößen pro Produkt- beziehungsweise Leistungseinheit.

Krankenhäuser können Vor- und Plankalkulationen einsetzen, um das Leistungsprogramm prospektiv festzulegen und um sie als Angebotskalkulation für die Verhandlungen mit den Krankenkassen zu nutzen. Außerdem dienen die Vor- und Plankalkulationen als Grundlage für die Nachkalkulation im Rahmen der Wirtschaftlichkeitskontrolle.[223]

Kostenträger, die durch eine lange Produktionsdauer und bilanzielle Planungszwecke gekennzeichnet sind (Überlieger), wie beispielsweise die bilanzielle Bestandsbewertung, können eine Zwischenkalkulation erfordern.

Auf Grundlage der Istkosten erfolgt nach der Leistungserstellung die Nachkalkulation. Sie dient der stückbezogenen Erfolgs- und Kostenkontrolle sowie der Überprüfung der Plankalkulation.[224] Für Krankenhäuser wäre die Nachkalkulation von DRG-Fallpauschalen sinnvoll, damit das Verhältnis der Kosten zu den erzielten Erlösen ermittelt werden kann.[225]

4.1.5 Anforderungen an die Kostenträger

Von der Kostenträgerrechnung gehen wichtige, wesentliche Entscheidungsimpulse aus. Die Zurechnung der Kosten auf die Kostenträger ist deshalb als wesentlich zu beschreiben. Bei der Kostenstellenrechnung ist diese Problematik bereits angesprochen worden; nun soll sie systematisch dargestellt werden.

Formal gesehen ist zur Lösung des Kostenzurechnungsproblems eine Verfahrensentscheidung notwendig, die besagt, welche Kostenelemente einem Kalkulationsobjekt zugerechnet werden dürfen, sollen oder müssen. In der Kostenrechnung gibt es keine Autorität, die eine Kostenverteilung vorgibt. Dennoch versucht man Orientierungs-

---

221 Vgl. ebenda; Kilger, W./Pampel, J./Vikas, K. (2007), S. 677 ff.
222 Vgl. Kilger, W./Pampel, J./Vikas, K. (2007), S. 677 ff.
223 Vgl. Keun, F. (1999), S. 158.
224 Vgl. Haberstock, L. (2008); Kilger, W./Pampel, J./Vikas, K. (2007), S. 677 ff.
225 Vgl. Keun, F. (1999), S. 158.

maßstäbe zu entwickeln, die bei der schwierigen Verteilung der Kosten helfen sollen. Nehmen objektive Kriterien bei der Erstellung der Bilanz dem Verantwortlichen die Entscheidung ab, sollte im Rahmen der Kostenrechnung eine Kostenverteilung vorgenommen werden,
a) die wirtschaftlich dem Kosten-Nutzen-Denken entspricht (Kosten-Nutzen-Kriterium),
b) die sich anderen gegenüber argumentativ vertreten lässt (Intersubjektive Nachprüfbarkeit) und
c) von der man selbst im Innersten überzeugt ist (Willkürfreiheit).
Diese drei Kriterien stellen die übergeordneten Anforderungen an die Kostenverteilung dar. In der Literatur werden diese Probleme unter den Bezeichnungen „Kostenzurechnungsproblematik" [226], „Prinzipien der Kostenträgerrechnung" [227] und „Prinzipien der Kosten- und Erlösverteilung" [228] diskutiert.[229]

4.2 Kosten- und Erlös-Trägerstückrechnung (Kalkulation)

In Abhängigkeit der betriebsindividuellen Gegebenheiten[230] lassen sich zwei Hauptgruppen von Kalkulationsverfahren unterscheiden:
1. Die Divisionskalkulationen mit den unterschiedlichen Ausprägungen einschließlich der Äquivalenzziffernkalkulation und
2. die Zuschlagskalkulation in verschiedenen Varianten.

4.2.1 Divisionskalkulation

Divisionskalkulationen ermitteln die Kosten einer Leistungseinheit, indem die Gesamtkosten eines Betriebes/Betriebseinheit durch die hergestellte oder abgesetzte Stückzahl/Leistungsmenge dividiert wird. Eine Einteilung in Einzel- und Gemeinkosten erfolgt dabei nicht, so dass auf die Durchführung einer Kostenstellenrechnung für Zwecke der Kalkulation – nicht jedoch für Zwecke der Kostenkontrolle – verzichtet werden kann.[231] Es unterscheiden sich die einfache und die mehrfache Divisionskalkulation.

Bei der einfachen Divisionskalkulation werden entsprechend die Gesamtkosten einer Abrechnungsperiode durch die gefertigte und (damit identische) verkaufte Leistungsmenge dividiert. Als Resultat erhält man die Selbstkosten pro Stück. Folgende Voraussetzungen gelten für die einstufige Divisionskalkulation:
– In der Unternehmung wird nur eine Leistungsart erbracht.
– Die Produktionsmenge stimmt mit der Absatzmenge überein, das heißt, es finden keine Lagerbestandsveränderungen statt oder es bestehen generell keine Lagerbestände an Fertigfabrikaten.
– Es liegt ein abrechnungstechnisch einstufiger Produktionsprozess vor, so dass keine Lagerbestandsveränderungen an Halb- und Zwischenprodukten entstehen können.

---

226 Vgl. Hummel, S./Männel, W. (2000), S. 53.
227 Vgl. Olfert, K. (2008), S. 186.
228 Vgl. Schweitzer, M./Küpper, H. (2008), S. 87.
229 Vgl. dazu die Ausführungen in Kapitel 3.1.3 Regeln der Kostenzuordnung.
230 Vgl. Zimmermann, G. (2001), S. 101.
231 Vgl. Eisele, W. (2002), S. 702 f., vgl. Haberstock, L. (2008), S. 148, vgl. Zapp, W./Torbecke, O. (2005), S. 42 f.

Aufgrund dieser Voraussetzungen wird die einstufige Divisionskalkulation in der Praxis bei Produktionsunternehmungen kaum angewandt, sondern kommt hauptsächlich in bestimmten Bereichen von Dienstleistungsunternehmungen vor, die in der Regel keine lagerfähigen Leistungen anbieten.

Im Krankenhausbereich findet diese Kalkulationsmethode zum Beispiel bei der Ermittlung tagesgleicher Pflegesätze Anwendung (z.B. in der Psychiatrie). Es werden hier die gesamten einer Abteilung zuzuordnenden pflegesatzfähigen Plankosten im Rahmen der Leistungs- und Kalkulationsaufstellung (LKA) durch die Anzahl der geplanten Pflegetage dividiert. Dabei wird einfachhalber unterstellt, dass alle Pflegetage hinsichtlich der zu erbringenden Einzelleistungen, dem personellen Einsatz und dem Sachmittelaufwand identisch sind.[232] Da jedoch der „rechentechnische" Kostenträger „Berechnungstag" kein Kostenträger im engeren Sinne der Kostenträgerrechnung ist, handelt es sich hier auch nicht um eine Kostenträgerrechnung im eigentlichen Sinne.[233]

Im DRG-System kommt eine Anwendung der einstufigen Divisionskalkulation nur auf DRG-Ebene in Frage: Die ermittelten Gesamtkosten einer DRG können durch einfache Division in Form von Durchschnittskosten auf die einzelnen Patienten/Fälle, die in diese DRG eingruppiert wurden, verteilt werden. Schon auf Basis-DRG-Ebene ist diese vereinfachte Ermittlung von Durchschnittskosten jedoch nicht mehr sinnvoll.[234]

Die zweistufige Divisionskalkulation wird dagegen bei einem mehrstufigen Produktionsprozess und einer ungleichen Absatz- und Produktionsmenge angewandt. Im Rahmen dieses Verfahrens werden die Gesamtkosten in Herstellkosten, Verwaltungskosten und Vertriebskosten aufgeteilt, was folglich eine Kostenstellenrechnung erfordert. Aus den Produktionskosten werden die Herstellungskosten abgeleitet, die Vertriebskosten ergeben sich aus den für den Absatz erforderlichen Kosten und bei den Verwaltungskosten ist zu unterscheiden, ob sie für den Produktions- oder für den Absatzbereich anfallen.[235]

Im Krankenhaus kann die zweistufige Divisionskalkulation bei der Entwicklung beziehungsweise Weiterentwicklung von Prozessketten bedeutsam sein. Entwickeln Krankenhäuser Patientenpfade über das Krankenhaus hinaus (z.B. Rehabereich), ist es sinnvoll, auch die Kosten für die einzelnen Pfadabschnitte zu kennen. Weiterhin kann das Verfahren bei der Betrachtung einzelner, wichtiger Kostenarten eingesetzt werden. So werden beispielsweise im Rahmen der DRG-Kalkulation Kostenartengruppen differenziert betrachtet und die durchschnittlichen Kosten der DRG für diese Gruppe ermittelt.[236]

4.2.2 Äquivalenzziffernkalkulation

Gilt für die Divisionskalkulation die Prämisse einer Ein-Produkt-Unternehmung, so findet die Äquivalenzziffernkalkulation bei der Herstellung von verschiedenen artverwandten Produkten – Sorten – Anwendung. Sie stützt sich auf die Annahme, dass die Kosten der unterschiedlichen Leistungsarten in einem bestimmten Verhältnis zueinander stehen. Durch die Äquivalenzziffern werden die verschiedenen Produkte

---
232 Vgl. Keun, F./Prott, R. (2006), S. 175.
233 Vgl. Hentze, J./Kehres, E. (2008), S. 92.
234 Vgl. Keun, F./Prott, R. (2006), S. 176.
235 Vgl. Eisele, W. (2002), S. 702 ff., vgl. Haberstock, L. (2008), S. 148 ff., vgl. Zimmermann, G. (2001), S. 102 ff.
236 Vgl. Keun, F./Prott, R. (2006), S. 176.

rechentechnisch vereinheitlicht. Die Ziffern geben an, in welchem Verhältnis die Produkte zu einem fiktiven Einheitsprodukt stehen, so dass sie über diese Gewichtungsfaktoren verglichen werden können. Es stellt sich hierbei die Frage nach dem richtigen Verhältnis der auf Kostenträger zu verteilenden Kosten und somit nach der Wahl einer geeigneten Bezugsgröße.

Zunächst werden für die Berechnung der Selbstkosten die Äquivalenzziffern jeder Erzeugniseinheit ermittelt. Die Umrechnung der relevanten Leistungsmenge je Sorte erfolgt sodann mittels Multiplikation mit der Äquivalenzziffer in Mengeneinheiten des fiktiven Einheitsproduktes (Rechnungseinheit). Die Rechnungseinheiten werden summiert und durch die Gesamtkosten dividiert, woraus sich die Kosten je Rechnungseinheit ergeben. Diese Rechnungseinheitskosten werden mit den Rechnungseinheiten der jeweiligen Sorte multipliziert. Man erhält als Ergebnis die Gesamtkosten pro Sorte, die wiederum durch die Leistungsmenge je Sorte dividiert werden. Das Resultat sind die Selbstkosten je Produkteinheit der Sorte.

Bei mehrstufigen Produktionsprozessen und ungleicher Produktions- und Absatzmenge kann analog zur Divisionskalkulation neben der oben beschriebenen einstufigen Äquivalenzziffernkalkulation die mehrstufige Variante angewandt werden. Hierbei werden mehrere Äquivalenzziffernreihen für die unterschiedlichen Bereiche (Kostenstellen) gebildet. Zu berücksichtigen ist, dass die Qualität der Kalkulationsergebnisse von der Qualität der Äquivalenzziffern abhängig ist.[237] Diese können das Ergebnis von detaillierten Analysen der Betriebsprozesse oder auch von einfachen Plausibilitätsüberlegungen sein.[238]

Im Krankenhaus wird dieses Verfahren hauptsächlich für die Kalkulation und Berechnung innerbetrieblicher Leistungen angewandt. So gelingt es zum Beispiel mit Äquivalenzziffern in Form der Katalogpunkte, artverwandte Leistungen der Diagnostik im oben beschriebenen Sinne vergleichbar und vor allem addierbar zu machen. Sind die Kosten pro GOÄ-Punkt bekannt, lassen sich auch die Kosten pro Leistung beziehungsweise pro Periode ermitteln. Kritisch zu hinterfragen sind jedoch die Kostenrelationen, die die Katalogpunkte zum Ausdruck bringen. Sie müssen nicht unbedingt den tatsächlichen Verhältnissen entsprechen. So stellen sie zum Beispiel auf die Kostenstrukturen niedergelassener Ärzte ab, bei denen aufgrund „vergütungspolitischer" Hintergründe einfache Leistungen überbewertet und aufwendige Leistungen unterbewertet sind.[239]

Auch im Rahmen des DRG-Systems spielen Äquivalenzziffern eine Rolle, da sie für die Differenzierung der Kosten der Gemeinkostenbereiche verwandt werden können. Ist die Divisionskalkulation wie oben beschrieben auf Ebene der Basis-DRG nicht sinnvoll, so können jedoch mit Hilfe der Äquivalenzziffernkalkulation die für eine Basis-DRG ermittelten Kosten auf die einzelnen DRGs mit ihren unterschiedlichen Ressourceneinsätzen und Bewertungsrelationen verursachungsgerechter verteilt werden.[240]

Schließlich sind die Verrechnung von Küchenleistungen nach Beköstigungstagen und die Differenzierung auf der Intensivstation nach Behandlung, Überwachung und Beatmung der Äquivalenzziffernrechnung zuzuordnen.

---

[237] Vgl. Eisele, W. (2002), S. 702 ff., vgl. Haberstock, L. (2008), S. 148 ff., vgl. Zimmermann, G. (2001), S. 102 ff.
[238] Vgl. Hentze, J./Kehres, E. (2008), S. 93.
[239] Vgl. ebenda., vgl. Zapp, W. (2006).
[240] Vgl. Keun, F./Prott, R. (2006), S. 176 f.

4.2.3 Zuschlagskalkulation

Die Zuschlagskalkulation wird in Produktionsbetrieben mit sehr heterogenem Produktionsprogramm (Sorten- oder Einzelfertigung) angewendet. Da hier die Kostenstruktur sehr unterschiedlich ist, lassen sich die einzelnen Leistungsarten nicht mehr auf das fiktive Einheitsprodukt umrechnen. Die Ermittlung von Äquivalenzziffern ist somit nicht möglich. Geht die Divisionskalkulation von den Gesamtkosten der Unternehmung aus, so basiert die Zuschlagskalkulation auf einer Serie, einem Auftrag oder auf dem einzelnen Stück. Die Grundlage für diese Kalkulationsmethode bildet die Trennung der Kosten in Kostenträgereinzelkosten, die direkt der Leistung zugeordnet werden können, und in Kostenträgergemeinkosten, die den Leistungen mittels Zuschlagssätzen zugeordnet werden können. Voraussetzung hierfür ist jedoch, dass sich die Gemeinkosten proportional zu den Einzelkosten verhalten. Als Zuschlags- beziehungsweise Schlüsselgrundlage dienen die Kostenträgereinzelkosten. Die verschiedenen Formen der Zuschlagskalkulation lassen sich nach Grad der Kalkulationsgenauigkeit sowie der Art und Feinheit der Gemeinkostenzuschlagssätze unterscheiden. Es wird zwischen den Hauptgruppen der summarischen und der differenzierenden Zuschlagskalkulation unterschieden.

Im Rahmen der summarischen Zuschlagskalkulation werden die gesamten Kostenträgergemeinkosten durch einen einzigen Zuschlagssatz verrechnet, dessen Grundlage hier allgemein die gesamten Kostenträgereinzelkosten bilden.[241] Kritisch anzumerken ist jedoch, dass eine derart umfassende kausale Beziehung zwischen einer Bezugsgröße und allen oder großen Teilen der Kostenträgergemeinkosten in der Realität kaum vorkommen.

Die differenzierende Zuschlagskalkulation verrechnet daher die Gemeinkosten nicht mehr summarisch, sondern es werden für jeden Bereich (Kostenstellen, Kostenplätze) eigene Gemeinkostenzuschlagssätze bestimmt. Die Gemeinkosten werden dazu in Kostengruppen aufgeteilt. Sie haben unterschiedliche Bezugsgrößen. Aus dem Verhältnis der Gemeinkosten zu den Einzelkosten einer Kostenstelle beziehungsweise eines Kostenbereichs werden sodann die Gemeinkostenzuschlagssätze gebildet und den jeweiligen Einzelkosten eines Produktes zugeordnet.[242]

Als Folge des daraus resultierenden Bedeutungsrückgangs der Einzelkosten gegenüber den Gemeinkosten ergab sich für die Kostenträgerstückrechnung und insbesondere für die Zuschlagskalkulation die Situation, dass auf einer schrumpfenden Einzelkostenbasis ein expandierendes Gemeinkostenvolumen verteilt werden musste. Gemeinkostenzuschlagssätze von mehreren Tausend Prozent waren das Resultat, so dass bei geringfügigen Fehlern bei der Bemessung der Zuschlagsgrundlage umfangreiche Fehler bei der Gemeinkostenverrechnung entstanden. Die Folge war eine nicht mehr verursachungsgerechte Gemeinkostenrechnung, denn bei solch hohen Gemeinkostenzuschlagssätzen ist ein proportionaler Zusammenhang zwischen den Gemein- und Einzelkosten schwer feststellbar.[243]

Der Einsatz der Zuschlagskalkulation in Krankenhäusern war bei dem bis 1993 geltenden Entgeltsystem mit tagesgleichen Pflegesätzen nicht bedeutsam, da keine

---
241 Vgl. ebenda.
242 Vgl. Eisele, W. (2002), S. 702 ff., vgl. Haberstock, L. (2008), S. 148 ff., vgl. Zimmermann, G. (2001), S. 102 ff.
243 Vgl. Eisele, W. (2002), S. 713.

Differenzierung der Kosten in Einzel- und Gemeinkosten als unabdingbare Voraussetzung der Zuschlagskalkulation notwendig war. Erst mit Einführung von pauschalen Entgelten und insbesondere den DRG-Fallpauschalen ist die Möglichkeit der Trennung der Kostenträgereinzel- und -gemeinkosten ansatzweise gegeben, so dass die Zuschlagskalkulation theoretisch eingesetzt werden könnte. In der Praxis zeigt sich jedoch auch hier, dass diese Methode aufgrund des hohen Erfassungsaufwandes bei der Ermittlung der direkten Kosten und des sehr hohen Gemeinkostenanteils unbedeutend ist.[244] Ferner schreibt § 8 KHBV vor, dass alle Kosten nach Kostenstellen zu erfassen sind und somit die Kostenträgereinzel- und -gemeinkosten über die Kostenstellenrechnung geleitet werden müssen.[245] Denkbar wäre der Einsatz der Zuschlagskalkulation jedoch für Teilbereiche wie beispielsweise bei der Ermittlung der Selbstkosten für Wahlleistungen oder in Form der Maschinenstundensatzrechnung bei der Ermittlung der Kosten für den Geräteeinsatz im Rahmen der DRG-Kalkulation.[246]

4.2.4 Bezugsgrößenkalkulation

Die Bezugsgrößenkalkulation wurde entwickelt, um die Schwachpunkte der Zuschlagskalkulation zu beheben. Dies gelingt, indem die Fertigungsgemeinkosten mit Hilfe von Zeit- und Mengengrößen (Fertigungszeiten, Schnitt-Nahtzeiten, Rüstzeiten, Gleichzeitigkeitsfaktor o.ä.) differenzierter betrachtet beziehungsweise verrechnet werden. Häufig werden die Fertigungseinzellöhne über Vorgabezeiten ins Bezugsgrößensystem eingebunden. Bei der Bezugsgrößenkalkulation wird nicht nur für eine Kostenstelle ein Zuschlagssatz für die Gemeinkosten zu Grunde gelegt, sondern es werden mehrere Bezugsgrößen für die Gemeinkosten einer Kostenstelle verwendet.[247]

Das Verfahren der Bezugsgrößenkalkulation hat für Krankenhäuser eine sehr große Bedeutung, da es zum einen im Rahmen der innerbetrieblichen Leistungsverrechnung die kritisch diskutierte Äquivalenzziffernkalkulation verbessern kann und zum anderen bei der Fallpauschalenkalkulation eingesetzt wird.[248] Hier können die Kosten, die durch Fallpauschalen vergütet werden, anhand geeigneter Bezugsgrößen ermittelt werden. Als Bezugsgrößen kommt dabei der Personaleinsatz in Minuten in den verschiedenen Kostenstellen oder der mengenmäßige Sachbedarf in Frage. Die dazugehörigen Minutensätze ergeben sich aus den Personalkosten einer Kostenstelle oder aus den Einstandspreisen der Sachkosten. Es empfiehlt sich bei Kostenträgereinzelkosten die Erstellung von Stücklisten.[249]

---

244 Vgl. Keun, F./Prott, R. (2006), S. 178.
245 Vgl. Hentze, J./Kehres, E. (2008), S. 97.
246 Vgl. Keun, F./Prott, R. (2006), S. 178.
247 Vgl. Haberstock, L. (2008), S. 163 f.
248 Vgl. Hentze, J./Kehres, E. (2008), S. 98.
249 Vgl. Maltry, H./Stehlau-Schwoll, H. (1997), S. 547 ff.

4.2.5 Kuppelkalkulation

Bei den bisher betrachteten Verfahren waren die Erzeugnisse produktionswirtschaftlich nicht eng miteinander verbunden. Bei der Kuppelproduktion handelt es sich um ein Kalkulationsverfahren, bei dem diese Leistungsverbundenheit vorliegt und berücksichtigt wird. Kennzeichnend für diese Art von Produktion ist, dass aus demselben Produktionsprozess technisch zwangsläufig mehrere verschiedenartige Erzeugnisse in einem meist starren Mengenverhältnis hervorgehen. Folgende Beispiele sind denkbar:
- im Bereich Kokerei: Koks – Gas – Teer – Benzol
- im Bereich Hochofen: Roheisen – Gichtgas – Schlacke
- im Bereich Raffinerien: Benzine – Öle – Gase
- im Krankenhaus: OP-Zugang für zwei Eingriffe
- weitere Anwendungsbereiche: Porzellanherstellung, Zuckerfabriken, Sägewerke

Ziel der Kuppelkalkulation ist es, die Verteilung der Gesamtkosten der Leistungserstellung auf die einzelnen Kuppelprodukte zu errechnen. Verursachungsgemäß ist eine Verteilung der Kosten nicht möglich, denn es lässt sich nicht sagen, welcher Kostenanteil von welchem Produkt veranlasst wurde. Der Produktionsprozess ist so miteinander verbunden, dass diese Zuteilung so nicht möglich ist. Fixe und variable Kosten eines Kuppelproduktionsprozesses sind echte Kostenträgergemeinkosten. Ohne Willkür ist eine Zurechnung der Kosten auf die verschiedenen Produktionsverfahren nicht möglich. Dennoch bemüht man sich um eine Kostenberechnung:

a) Für einen Angebotspreis oder auch Verrechnungspreis. Den Preis beider Produkte kann man errechnen, aber man möchte auch eine Trennung der Bereiche vornehmen.

b) Für die Ermittlung von Herstellungskosten zur Bewertung von Lagerbeständen. Diese Bestandsbewertung an einzelnen Kuppelprodukten ist dann erforderlich, wenn solche Produkte nicht im gleichen Rhythmus abgesetzt werden können und deshalb vorübergehend gelagert werden müssen. Die Lagerbestände verändern sich danach im Zeitablauf.[250]

Es haben sich zwei Verfahren herausgebildet, die als Kalkulationsform angewendet werden:
1. Restwertmethode oder Subtraktionsmethode
2. Verteilungsmethode oder Schlüsselungsverfahren

Restwertmethode
Diese Methode eignet sich, wenn in einem Kuppelproduktionsprozess ein Hauptprodukt und ein oder mehrere Nebenprodukte erzeugt werden und wenn die Kalkulation auf das Haupterzeugnis ausgerichtet ist. Diese Rechnung bietet sich bei einem geringem Wert des Nebenprodukts besonders an.[251]

Verteilungsmethode
Gehen aus einem verbundenen Produktionsprozess mehrere Hauptprozesse hervor, kann die Verteilungsrechnung angewendet werden. Die Verteilung der Gesamtkosten der Kuppelproduktion erfolgt über Äquivalenzziffern auf die einzelnen Erzeugnisse; es stehen zwei Methoden dafür zur Verfügung. Bei der Marktpreismethode werden die

---
250 Vgl. Hummel, S./Männel, W. (2000), S. 306.
251 Vgl. Buggert, W. (1988), S. 209, vgl. Hummel, S./Männel, W. (2000), S. 309 f.

Marktpreise der einzelnen verbundenen Erzeugnisse durch Äquivalenzziffern in ihre Relation zueinander gebracht. Bei dem Verkauf von drei Produkten mit dem beispielhaften Verhältnis ihrer Marktpreise von 10 Euro : 5 Euro : 2,50 Euro ergibt die Kostenverteilung eine Relation von 1 : 0,50 : 0,25.[252]
Im Krankenhaus kann das Verfahren von Bedeutung sein, wenn über einen OP-Eingriff mehrere OPs durchgeführt werden. Die Kosten können so nicht differenziert zugeordnet werden.

4.2.6 Einflussgrößen auf die Wahl der Kalkulationsverfahren
Nachdem nun die verschiedenen Kalkulationsverfahren herausgearbeitet wurden, stellt sich die Frage, wann welche Verfahren angewandt werden. Folgende Einflussgrößen lassen sich benennen:
a) Rechnungsziele
b) Produktionsprogramm
c) Produktionsverfahren

a) Rechnungszielinduzierte Verfahrensbeurteilung
Das Kostenträgerverfahren soll Informationen liefern über die Höhe der Kosten je Kostenträgereinheit. Das Kalkulationsverfahren ist davon abhängig, für welche Probleme die Informationen ausgewertet werden sollen. Die Verrechnung der Kosten auf die Kostenträger ist von grundsätzlicher Bedeutung für die Verwendbarkeit der ermittelten Informationen. Das Rechnungsziel steuert das Verfahren. Dem Verursachungsprinzip oder dem Identitätsprinzip entspricht die Verrechnung von Vollkosten nur dann, wenn das Produktionsprogramm die einzige Produktionsprogrammeinflussgröße darstellt. Bestimmen zusätzliche Größen die Höhe der Kosten, dann können nicht die gesamten Kosten auf die Kostenträger nach dem o.g. Prinzipien verteilt werden. Die Verteilung der Kosten ist dann nach dem Durchschnittsprinzip oder dem Tragfähigkeitsprinzip durchzuführen. Dann liefern die Kalkulationsverfahren nach Vollkosten aber keine Informationen für Planungs-, Entscheidungs- und Steuerungsprobleme der Unternehmung. Die Kosten sind dann nach einem Prinzip verteilt, dass keine Rückschlüsse auf die Verursachung i.w.S. zulassen. Für Bilanz- und Bewertungsfragen kommen sie infrage, solange sie rechtlichen Vorschriften nicht widersprechen.

b) Produktions- oder Leistungsprogramm
Dieses Programm ist davon abhängig, durch welche Art und in welcher Menge die Produkte dargestellt werden können. Wir können Unterscheidungsmerkmale herausbilden nach
– Anzahl der Produktarten
– Grad an Übereinstimmung zwischen den Produkten.
Die Frage des Leistungsprogramms ist u. a. von der zu erbringenden Leistungsmenge abhängig. Das Merkmal Anzahl der Produktarten untergliedert sich in Einprodukt- oder Mehrproduktunternehmungen. Während bei der Einproduktfertigung die Produkte und demzufolge die Fertigung übereinstimmend und einheitlich sind, ist die Mehrproduktfertigung durch eine unterschiedlich große Übereinstimmung der Produkte gekennzeichnet. Einproduktunternehmungen wären in diesem Fall spezialisierte Kliniken (z.B. nur Hüft-OPs).

---

252 Vgl. Olfert, K. (2008), S. 210.

Bei einer Mehrproduktfertigung ist der höchste Grad an Übereinstimmung zwischen den Produkten bei Sortenprodukten. Jene stimmen in wesentlichen Eigenschaften überein und gehören zu einer gleichen Gütergruppe. Sie unterscheiden sich lediglich hinsichtlich ihrer Dimensionen und Qualität. Die Entscheidung für ein Produktionsprogramm aus Sortenprodukten wird empfohlen, wenn es verschiedenartige Güter und von jeder Produktart eine bestimmte Anzahl hervorbringt.
Besteht ein Produktionsprogramm aus Einzelprodukten, weist das Produktionsprogramm eines Mehrproduktunternehmens den niedrigsten Grad an Übereinstimmung auf. Zusammenfassend lässt sich feststellen, dass je höher der Grad an Übereinstimmung zwischen den Produkten ist, desto eher die Divisionsrechnung zur Anwendung kommt. Es eignet sich die Zuschlagsrechnung, je weniger die Produkte übereinstimmen.[253]

c) Produktionsverfahren
Unter der Art des Produktionsverfahrens können die technischen Prozesse, die zur Herstellung eines Produktes aus bestimmten Einsatzgütern beitragen, verstanden werden. Merkmale des Produktionsverfahrens sind die Zahl der Produktionsstufen, die Vergenz[254] des Produktionsverfahrens und die Kontinuität des Produktionsablaufs.[255] Die für die Dienstleistung erforderlichen Arbeitsgänge oder -verrichtungen beeinflussen die Anzahl der Leistungserstellungsstufen. Während einer Abrechnungsperiode werden auf den verschiedenen Stufen nicht dieselben Produktmengen erstellt. Es können in den OP-Sälen nur so viele Operationen durchgeführt werden, wie Kapazitäten im OP und in den nachfolgenden Intensivstationen und Normalstationen vorhanden sind.

4.2.7 Erlösträgerstückrechnung

Die Erlösträgerstückrechnung lässt sich ohne Schwierigkeiten vornehmen, soweit Erlöse den Produkteinheiten direkt zurechenbar sind. Das Ergebnis sind die konstanten Stückerlöse, die man aus der Erlösartenrechnung erhält. Dort sind die Erlöse über das einzelne Stück erfasst oder der Gesamtbetrag lässt sich proportional auf die einzelne Einheit beziehen. Voraussetzung dafür ist,
– dass die Güter einzeln und in unbegrenzter Zahl veräußerbar sind und
– die Erlöse unabhängig von der Bestellmenge und unabhängig von dem Kunden identisch sind.

Fallen Gemeinerlöse an, dann wird es schwierig. Das ist der Fall, wenn gekoppelte Angebote vorliegen, oder Mindestabnahmemengen vorliegen und gestaffelte Preise sich daraus ergeben. Des Weiteren wenn Angebots- oder Nachfrageverbunde vorliegen (z.B. Kosmetika im Geschenkkarton). Gemeinerlöse können nicht verursachungsgerecht verteilt werden. Die vorgestellten Verfahren können auch hier angewendet werden:
– Divisionskalkulation
– Äquivalenzziffernrechnung
– Zuschlagsrechnung

---

[253] Vgl. Schweitzer, M./Küpper, H.-U. (2008), S. 188 f.
[254] Vergenz bezieht sich auf die Struktur des Produktionsverfahrens und die Kombination der Einsatzstoffe. Divergierende Produktionsverfahren fertigen aus einem Stoff mehrere artmäßig verschiedene Produkte. Bei konvergierenden Produktionsverfahren werden verschiedene Stoffe in die Fertigung eingebracht.
[255] Vgl. Schweitzer, M./Küpper, H.-U. (2008), S. 189.

4.2.8 Ergebnisrechnung der Kostenträgerstückrechnung

Stellt man auf Stückbasis die Kosten der Kostenträger den Erlösen der Kostenträger - also die Erlösträger - gegenüber, dann erhält man die Ergebnisse des wirtschaftlichen Handelns. Aufgrund dieser Gegenüberstellung erhält man wichtige Aussagen zur Sortimentspolitik und Sortimentsanalyse, insoweit die Bezugsbasen stimmen und Kostenträger und Erlösträger übereinstimmen. In der Ist-Rechnung sind die Erlöse der verkauften Produkte bekannt. Sind Gemeinerlöse angefallen, sind diese zu verteilen. Auf der Kostenseite stehen Verfahren zur Verfügung, die es erlauben, die Kosten zu berechnen.

Überschuss = Preis – Kosten (pro Stück)
$g(stück) = p - k$

Schwierig wird es erst, wenn Fixkosten anfallen. Diese sind auf eine lange Sicht hin angelegt und können in der Regel oft nur von der Unternehmungsleitung beeinflusst werden. Eine Verteilung dieser Fixkosten auf die Stücke ist nicht einfach, da ein Schlüssel fehlt.
Mit dieser Problematik muss man sich unter Teilkostenaspekten beschäftigen. Hier soll die Problematik zunächst erkannt und festgehalten werden.

4.3 Kostenträgerstückrechnung im DRG-System

4.3.1 Kostenartenbezogene Zuordnung

Ausgehend von den testierten Jahresabschlüssen der betrachteten Periode sollen im Rahmen einer Vollkostenrechnung auf Istkostenbasis alle DRG-relevanten Kosten (=Rohfallkosten) unter Berücksichtigung sämtlicher DRG-relevanter Leistungen möglichst verursachungsgerecht den DRG-Fällen und damit den DRGs zugeordnet werden. Dabei werden die Summensalden der Aufwandskonten der Kontenklassen 6 und 7 der KHBV in der Finanzbuchhaltung zunächst mit den in der Gewinn- und Verlustrechnung ausgewiesenen Aufwendungen abgeglichen. Bei eventuellen Differenzen sind in der Kostenartenrechnung entsprechende Korrekturbuchungen vorzunehmen. Des Weiteren muss die Kostenartenrechnung mit der Kostenstellenrechnung übereinstimmen. Insofern dieses nicht gewährleistet ist, muss ein manueller Datenabgleich erfolgen.
Da bei der DRG-Kalkulation nur die DRG-relevanten Kosten, bei denen es sich sinngemäß um pflegesatzfähigen Kosten handelt, zu berücksichtigen sind, werden im Vorfeld periodenfremde und außerordentliche Aufwendungen herausgerechnet und auf einer Abgrenzungskostenstelle gesammelt. Hinzu kommen in einem nächsten Schritt weitere nicht DRG-relevante Aufwendungen, wie insbesondere
- Investitionskosten mit Ausnahme der Abschreibungen für Gebrauchsgüter und
- Zinsaufwendungen mit Ausnahme der Zinsen für Betriebsmittelkredite.

Die vorgenommenen Bereinigungen in der Kostenartenrechnung werden parallel in der Kostenstellenrechnung nachvollzogen. Weiterhin müssen die Kostenstellen bereinigt werden um
- Kosten für Leistungen der Psychiatrie, Psychosomatik und Psychotherapeutische Medizin,
- Kosten für ambulante Leistungen einschl. ambulantes Operieren gem. § 115 b SGB V,
- Kosten der Leistungen an Dritte,
- Kosten der Personalverpflegung,
- Kosten aus Vermietung und Verpachtung,
- Kosten für die Besetzung des Notarztwagens,
- Kosten ergänzender Leistungsbereiche wie zum Beispiel Kurzzeitpflege, Altenheim, Reha-Einrichtung,
- Kosten für wissenschaftliche Lehre und Forschung und
- Kosten der Ausbildungsstätten und Kosten der Ausbildungsvergütung.

Parallel dazu erfolgt die Identifizierung der Einzelkosten, die den Behandlungsfällen direkt zugeordnet werden.[256]

4.3.2 Kostenstellenbezogene Zuordnung

Die verbleibenden Kosten stellen die Gemeinkosten dar, die sodann im Zuge der Kostenstellenrechnung verrechnet werden. Einen wesentlichen vorbereiteten Arbeitsschritt zur Kostenverteilung stellt jedoch zuvor die Personalkostenverrechnung dar. Da Personalkosten zum Teil auf Sammelkostenstellen gebucht sind, weil die entsprechenden Mitarbeiter Leistungen für verschiedene Kostenstellen erbringen, müssen diese Kosten gemäß des zeitlichen Einsatzes der Mitarbeiter auf die einzelnen direkten Kostenstellen verteilt werden. Neben zeitlichen Verteilungsgrundlagen können auch andere statistische Grundlagen zur Personalkostenverteilung herangezogen werden.

Das Kalkulationshandbuch unterscheidet zwischen direkten Kostenstellen und indirekten Kostenstellen. Direkte Kostenstellen erbringen die Leistungen direkt am Patienten, wie beispielsweise die Pflegefachbereiche, medizinische Institutionen und der OP-Bereich. Indirekte Kostenstellen geben ihre Leistungen dagegen ohne Patientenbezug ab. Sie differenzieren zwischen indirekten Kostenstellen der medizinischen Infrastruktur (z.B. gemeinsame Kostenstellen der Fachabteilungen, Zentralsterilisation, Qualitätsmanagement) und indirekten Kostenstellen nicht medizinischer Infrastruktur (z.B. Verwaltung, Werkstätten).

Im Rahmen der Kostenstellenrechnung werden die Kosten der indirekten Kostenstellen auf die direkten und ggf. auf die abzugrenzende Kostenstelle (z.B. ambulanter Betrieb) übergeleitet. Letztere werden wiederum der Abgrenzungskostenstelle zugeordnet.

In einem nächsten Schritt erfolgt eine Kostenartenzusammenfassung der direkten Kostenstellen zu definierten Kostenartengruppen.

---

[256] Vgl. DKG, GKV, PKV (2007).

Diese Kostenartenverdichtung dient der Einheitlichkeit der Datenübermittlung und vereinfacht die Kalkulationsarbeiten. Folgende Kostenartengruppen sind vorgesehen:

Kostenartengruppe	Kostenart
KoArtGrp 1	Personalkosten ärztlicher Dienst
KoArtGrp 2	Personalkosten Pflegedienst
KoArtGrp 3	Personalkosten des Funktionsdienstes und des medizinisch-technischen Dienstes
KoArtGrp 4a	Sachkosten für Arzneimittel
KoArtGrp 4b	Sachkosten für Arzneimittel (Einzelkosten/Istverbrauch)
KoArtGrp 5	Sachkosten für Implantate und Transplantate
KoArtGrp 6a	Sachkosten des medizinischen Bedarfs (ohne Arzneimittel, Implantate und Transplantate)
KoArtGrp 6b	Sachkosten des medizinischen Bedarfs (Einzelkosten/Istverbrauch; ohne Arzneimittel, Implantate und Transplantate)
KoArtGrp 7	Personal- und Sachkosten der medizinischen Infrastruktur
KoArtGrp 8	Personal- und Sachkosten der nichtmedizinischen Infrastruktur

Tabelle 7: Kostenartenverdichtung (Quelle: DKG, GKV, PKV (2007), Anlage 4.1, S. 230 ff.)

4.3.3 Kostenfallbezogene Zuordnung

In einem letzten Arbeitsschritt werden auf der Grundlage verursachungsgerechter Bezugsgrößen (Kalkulationssätze) die verdichteten Kosten fallbezogen zugeordnet. Die Kalkulationssätze werden dazu je Leistungseinheit für die je Kostenstelle vorhandenen Kostenartengruppen gebildet. Im Kalkulationshandbuch sind dazu Vorgaben dargestellt. Teilweise sind mehrere Alternativen für die Wahl der Bezugsgröße zugelassen.[257]

Nachdem anschließend auch die bereits im Zuge der Kostenartenrechnung ausgegliederten Einzelkosten dem Fall direkt zugeordnet wurden, sind alle Behandlungskosten im fallbezogenen Datensatz nach der Struktur der direkten Kostenstellen des einzelnen Krankenhauses hinterlegt. Analog zu den Kostenarten werden auch hier vor Übermittlung der Datensätze an das DRG-Institut die direkten Kostenstellen zu Kostenstellengruppen wie folgt zusammengefasst:

Kostenstellengruppe	Kostenstelle
KoStGrp 1	Normalstation
KoStGrp 2	Intensivstation
KoStGrp 3	Dialyseabteilungen
KoStGrp 4	OP-Bereich
KoStGrp 5	Anästhesie
KoStGrp 6	Kreißsaal
KoStGrp 7	Kardiologische Diagnostik/Therapie
KoStGrp 8	Endoskopische Diagnostik/Therapie
KoStGrp 9	Radiologie
KoStGrp 10	Laboratorien
KoStGrp 11	Übrige diagnostische und therapeutische Bereiche

Tabelle 8: Kostenstellenverdichtung (Quelle: DKG, GKV, PKV (2007), Anlage 6, S. 240 ff.)

Zusammengefasst lässt sich ein fallbezogener Datensatz in einer einheitlichen, modularen Struktur darstellen (vgl. Abbildung 13). Ergänzt um einrichtungsbezogene Daten und Angaben zur Kalkulation erfolgt sodann die elektronische Datenübermittlung an die ausgewiesene Datenannahmestelle der Selbstverwaltung. Abschließend werden die Kostendaten der einzelnen Krankenhäuser anhand der klinischen Begleitdaten zu den jeweiligen DRGs als Grundlage der eigentlichen Relativgewichtsermittlung zusammengefasst.

---

[257] Vgl. ebenda, S. 9 f.

Vorgehensweise der Kosten-, Leistungs-, Erlös- und Ergebnisrechnung

			Kostenartengruppen									
			Personalkosten ärztlicher Dienst	Personalkosten Pflegedienst	Personalkosten med.-techn. Dienst/funktionsdienst	Sachkosten Arzneimittel	Sachkosten Arzneimittel (Einzelkosten/Istverbrauch)	Sachkosten Implantate und Transplantate	Sachkosten übriger med. Bedarf	Sachkosten übriger med. Bedarf (Einzelkosten/Istverbrauch)	Personal- u. Sachkosten medizinische Infrastruktur	Personal- und Sachkosten nicht medizinische Infrastruktur
			1	2	3	4a	4b	5	6a	6b	7	8
			Personalkosten			Sachkosten					Infrastruktur-kos-ten	
Kostenstellengruppen	1	Normalstation	1.1	1.2	1.3	1.4a	1.4b	–	1.6a	1.6b	1.7	1.8
	2	Intensiv-station	2.1	2.2	2.3	2.4a	2.4b	2.5	2.6a	2.6b	2.7	2.8
	3	Dialyse	3.1	3.2	3.3	3.4a	3.4b	–	3.6a	3.6b	3.7	3.8
	4	OP-Bereich	4.1	–	4.3	4.4a	4.4b	4.5	4.6a	4.6b	4.7	4.8
	5	Anästhesie	5.1	–	5.3	5.4a	5.4b	–	5.6a	5.6b	5.7	5.8
	6	Kreißsaal	6.1	–	6.3	6.4a	6.4a	–	6.6a	6.6b	6.7	6.8
	7	Kardiologie	7.1	–	7.3	7.4a	7.4a	7.5	7.6a	7.6b	7.7	7.8
	8	Endoskopie	8.1	–	8.3	8.4a	8.4b	8.5	8.6a	8.6b	8.7	8.8
	9	Radiologie	9.1	–	9.3	9.4a	9.4b	9.5	9.6a	9.6b	9.7	9.8
	10	Laboratorien	10.1	–	10.3	10.4a	10.4b	–	10.6a	10.6b	10.7	10.8
	11	übrige Diagnosen	11.1	11.2	11.3	11.4a	11.4b	11.5	11.6a	11.6b	11.7	11.8

(Zeilen 1–3: Bettenführende Bereiche; Zeilen 4–11: Medizinische Institutionen)

Abbildung 13: Modulares Schema zur Ermittlung der Rohfallkosten (Quelle: DKG, GKV, PKV (2007), S. 189.)

4.4 Kostenträgerzeitrechnung

Für die Lenkung einer Unternehmung ist nicht nur die Ermittlung des „Stückerfolges" von Interesse, sondern auch der Erfolg einzelner Unternehmungsbereiche beziehungsweise dessen Beitrag zum Gesamterfolg. Dies geschieht durch die Gegenüberstellung der Umsatzerlöse und Kosten der erstellten Leistungen der jeweiligen Teilbereiche, wofür sich die Anwendung der auf der Kostenträgerrechnung basierenden kurzfristigen Erfolgsrechnung anbietet. Das Gesamtergebnis der Abteilung resultiert aus den zusammengefassten Ergebnissen der verschiedenen Kostenträger einer Abteilung.[258]

Die Kostenträgerzeitrechnung stellt im Gegensatz zur Kostenträgerstückrechnung nicht auf die Kosten einer produzierenden Leistungseinheit ab, sondern auf die Kosten einer Rechnungsperiode, indem sie die während einer bestimmten Periode für einen Kostenträger angefallenen Kosten insgesamt erfasst. Werden die Erlöse der verschiedenen Kostenträger miteinbezogen und den Kosten gegenübergestellt, handelt es sich um eine kurzfristige Erfolgsrechnung (Betriebsergebnisrechnung). Durch die Gegenüberstellung wird jedoch nicht nur der Betriebserfolg ermittelt, sondern auch seine Zusammensetzung, gegliedert nach Produktgruppen, Bereichen, Erfolgsquellen etc. Die Ergebnisrechnung verknüpft die Kostenrechnung mit der Leistungs- und Ergebnisrechnung.

Allgemein werden mit dem Gesamtkostenverfahren und dem Umsatzkostenverfahren zwei Gestaltungsmöglichkeiten der kurzfristigen Erfolgsrechnung unterschieden.[259] Beim Gesamtkostenverfahren werden alle Kosten einer Periode verrechnet, was bedeutet, dass die Bestandsveränderungen der Zwischen- und Endprodukte berücksichtigt werden müssen. Dagegen verrechnet das Umsatzkostenverfahren nur die Kosten der abgesetzten Produkte. Der Betriebserfolgt beruht somit auf der Differenz zwischen den Erlösen und den Selbstkosten der in einer Abrechnungsperiode abgesetzten Leistungen.[260]

Beide Verfahren können sowohl als Vollkostenrechnung oder als Teilkostenrechnung durchgeführt werden.[261] Da die Erfolgsbeiträge auf Vollkostenbasis jedoch falsche Ergebnisse für die krankenhausinterne Lenkung liefern, ist die Verfolgung des Teilkostenrechnungsansatzes für die Lenkung des Produktionsprogramms oder für die Frage Eigen- oder Fremdbezug sinnvoller.[262] Zu berücksichtigen ist in diesem Zusammenhang, dass bei der Vollkostenrechnung auch die nicht verursachungsgerecht zurechenbaren Fixkosten und die schmale Bezugsbasis bei großen Gemeinkostenblöcken auf die betrieblichen Leistungen verrechnet werden. Gerade die Leistungserstellung im stationären Bereich ist aufgrund der schwierigen Leistungserfassung (z.B. patientenbezogene Erfassung der Pflegeleistung) durch hohe Kostenträgergemeinkosten gekennzeichnet. Mit Hilfe einer Deckungsbeitragsrechnung, die auf der Trennung von fixen und variablen Kosten beziehungsweise Einzel- und Gemeinkosten basiert, können diese Nachteile vermieden werden.[263]

---

[258] Vgl. Röhrig, R./Schnee, St. (1995), S. 278 ff.
[259] Vgl. Eisele, W. (2002), S. 805 ff.
[260] Vgl. Schweitzer, M./Küpper, H.-U. (2008), S. 196 f.
[261] Vgl. Eisele, W. (2002), S. 805 ff.
[262] Vgl. Maltry, H./Strehlau-Schwoll, H. (1997), S. 551 ff.
[263] Vgl. ebenda.

4.4.1 Gesamtkostenverfahren

Beim Gesamtkostenverfahren werden die nach Kostenarten erfassten Gesamtkosten einer Periode dem Periodenumsatz gegenübergestellt. Da Markterlöse für die abgesetzten Produkte anfallen, müssen zusätzlich die Bestandsveränderungen bei Halb- und Fertigfabrikaten berücksichtigt werden. Dies ist notwendig, damit sich die gesamten Kosten auf der einen und die gesamten Erlöse auf der anderen Seite auf dieselbe Produktionsmenge beziehen.

Das Betriebsergebniskonto bei Anwendung des Gesamtkostenverfahrens stellt sich wie folgt dar:

Betriebsergebniskonto – Gesamtkostenverfahren –	
Gesamtkosten (der Periode gegliedert nach Kostenarten)	**Umsatzerlöse** (der Periode gegliedert nach Produktarten)
Herstellkosten der Bestandsminderungen an Halb- und Fertigfabrikaten	**Herstellkosten** der Bestandserhöhungen an Halb- und Fertigfabrikaten
Betriebsgewinn (Saldo)	Betriebsverlust (Saldo)

Tabelle 9: Gesamtkostenverfahren

Der Vorteil dieser Methode ist darin zu sehen, dass der Aufbau einfach ist und sich das Verfahren einfach aus der Buchführung entwickeln lässt. Nachteilig ist hingegen, dass keine Informationen für die Kosten- und Erfolgsanalyse der einzelnen Produktarten oder Produktgruppen gewonnen werden können, da die Gesamtkosten einer Abrechnungsperiode nicht auf Kostenträger verteilt werden. Zudem ist nicht erkennbar, in welchem Umfang die verschiedenen Produkte zur Erzielung des Periodenerfolgs beitragen. Bei Mehrproduktfertigungen ist dieses Verfahren nicht aussagefähig. Schließlich ist eine Inventur der unfertigen und fertigen Erzeugnisse notwendig, um Bestandsveränderungen vornehmen zu können. Aufgrund der Charakteristik von Dienstleistungen im Krankenhaus sind Bestandsveränderungen nicht von Bedeutung. Die Produktion auf Lager ist nicht möglich.

4.4.2 Umsatzkostenverfahren

Das Umsatzkostenverfahren stellt eine Absatzerfolgsrechnung dar. Der Betriebserfolg wird nach diesem Verfahren als Differenz zwischen den Erlösen und den Selbstkosten, der in einer Abrechnungsperiode abgesetzten Produkte ermittelt. Dabei sind nicht nur die Erlöse, sondern auch die Kosten nach Produktarten oder Produktgruppen gegliedert, so dass sich der Erfolg der einzelnen Produkte ermitteln lässt.

Betriebsergebniskonto – Umsatzkostenverfahren –	
Herstellkosten (der in einer Periode abgesetzten Produkte nach Produktarten)	**Umsatzerlöse** (der in einer Periode abgesetzten Produkte nach Produktarten)
Gemeinkosten die nicht zur Herstellung gehören: Forschungs- und Entwicklungskosten Verwaltungskosten Vertriebskosten	
Betriebsgewinn (Saldo)	Betriebsverlust (Saldo)

Tabelle 10: Umsatzkostenverfahren

Im Gegensatz zum Gesamtkostenverfahren müssen beim Umsatzkostenverfahren für alle abgesetzten Produkte und nicht nur für die Bestandsveränderungen die Kosten je Produktionseinheit bestimmt werden. Das Umsatzkostenverfahren eignet sich daher besser für die Analyse und Lenkung im Krankenhaus. Demnach gehen die Ergebnisse der Kostenträgerstückrechnung in vollem Umfang in die Periodenrechnung ein. Damit sind die Erfolge der einzelnen Erzeugnisse und Erzeugnisgruppen einfacher feststellbar. Nachteilig ist, dass eine Kostenstellenrechnung in differenzierter Weise notwendig ist. Sie muss die Durchführung einer Kostenträgerstückrechnung ermöglichen.

5 Kostenlenkung

5.1 Kostenkontrolle

Entsprechend dem kybernetischen Gedanken verbergen sich hinter dem Kostenlenkungsbegriff die Mechanismen der Steuerung und Regelung, die sich wiederum in den nachfolgenden Teilfunktionen der Kosten-, Leistungs-, Erlös- und Ergebnisrechnung wiederfinden.

a) Kostenplanung

Zur Erfüllung der krankenhausspezifischen Aufgaben der KLEE-Rechnung ist eine Kostenplanung notwendig, da sie nicht nur die innerbetriebliche Lenkung des Krankenhauses ermöglicht und die Bereitstellung von Zahlenmaterial für mittelfristige Entscheidungen liefert, sondern – entsprechend den Bestimmungen des Krankenhausfinanzierungsrechts – für die Kalkulation Zukunftsleistungen und -kosten berücksichtigt.[264] Plankosten als Instrument der betrieblichen Planung geben an, mit welchen Kostenbeträgen die Krankenhausleistungen erbracht werden können.[265] Voraussetzung für die Kostenplanung oder -prognose ist die Konzipierung der Kostenrechnung als Vorrechnung (Plankostenrechnung), in der zunächst die für eine Planperiode erwarteten zukünftigen Kosten erfasst und anschließend auf die Kostenstellen und Kostenträger verteilt werden. Diese Vorrechnung ist neben der Nachrechnung (Istkostenrechnung), Abweichungsermittlung und -analyse ein Bestandteil des Plankostenrechnungssystems, welches abhängig vom Lenkungsziel des Krankenhauses sowohl auf Basis von Vollkosten als auch auf Basis von Teilkosten aufgebaut werden kann.[266] Ist bei längerfristigen Entscheidungen die Prognose von sämtlichen Kosten notwendig, so reicht es beispielsweise bei kurzfristigen Leistungsprogrammentscheidungen aus, dass nur die variablen Kosten geplant werden.[267] Die Plankosten werden mit den Istkosten verglichen, um aus den festgestellten Abweichungen Konsequenzen für zukünftiges Handeln zu ziehen.[268]

Eingebettet in die strategischen Ziele und ausgehend von der Leistungsplanung (Phasen I bis III) vollzieht sich die Kostenplanung im Krankenhaus in den Teilschritten der Personalkostenplanung, Sachkostenplanung und Kostenträgerkostenplanung[269]. Näheres dazu verdeutlicht die nachfolgende Abbildung. Methodisch bieten sich zur Kostenplanung verschiedene Alternativen an:[270]

- Ableitung aus Vergangenheitswerten,
- Schätzung durch Kostenplaner,
- Ableitung aus externen Richtwerten und
- Planung auf der Grundlage analytischer Studien und Berechnungen.

---

[264] Vgl. Hentze, J./Kehres, E. (2008). S. 144 ff.
[265] Vgl. ebenda. S. 22.
[266] Vgl. Schweitzer, M./Küpper, H.-U. (2008), S. 244 ff.
[267] Vgl. ebenda, S. 294.
[268] Vgl. Hummel, S./Männel, E. (2008), S. 144 ff.
[269] Vgl. Hentze, J./Kehres, E. (2008), S. 144 ff.
[270] Vgl. ebenda.

Vorgehensweise der Kosten-, Leistungs-, Erlös- und Ergebnisrechnung

Phase I	Leistungsprogramm-planung	Das Leistungsprogramm bestimmt, **welche Leistungen** erbracht werden sollen. Ableitung aus den **Marktleistungen** oder eigenständige Planung der **Betriebsleistungen** (z.B. Diagnostik und Therapie) in den verschiedenen Kostenstellen	**WAS**
Phase II	Belegungsplanung	**Belegungsplanung** differenziert nach Kliniken/Fachabteilungen durch das Ableiten aus Vergangenheitswerten und unter Berücksichtigung erkennbarer bzw. geplanter Veränderungen (=Marktleistungen)	**WIEVIEL**
Phase III	Leistungsmengen-planung	Die Leistungsmengenplanung gibt die **Planung der konkreten Patientenstruktur** wieder (z.B. im Diagnostikbereich Anzahl der geplanten CT-Untersuchungen)	
Phase IV	Planung der Personalkosten	**Personaleinsatzplanung** mittels Personalbedarfsrechnung (Mengenplanung) Planung der **Kosten des Personaleinsatzes** in Anlehnung an beispielsweise tarifliche Bestimmungen (BAT, AVR) Gestaltung des **Dienstplanes**	**MIT WELCHEM AUFWAND**
Phase V	Planung der Sachkosten	Differenzierung zwischen variablen (leistungsbezogenen) und fixen (zeitraumbezogenen) Kosten **Leistungsbezogene Sachkostenplanung** je Kostenstelle differenziert nach Kostenarten durch die Definition von Bezugsgrößen (z.B. Beköstigungstage) und die mengenmäßige Ausprägung der Bezugsgrößen im Planungszeitraum (z.B. geplante Beköstigungstage). Ermittlung der geplanten Sachkosten durch die Multiplikation der Planbezugsgröße mit den Kosten (abgeleitet z.B. aus dem Speiseplan und den Einkaufspreisen der Lebensmittel) Keine Bezugsgröße bei **mengenbezogener Sachkostenplanung**. Kosten werden bestimmt durch die Betriebsgröße (z.B. Gebäudereinigung, Heizung) oder Disposition (z.B. Beratung, Instandhaltung)	
Phase VI	Planung der Kostenträgerkosten	Ermittlung der Plankosten je Kostenträger und Abrechnungsperiode zur Bestimmung der **Selbstkostenpreise** je Kostenträger auf der Grundlage der Ergebnisse der Kostenarten- und Kostenstellenrechnung und mit den Methoden der Kostenträgerstückrechnung	

Abbildung 14: Teilschritte der Leistungs- und Kostenplanung im Krankenhaus (Quelle: In Anlehnung an Zapp, W. /Bettig, U. (2004), S. 292 f. und Hentze, J./Kehres, E. (2008). S. 155 ff. und 185 f.)

Insofern die Plankosten nicht nur für eine Planbeschäftigung starr vorgegeben werden sollen, sondern für eine Sollbeschäftigung, bietet sich der Einsatz der flexiblen Plankostenrechnung an. Diese Variante der Plankostenrechnung vermeidet die in ihrer Aussagekraft eingeschränkte starre Plankostenrechnung, in dem sie sich ändernde Beschäftigungsgrade berücksichtigt. Durch eine Trennung der Kosten in fixe und variable Bestandteile mittels Kostenauflösungsverfahren[271] ermöglicht sie Kostenvorgaben nicht nur für die – vorab festgelegte – Planbeschäftigung, sondern auch für jeden anderen Beschäftigungsgrad. Die für die jeweilige Ist-Beschäftigung auf diese Weise ermittelten Kostenvorgaben werden als Sollkosten bezeichnet. Sollkosten entsprechen den Kosten, die unter der Annahme wirtschaftlichen Umgangs mit Ressourcen bei der jeweiligen Ist-Beschäftigung anfallen müssten.[272]

b) Kostenkontrolle

Neben der Kostenplanung ist die Kostenkontrolle eine weitere Hauptaufgabe der Plankostenrechnung, die auf den bereits festgestellten Kostenzahlen aufbaut und deren Auswertung vornimmt.[273] Sie ist eingebettet in den Lenkungsprozess der Unternehmung und dient der Bereitstellung von Lenkungsinformationen zur Realisation der Unternehmenspläne. Die Realisation der Pläne wird oftmals gestört, so dass Anpassungsmaßnahmen notwendig sind. Diese Prozesslenkung ist jedoch nur möglich, wenn permanent Abweichungen von Planvorgaben festgestellt, diese Abweichungen auf ihre Ursachen hin untersucht und Anpassungsmaßnahmen entwickelt werden.[274]
„Planung ohne Kontrolle ist sinnlos und Kontrolle ohne Planung unmöglich."[275]

Nach Schweitzer/Küpper ist die Kontrolle der Kosten als ein geordneter, laufender, informationsverarbeitender Prozess zur Ermittlung von Abweichungen zwischen vorgegebenen und zu vergleichenden Kosten sowie zur Analyse von Ursachen der ermittelten Abweichungen zu verstehen.[276] Die wesentliche Zielsetzung der Kostenkontrolle besteht somit in der Ermittlung jener Kostenbeträge, die aufgrund unwirtschaftlicher Aktivitäten innerhalb einer Kostenstelle aufgetreten sind. Es handelt sich bei diesen Kosten, die vom jeweiligen Kostenstellenleiter zu verantworten sind, um die so genannten echten bzw. unwirtschaftlichkeitsbedingten Kostenabweichungen bzw. Verbrauchsabweichungen.[277]

Die Kontrolle bzw. Überwachung ist gleichzusetzen mit der Durchführung eines Vergleichs, von dem allgemein drei verschiedenen Arten unterschieden werden:[278]
– Zeitvergleich
– Soll-Ist-Vergleich (Ergebniskontrolle)
– Betriebsvergleich

---

[271] Unterschieden werden das buchtechnische, das mathematische und das planmäßige Verfahren. Vgl. Schweitzer, M./Küpper, H.-U. (2008), S. 374 f.
[272] Vgl. Coenenberg, A. (2007), S. 365 ff.
[273] Vgl. Schweitzer, M./Küpper, H.-U. (2008), S. 47 ff.
[274] Vgl. ebenda, S. 277.
[275] Wild, J. (1974), S. 44.
[276] Vgl. Schweitzer, M./Küpper, H.-U. (2008), S. 277.
[277] Vgl. Glaser, H. (1992), S. 476.
[278] Vgl. Schweitzer, M./Küpper, H.-U. (2008), S. 47 ff.

Verfahren	Inhalt	Aussagefähigkeit	Zweck
Zeitvergleich	Gegenüberstellung von Istkosten verschiedener Zeiträume/Zeitpunkte	Einschränkt, da nach Schmalenbach keine Aussage getroffen werden kann über die Wirtschaftlichkeit einer Leistung, sondern lediglich über die absolute oder relative Kostenentwicklung	– Innerbetriebliche Kostenkontrolle – Überwachung der Wirtschaftlichkeit – Feststellung von Abweichungen zwischen Kostenzahlen Voraussetzung: Ansatz von Festpreisen zur Ausschaltung von Preisschwankungen
Soll-Ist-Vergleich	Gegenüberstellung der Istkosten mit Sollkosten mittels Kosten-Kennziffern-Vergleich und/oder Kostenabweichungs-Analyse	Uneingeschränkt, da Unwirtschaftlichkeiten im Krankenhausprozess erkannt werden können und durch die Beseitigung eine Verbesserung der Wirtschaftlichkeit erreicht werden kann.	
Betriebsvergleich	Gegenüberstellung der Kosten des eigenen Krankenhauses mit den Kosten anderer, vergleichbarer Krankenhäuser	Eingeschränkt, da nur bedingt eine Beurteilung der wirtschaftlichen Lage des Krankenhauses im Vergleich zu anderen Krankenhäusern erfolgen kann. Erschwert wird der Vergleich durch die Verschiedenartigkeit der Leistungsstruktur und einer ggf. beschränkten Einsichtnahme in das Kostengefüge anderer Krankenhäuser.	Zwischenbetriebliche Kostenkontrolle

Abbildung 15: Möglichkeiten der Kostenkontrolle im Überblick (Quelle: In Anlehnung an Schweitzer, M./Küpper, H.-U. (2008), S. 47 ff und Hentze, J./Kehres, E. (2008), S. 178 ff.)

Vom reinen Betriebsvergleich abzugrenzen ist das Benchmarking, dessen Ursprung jedoch im Betriebsvergleich liegt. Gemeinsam ist beiden Verfahren, dass sie sich inhaltlich mit dem „Vergleich" auseinandersetzen. Unterschiede bestehen hinsichtlich der Beantwortung der Fragen: Was, wer, warum und wie wird verglichen? Beim klassischen Betriebsvergleich steht der Vergleich der Kennzahlen[279] im Vordergrund, um darauf aufbauend, Lösungswege zur Verbesserung bzw. Veränderung zu initiieren. Hingegen dominiert beim Benchmarking nicht der Kennzahlenvergleich, sondern die Identifizierung und das Verständnis jener Ursachen, die für die „best practices" im Vordergrund stehen.[280] Unter Benchmarking versteht man den systematischen Prozess, die eigenen Produkte, Dienstleistungen, Geschäftsprozesse und -verfahren, Methoden und Strategien sowie die Organisation und das Personal gegen die stärksten Wettbewerber oder diejenigen Unternehmungen zu messen, die in bestimmten Bereichen als die Besten angesehen werden. Ziel ist es, die dabei gewonnenen Erkenntnisse zur kontinuierlichen Verbesserung der eigenen Unternehmung einzusetzen.[281]

---
279 Weiterführende Literatur zu Kennzahlen und Kennzahlensystemen im Krankenhaus: Zapp, W. (2008b), S. 55 f.
280 Vgl. Pieske (1997), S. 24.
281 Vgl. Simon, H./von der Gathen, A. (2002), S. 204; Zapp, W./Oswald, J. (2009).

Die Kostenkontrolle läuft in mehreren Phasen ab. Da in einer Unternehmung nicht alle Objekte Kosten verursachen, müssen zunächst diejenigen Prozesse, Kostenstellen, Kliniken, Unternehmensbereiche bzw. Fälle und Fallgruppen als Kontrollobjekte bestimmt werden, bei denen potentielle Abweichungen mit Steuerungsrelevanz auftreten können. Möglich ist diese Auswahl mit einer Vielzahl von Instrumenten wie beispielsweise der ABC-Analyse oder Schwachstellenanalyse.

In einem zweiten Schritt muss das Kontrollverfahren ausgewählt werden. Dabei werden die Kontrollträger und die Kostengrößen bestimmt, die miteinander verglichen werden müssen. Durchgeführt wird die Kontrolle, indem die Differenz zwischen den zu vergleichenden Größen ermittelt wird. Um eine wirtschaftliche Kostenkontrolle zu gewährleisten, können nicht alle – in der Regel viele – Einzelabweichungen analysiert werden. Es müssen jene ausgewählt werden, deren Analyse Anpassungsmaßnahmen erkennen lassen dürften und zu einer Verbesserung künftiger Prognosen führen kann. Diese Auswahl gestaltet sich in der Regel schwierig, da die Wirksamkeit einer Analyse im Voraus abgeschätzt werden muss. In der Praxis gelingt dies häufig dadurch, dass man sich auf die Abweichungen beschränkt, deren prozentuale oder absolute Höhe gegenüber den Prognosekosten bestimmte Grenzwerte überschreiten. Anschließend werden die ausgewählten Abweichungen analysiert. Da die Bedeutung der einzelnen Abweichungsarten in ihrer Wirkung auf das Erreichen der Planungsziele liegt, muss zuvor für jede einzelne Abweichungsart eine Ursachenanalyse durchgeführt werden.[282] Die Klärung der Ursachen für die Abweichungen ist zumeist nicht allein anhand der Daten der Kosten- und Leistungsrechnung möglich, sondern erfordert die Einbeziehung vorgelagerter Nebenrechnungen, wie beispielsweise die Personalrechnung, Materialrechnung oder Patientenabrechnung.[283] In der Praxis treten als Ursachen häufig einfache Zähl- bzw. Kontierungs-, Übertragungs-, Verarbeitungs- oder Programmfehler auf. In der letzten Phase werden schließlich Anpassungsmaßnahmen formuliert, die die negativen Auswirkungen auf die Zielerreichung für die nächste Planperiode verringern oder beseitigen. Geht man davon aus, dass alle Störungen einer fehlerhaften Datenerfassung bereits bereinigt sind, können Anpassungsmaßnahmen in einer besseren Gestaltung der Kosteneinflussgrößen und Kostenfunktionen bestehen. Sie können darüber hinaus dazu führen, dass in der Planung der Zielbildung, die Problemfeststellung, die Alternativensuche, die Prognose, die Alternativenbewertung und die Alternativenwahl revidiert werden müssen.[284]

---

[282] Vgl. Schweitzer, K./Küpper, H.-U. (2008), S. 277 ff.
[283] Vgl. Hentze, J./Kehres, E. (1999), S. 185.
[284] Vgl. Schweitzer, K./Küpper, H.-U. (1998), S. 277 ff.

5.2 Kostenmanagement

Kostenmanagement umfasst die aktive und zielorientierte Gestaltung und Lenkung von Kosten mit Blick auf die Optimierung der Kosten-Nutzen-Verhältnisse in einer Unternehmung.[285] Ziel des Kostenmanagements ist die Beeinflussung von Kostenstruktur und Kostenverhalten sowie die Senkung des Kostenniveaus. Dadurch lassen sich Unwirtschaftlichkeiten und Gestaltungsspielräume zu einem frühen Zeitpunkt und in den richten Bereichen antizipativ aufzeigen.[286] Damit ergeben sich drei Kostenmanagementbereiche:

a) Kostenstruktur-Management

Hier geht es um die vorteilhafte Gestaltung der Kostenstrukturen, die sich aus unterschiedlichen Kostenblöcken, -kategorien bzw. -arten zusammensetzen. Wesentliche Ansatzpunkte zur Optimierung der Kostenstrukturen können sein:[287]
- Primärkostenstruktur
- Verhältnis von Primär- und Sekundärkosten
- Relation von Einzel- und Gemeinkosten
- Gemeinkostenstruktur
- Verhältnis der fixen und variablen Kosten
- produktlebensspezifische Kostenstruktur

b) Management des Kostenverhaltens

Hier soll durch die Realisierung von Degressions- und Progressionseffekten das Verhalten von Kosten vorteilhaft gestaltet werden. Im ersten Fall lassen sich beispielsweise Fixkostendegressionen durch ein wirkungsvolles Kapazitätsauslastungsmanagement erreichen, indem Leerzeiten minimiert, Betriebszeiten ausgedehnt und Arbeitszeiten flexibilisiert werden. Die bei einem Kapazitätsüberhang notwendige Fixkostenreduktion (z.B. Entlassung, Verkauf, Vermietung) ist ebenfalls ein Ansatzpunkt des Kostenmanagements. Im zweiten Fall muss das Kostenmanagement frühzeitig steigende Stückkosten bei zunehmender Ausbringung (Kostenprogression) erkennen und entgegenwirkende Maßnahmen einleiten.[288]

c) Kostenniveau-Management

Mit dem Ziel der Reduzierung der angefallen Kosten beeinflusst das Kostenniveau-Management entweder die Gesamtkosten oder die Kosten bestimmter Leistungsfelder. Ansatzpunkt hierfür ist zum einen die Menge der Produktionsfaktoren (z.B. Abbau nicht notwendiger Funktionen) und zum anderen der Wert der Produktionsfaktoren (z.B. Entscheidung zwischen Eigenfertigung und Fremdbezug).

---

285 Vgl. Hardt, R. (1998), S. 7.
286 Vgl. Dellmann, K./Franz, K. (1994), S. 17.
287 Vgl. Hardt, R. (1998), S. 11.
288 Vgl. Männel, W. (1995), S. 32.

Das Kostenmanagement im Krankenhaus analysiert die Kostenbestandteile des Leistungserstellungsprozesses, um Unwirtschaftlichkeiten in diesem Prozess zu eliminieren.[289] Es geht also im Kern um:[290]
- die Ermittlung der Kostentransparenz der Leistungserstellung durch die Anwendung betriebswirtschaftlicher Instrumente (KLEE-Rechnung, Deckungsbeitragsrechnung usw.),
- die Ermittlung der strategischen und operativen Kosteneinflussfaktoren,
- die Ermittlung der Auswirkungen der Kosteneinflussfaktoren auf die kurzfristige und langfristige Kostenstruktur des Krankenhauses und
- die Erarbeitung von Handlungsalternativen zur Kostenreduktion.

Dabei ist Kostenmanagement eine Aufgabe der Krankenhausführung. Die Entscheidungen, die sich dahinter verbergen, sind im Gegensatz zur reaktiv und primär dokumentarisch ausgerichteten Kostenrechnung zukunftsorientiert. Kostenmanagement und Kostenrechnung beeinflussen sich gegenseitig: Das Kostenmanagement greift auf die rechnerische Abbildung der Ausgangsgrößen zurück; eine zielorientierte Gestaltung der Kostenrechnung ist wiederum nur durch Impulse des Kostenmanagements möglich.[291]

In Abhängigkeit der Ziel- oder Planungsebene wird zwischen strategischen und operativen Kostenmanagemententscheidungen differenziert:

a) Strategisches Kostenmanagement
Das Strategische Kostenmanagement ist auf die langfristige Gestaltung und Lenkung von Kosten ausgerichtet. Unter Beachtung von außerbetrieblichen Rahmenbedingungen (sozio-kulturelle, politisch-rechtliche, ökonomische, technologische, ökologische) und Entwicklungen innerhalb der Unternehmung werden Maßnahmen aufgezeigt, die bestehende und zukünftige Kostenstrukturen optimieren. Im Mittelpunkt stehen die Analyse der zukünftigen Leistungsprogramme und Leistungsstrukturen sowie die Leistungserstellungsprozesse des Krankenhauses im Hinblick auf Kostenflexibilisierungs- und -abbaumöglichkeiten. Außerdem kann das strategische Kostenmanagement durch das Aufzeigen von Kostenstrukturentwicklungen der Personal- und Sachkosten zum strategischen Planungsprozess eines Krankenhauses beitragen. Hierbei sind verschiedene Einflussfaktoren wie beispielsweise die Ausbildungssituation, die tarifliche Entwicklung oder die Entwicklung auf dem Beschaffungsmarkt und insbesondere auch die Entwicklung der Krankenhausfinanzierung zu berücksichtigen.[292]

---

289 Vgl. Pampel, J. (1996), S. 224.
290 Vgl. Maltry, H./Strehlau-Schwoll, H. (1997), S. 533.
291 Vgl. Horvath, P./Reichmann, T. (2003), S. 414.
292 Vgl. Maltry, H./Strehlau-Schwoll, H. (1997), S. 561 f.

b) Operatives Kostenmanagement
Beim Operativen Kostenmanagement bewegen sich die Maßnahmen der Kostenbeeinflussung im Rahmen gegebener Kapazitäten.[293] Die Umsetzung erfolgt in drei Stufen:[294]
- Analyse der Ressourcenwerte (Ressourcenpreismanagement)
- Analyse der Ressourcenmengen (Ressourcenmengenmanagement)
- Analyse des Leistungserstellungsprozesses (Leistungsprozessmanagement)

Das Ressourcenpreismanagement analysiert sämtliche Kostenarten und innerbetrieblichen Leistungen des Krankenhauses hinsichtlich des Beschaffungspreises. Der mengenmäßige Einsatz der Ressourcen wird im Rahmen des Ressourcenmengenmanagements untersucht und die Analyse des Leistungserstellungsprozesses sollte als abschließender Schritt vorgenommen werden. Hiermit einher gehen dann z.B. Änderungskündigungen bei Dienstverträgen, Fehlzeitenmanagement, Reduktion der Anzahl der Artikel, Bildung von Einkaufskooperationen, Flexibilisierung der Kosten durch Outsourcing und Einflussnahmen auf die „Kostentreiber" durch Analyse der Notwendigkeit des Einsatzes der einzelnen Kostentreiber.

Um das Kostenmanagement voranzutreiben hat sich die Anwendung verschiedener Instrumente bewährt:[295]

a) Fixkostenmanagement:
Fixkostenmanagementinstrumente zielen in erster Linie darauf ab, betriebliche Fixkostenpotentiale hinsichtlich ihrer zeitlichen Abbaufähigkeit zu analysieren, um Informationen bezüglich der Reaktionsmöglichkeiten einer Unternehmung zu erhalten. Der überwiegende Anteil der Kosten eines Krankenhauses sind Fixkosten. Ein Fixkostenmanagement ermöglicht, durch eine stärkere Verfeinerung und Detaillierung von Fixkosteninformationen über z.B. die Bindungsfrist fixer Kosten eine bessere Planung und Kontrolle dieses Kostenblocks, detaillierte Auskünfte als es eine herkömmliche Plankostenrechnung zu tun vermag.

b) Gemeinkostenmanagement:
Bei der Planung und Abweichungsanalyse von Kosten in administrativen und verwaltenden Krankenhauseinheiten ist die Analyse gerade von Gemeinkosten von besonderer Bedeutung. Zum Management von Gemeinkosten hat sich u.a. die Gemeinkostenwertanalyse etabliert. Die Gemeinkostenwertanalyse (GWA)[296] ist im Verwaltungsbereich der Krankenhäuser anwendbar.[297] Sie ist eine Planungs- und Analysetechnik, deren Aufgabe darin besteht, durch die Infragestellung einzelner Verwaltungstätigkeiten im Hinblick auf ihren Beitrag zur Erfüllung übergeordneter Ziele des betrachteten Verwaltungsbereichs und die Verbesserung der Input-Output-Relation zwischen finanziellem Mitteleinsatz und Leistungsergebnis eine Kostensenkung zu bewirken.[298]

---
293 Vgl. Hardt, R. (1998), S. 7.
294 Vgl. Maltry, H./Strehlau-Schwoll, H. (1997), S. 558 ff.
295 Vgl. ausführlich Zapp, W./Oswald, J. (2009); Zapp, W. (2005 a).
296 Parallel zu dem Begriff der Gemeinkostenwertanalyse wird auch die Bezeichnung „Overhead Value Analysis" verwendet.
297 Zur Anwendung der Gemeinkostenwertanalyse in Rehabilitationseinrichtungen vgl. Zapp, W. et al. (2005), S. 166 f.
298 Vgl. Preuß, O.F. (1996), S. 141.

c) Zero-Base-Budgeting:
Das Verfahren des Zero-Base-Budgeting ist eine Planungs-, Analyse- und Entscheidungstechnik mit dem Ziel, Kosten zu senken. Die verfügbaren wirtschaftlichen Ressourcen sollen möglichst wirtschaftlich eingesetzt werden. Dazu wird die Unternehmung gedanklich neu – vom Nullpunkt aus - aufgebaut. Im Mittelpunkt stehen die Gemeinkostenbereiche, deren Beitrag zur gesamten Wertschöpfung untersucht wird. Da der Anteil von Gemeinkosten im Krankenhausbereich verhältnismäßig hoch ist, stellt das Zero-Base-Budgeting hier ein geeignetes Instrument dar, um Kostensenkungspotentiale zu ermitteln und umzusetzen.

d) Target Costing:
Target Costing im Krankenhaus stellt eine Möglichkeit dar, wirtschaftlich zu agieren. Wichtig ist nicht nur, was die Krankenhausleistung kosten wird, sondern was sie kosten darf. Das Wesentliche am Zielkostenmanagement ist die umfassende Marktorientierung, die in das Kostenmanagement einfließt. Die Anwendung im Krankenhaus kann sich dabei zum Beispiel auf DRGs konzentrieren.

e) Budgetierung:
Mithilfe von Internen Budgets kann eine betriebsstellenbezogenen Leistungs-, Kosten- und Erlösplanung und -überwachung sichergestellt werden. Neben der alternativen Budgetierung sind auch neue Budgetierungskonzepte zu diskutieren (Better Budgeting, Beyond Budgeting, Advanced Budgeting).[299]

f) Kostenbenchmarking:
Durch Vergleiche werden dem Krankenhausmanagement relevante Daten zur Verfügung gestellt, woraus sich Optimierungspotenziale und Verbesserungsmaßnahmen zum Ausbau der Stärken und Entgegenwirken der Schwächen des Krankenhauses initiieren lassen. Ein gängiges Benchmarkingobjekt im Krankenhaus sind DRG-Fallkosten. Dabei werden die Kostendaten des eigenen Krankenhauses mit den durchschnittlichen Fallkosten jener Krankenhäuser verglichen, die ihre Daten für die Ermittlung der bundeseinheitlichen Relativgewichte dem InEK-Institut zur Verfügung gestellt haben und die von diesem veröffentlicht werden.

Eng mit dem Kostenmanagement ist das Leistungsmanagement verknüpft. Es legt vielmehr erst die Grundlage für eine erfolgreiche Kostenbeeinflussung. Das Leistungsmanagement kann dabei auf Ebene der Primärleistung und auf Ebene der Sekundärleistung ansetzen. Bei den primären Leistungen liegt der Lenkungsschwerpunkt in der Regel vor Beginn der Krankenhausbehandlung (Ausnahmen sind z.B. Notfälle oder Nebendiagnosen) durch die Festlegung des Leistungsspektrums (Fachabteilungsstruktur, Leistungsstruktur). Als Management- bzw. Controllinginstrumente können hier Früherkennungssysteme, SWOT- und Portfolioanalysen bei der strategischen Leistungsplanung Unterstützung leisten.[300] Kurzfristige Lenkungsmöglichkeiten bei einer positiven Abweichung der Patientenplanzahl bestehen zum Beispiel darin, elektive Eingriffe neu zu terminieren oder in Kooperation mit anderen Krankenhäusern zu treten.[301] Bei den

---
299 Vgl. Zapp, W. (2007c), S. 217 f.
300 Vgl. Zapp, W./Otten, S./Oswald, J. (2008); Vgl. Zapp, W. et al. (2008).
301 Vgl. Strehlau-Schwoll, H. (1995), S. 210 f.

sekundären Leistungen können Art, Struktur, Qualität und Umfang der medizinischen und pflegerischen Leistungen durch den Verantwortlichen (z. B. Chefarzt) der Klinik beeinflusst werden. Mittelfristig bestimmt der Chefarzt im Rahmen der strategischen Vorgaben durch die Wahl der diagnostischen und therapeutischen Methoden bzw. die Pflege durch die Wahl des Pflegekonzeptes (z. B. Bezugspflegesystem) das Leistungsangebot der Klinik, womit – wie bei jeder Leistungsentscheidung – immer Kosten beeinflusst werden. Eine mögliche Leistungslenkung besteht nun z. B. darin, bisher eingesetzte diagnostische und therapeutische Verfahren durch andere zu ersetzen (z. B. „offen chirurgisch" oder „minimal invasiv") oder seitens der Pflege bestimmte Abläufe zu verändern. Unterstützung geben dabei Prozessanalysen, Benchmarking oder medizinisch Leitlinien und Pflegestandards. Eine operative Leistungslenkung auf Klinikebene ist schließlich z. B. durch ein verändertes Anordnungsverhalten der einzelnen Leistungen für einen Patienten gekennzeichnet.[302]

Um hier die richtigen Entscheidungen zu treffen, muss das Controlling entsprechende Leistungsdaten z. B. Mittels KLEE-Rechnung, Deckungsbeitragsrechnung, Qualitätsmanagement[303] oder Berichtswesen[304] zur Verfügung stellen.

Neben dem Kosten- und Leistungsmanagement ist im Krankenhaus das Erlösmanagement nicht zu vernachlässigen. Das Erlösmanagement stellt auf die Beeinflussung der Erlösstruktur und -höhe ab. Allgemein stehen dabei Maßnahmen wie Sortimentserweiterungen bzw. -reduzierungen oder auch Preisgestaltungen zur Diskussion. Diese drei Möglichkeiten können wegen des Versorgungsauftrages und der Festpreise der DRGs im Krankenhaus nur teilweise zur Anwendung kommen. Im Rahmen des KHEntgG ist eine detaillierte Planung der einzelnen Entgeltformen nach Art und Anzahl erforderlich, sowie darauf aufbauend eine möglichst exakte Einhaltung der Planmengen. Bei der Nichteinhaltung der Planmengen sind Erstattungen seitens der Krankenkassen aber auch Rückzahlungen an die Krankenkassen durch die Krankenhäuser möglich. Die mit dieser flexiblen Budgetierung verbundenen Mehr- und Mindererlösausgleiche[305] müssen im Rahmen des Erlösmanagements mit Blick auf ein optimales Ergebnis durch die Analyse des Leistungsspektrums (Fallstruktur), der Verweildauer (in Tagen und nach Anteil der Fälle) und die Versorgungskette (interne und externe Verlegungen, Wiederaufnahmen) gelenkt werden. Ein weiterer Schwerpunkt des Erlösmanagement stellt die Optimierung der DRG-Kodierung dar, die eine direkte Auswirkung auf die Höhe der Erlöse hat. Schließlich stehen Erlösentscheidungen an, ob und wenn wie oder wem die Erlöse (z. B. DRG-Erlöse) bei einer interdisziplinären Behandlung zuzuordnen sind. Hinsichtlich erzielter Erlöse und dem gegenüberstehende, an verschiedenen Stellen verursachten Kosten, bedarf es aus betriebswirtschaftlichen Lenkungsgründen einer „gerechten" Verteilung.[306]

---

302 Vgl. ebenda.
303 Vgl. hierzu die Ausführungen für eine Gestaltung einer Qualitätskostenrechnung für die Stationäre Altenhilfe in Zapp, W./Otten, S. (2008).
304 Vgl. Zapp, W. (2007b), S. 253 f.; Vgl. Zapp, W./Bettig, U. (2004b), S. 299 f.
305 Ziel dieser Ausgleichsregelung ist es, den Krankenhäusern einerseits bei Überschreiten des vereinbarten Budgets nur die sollen bei Unterschreiten des vereinbarten Budgets die weiterhin bestehenden Fixkosten des Krankenhauses durch Mindererlösausgleiche gedeckt werden (Tuschen/Trefz, 2004, S. 87 ff.)
306 Vgl. Bracht, M. (2002), S. 13.

Systeme der Kosten-, Leistungs-, Erlös- und Ergebnisrechnung

In Abhängigkeit der jeweiligen Rechnungsziele sind Festlegungen bezüglich der Ausgestaltungsform der KLEE-Rechnung zu treffen. Diese Systeme sollten auf einem in sich schlüssigen, theoretisch abgesicherten Kostenrechnungskonzept basieren, das möglichst weitgehend zugleich den spezifischen Belangen der Praxis gerecht werden muss und demzufolge auch von seinem Anwendungsbereich geprägt wird.[307]

Differenziert werden können die gebräuchlichsten Systeme einer Kosten- und Ergebnisrechnung nach dem Zeitbezug der Rechengrößen in Form der Ist-, Normal- und Plankostenrechnungssysteme und nach der Art bzw. dem Ausmaß der Kostenverrechnung als Vollkosten- oder Teilkostenrechnungssysteme. Die Kombination der Kriterien Zeitbezug und Ausmaß der Kostenverrechnung mit ihren möglichen Ausprägungsformen führt dann zu folgender Einteilung:

Zeit Ausmaß	Istkostenrechnung	Normalkostenrechnung	Plankostenrechnung
Vollkostenrechnung	Istkostenrechnung auf Vollkostenbasis	Normalkostenrechnung auf Vollkostenbasis	Plankostenrechnung auf Vollkostenbasis
Teilkostenrechnung	Istkostenrechnung auf Teilkostenbasis	Normalkostenrechnung auf Teilkostenbasis	Plankostenrechnung auf Teilkostenbasis

Abbildung 16: Systeme einer Kosten-, Leistungs-, Erlös- und Ergebnisrechnung (Quelle: In Anlehnung an Hummel, S./Männel, W. (2000), S. 393)

Terminologisch werden sie in der gängigen Literatur als Kostenrechnungssysteme bezeichnet, was jedoch nur unzureichend ihren Inhalt charakterisiert. Sie erfassen und verrechnen nicht nur Kosten, sondern auch Leistungen. Weiterhin werden Kosten, Leistungen und Erlöse zur Erfolgsermittlung einander gegenübergestellt, so dass alle Rechnungssystemvarianten dem Grunde nach Systeme der Kosten-, Leistungs- Erlös und Ergebnisrechnung sind.

---

[307] Vgl. Hummel, S./Männel, W. (2000), S. 393.

Systeme der Kosten-, Leistungs-, Erlös- und Ergebnisrechnung

1 Zeitbezogene Systeme

1.1 Istkostenrechnung

Die älteste Form der Kostenrechnung wird als Istkostenrechnung bezeichnet. Sie ist dadurch gekennzeichnet, dass sie nur die effektiv angefallenen Kosten (Istkosten) erfasst und weiterverrechnet. Zu berücksichtigen ist hier jedoch, dass es Kostenarten gibt, für die sich keine Istverbrauchsmengen angeben lassen, sondern für die lediglich Planverbrauchsmengen geschätzt werden können. Hierzu zählen beispielsweise Abschreibungen oder Kostenarten, bei denen die Bemessungsgrundlage noch nicht genau feststeht. Diese antizipativen Abgrenzungen sind zum Beispiel bei Versicherungsprämien üblich, deren Höhe sich erst nach Jahresabschluss ermitteln lässt. Sieht man jedoch von diesen Fällen ab, werden in einer Istkostenrechnung nur die tatsächlich angefallenen Kosten verrechnet.[308]

Das Hauptziel der Istkostenrechnung – die Nachkalkulation der unternehmerischen Aufträge und Erzeugnisse – gelingt, in dem die durch die Kostenartenrechnung erfassten Istkosten jeder Abrechnungsperiode vollständig auf die Kostenträger weiterverrechnet werden. Die Istkostenrechnung beantwortet die Frage, wie viel die Produktionseinheiten in den Abrechnungseinheiten „effektiv gekostet" haben. Voraussetzung für eine genaue Nachkalkulation sind genaue Kalkulationssätze, die mit Hilfe einer gut ausgebauten Kostenstellenrechnung ermittelt werden können.[309]

In reiner Form kann die Istkostenrechnung in einer Unternehmung nicht zum Einsatz kommen, da sie zum Beispiel aufgrund fehlender Vergleichskosten keine laufende Kostenkontrolle ermöglicht. Ferner differenziert sie nicht zwischen fixen und variablen Kosten, so dass der Beschäftigungseinfluss mittelfristiger Maßnahmen nicht transparent gemacht werden kann.[310]

1.2 Normalkostenrechnung

Bei der Normalkostenrechnung werden die schwankenden Istkosten durch Durchschnittswerte der Vergangenheit ersetzt. Den Bezugsgrößen werden hier Kosten zugerechnet, die bei normalen Verhältnissen entstehen oder entstehen würden. Dabei können die inzwischen eingetretenen oder prognostizierten Veränderungen der Kosteneinflussfaktoren wie beispielsweise Lohn- und Gehaltserhöhungen berücksichtigt werden. Reine Normalkosten werden als statistische Mittelwerte bezeichnet und korrigierte Normalkosten als aktualisierte Mittelwerte. Je größer die Korrekturen, desto weiter nähert sich die Normalkostenrechnung der Plankostenrechnung an.[311]

Der Vorteil der Normalkostenrechnung besteht in der Erleichterung und Beschleunigung der Abrechnungseinheit. Ferner werden Zufallsschwankungen der Kosteneinflussfaktoren ausgeschaltet. Üblicherweise wird die Normalkostenrechnung als starre Rechnung durchgeführt, d.h. dass sie die Kosten für eine (geplante) Beschäftigung ausweist und sie nicht in fixe und variable Kosten trennt. Alternativ dazu werden in der flexiblen Normalkostenrechnung die Beschäftigungsschwankungen berücksichtigt. Diese Methode stellt die erste Entwicklungsform der Kostenrechnung dar, die

---

308 Vgl. Kilger, W. (1987), S. 54 ff.
309 Vgl. ebenda.
310 Vgl. ebenda.
311 Vgl. ebenda, S. 56 f.

im Ansatz eine kostenstellenweise Kostenkontrolle ermöglicht. Da jedoch auch hier Istwerte die Grundlage bilden, sind Unwirtschaftlichkeiten der Vergangenheit in den Kostenvorgaben nicht auszuschließen. Entwicklungstechnisch betrachtet ist sie ein Vorläufer der flexiblen Plankostenrechnung.[312] Die Normalkostenrechnung spielt im Krankenhaus keine besondere Rolle.

1.3 Plankostenrechnung

Plankostenrechnungen sind dadurch charakterisiert, dass die Gesamtkosten einer Unternehmung für eine bestimmte Planungsperiode im Voraus nach Kostenarten, Kostenstellen und Kostenträgern differenziert geplant werden. Plankosten sind die vor dem Beginn einer Abrechnungsperiode aufgrund der Kapazitäts- und Leistungsplanung unter Beachtung des Wirtschaftlichkeitsprinzips von der Plankostenrechnung zukunftsbezogen angesetzte Kosten.

Nach der Anpassungsfähigkeit der Kostenvorgaben an Veränderungen der jeweils relevanten Kosteneinflussgrößen lassen sich Plankostenrechnungen in starre und flexible Plankostenrechnungen unterteilen. Beide Varianten greifen in der Regel nur den Beschäftigungsgrad als einzige Kosteneinflussgröße auf.[313]

1.3.1 Generelle Vorgehensweise: Die Starre Plankostenrechnung

Unterscheidungskriterium von starr und flexibel ist die Anpassungsfähigkeit der Kosten:
- Die starre Plankostenrechnung geht von einem festgelegten vorgegebenen Beschäftigungsniveau, der Planbeschäftigung aus.
- Die flexible Plankostenrechnung unterscheidet verschiedene Beschäftigungsgrade.

Die einfachste Form der Plankostenrechnung ist die starre Plankostenrechnung. Sie plant Kostenstelle für Kostenstelle die resultierenden Kosten für einen Beschäftigungsgrad. Dieser Beschäftigungsgrad wird für die Planperiode erwartet und kann bei störungsfreiem Ablauf des Produktionsprozesses erreicht werden. Die Beschäftigung stellt die während einer Periode realisierte (Ist-Leistung) oder die zu realisierende Leistung (Plan-Leistung) dar. Der Beschäftigungsgrad, auch Kapazitätsausnutzungsgrad genannt, lässt sich folgendermaßen ermitteln:

$$\text{Beschäftigungsgrad} = \frac{\text{Tatsächliche Produktion}}{\text{Technische Maximalproduktion}} = \frac{200.000}{250.000} = 80\%$$

Die Leistung werden z. B. gemessen in
- Zeiteinheiten wie Pflegeminuten,
- Stückzahlen wie Fallzahlen,
- Gewichtseinheiten
- usw.

---

[312] Vgl. Kilger, W./Pampe, J./Vikas, K. (2007), S. 41 f.
[313] Vgl. Hummel, S./Männel, W. (2000), S. 47.

Diese zu messenden Leistungen nennt man auch Bezugsgrößen. Die Leistungsgröße ist damit Bezugsgröße. Auf diese Bezugsgröße werden die Kosten und Erlöse im Rechnungssystem bezogen. Die Bezugsgrößen sollten dabei in einem annähernd proportionalem Verhältnis zu den Kosten stehen. Bei einigen Kostenstellen ist das allerdings nicht machbar, z.B. sind in der Verwaltung Budgetkosten vorzugeben.

Für die weitere Vorgehensweise ist es erforderlich, die Planbeschäftigung festzulegen (z.B. 10.000 Stunden) und die dazugehörigen Kosten zu errechnen (z.B. 60.000 €). Mithilfe der Buchhaltung werden dann am Ende der Periode die Istkosten (z.B. 40.000 €) und die Ist-Beschäftigung (z.B. 8.000) ermittelt. Da man von linearen Kostenverläufen ausgeht, lassen sich im Anschluss daran die Kosten errechnen, die bei einer Auslastung (Ist-Beschäftigung) von 8.000 Stunden entstehen sollten:

$$\text{Plankostenverrechnungssatz} = \frac{\text{Gesamte Kosten}}{\text{Planbeschäftigung}} = \frac{60.000\ €}{10.000\ €} = 6\ €$$

Dieser Plankostenverrechnungssatz wird mit der Ist-Beschäftigung multipliziert (6 € * 8.000 = 48.000 €), um die verrechneten Plankosten zu ermitteln.
Als Abweichung ergibt sich aus der Differenz von Istkosten und verrechneten Plankosten 12.000 €:

	Istkosten		60.000 €
./.	verrechnete Plankosten	./.	48.000 €
=	Abweichung		12.000 €

Mit der starren Plankostenrechnung kann also eine Abweichung ermittelt werden – weitere Analysen sind jedoch nicht durchführbar. So ist nicht feststellbar, in welchem Umfang die Kostenabweichung durch
– den Rückgang der Beschäftigung oder
– durch die Veränderung des Faktoreinsatzes
hervorgerufen wurde.
Zudem kann nicht gesagt werden, wie aussagefähig die Abweichung ist, da in den verrechneten Plankosten fixe Bestandteile enthalten sind, die sich nicht proportional verhalten. Der Vorteil der starren Plankostenrechnung ist die schnelle Handhabbarkeit, die jedoch wenig nützt, wenn keine relevanten Aussagen getroffen werden können. Dennoch erhält der Betrieb hierdurch Informationen, die zum weiteren Ausbau der Kostenrechnung nutzen kann.

Um Verbesserungen vornehmen zu können, sollte man sich noch einmal die Ziele der Plankostenrechnung vor Augen halten:
1. Ermittlung von Plankosten je Kostenstelle oder Verantwortungsbereich[314], um die Unternehmungsprozesse lenken zu können.
2. Aufdeckung von Abweichungen von Plan und Ist:
    a) Feststellung der Abweichung und
    b) Benennung der Ursachen.
3. Kostenstellenverantwortliche finden und Abweichungen analysieren.

Nur jene Abweichungen sind relevant, die auch vom Kostenstellenverantwortlichen verantwortet werden können. So sind die Beschaffungspreise vom Einkaufsleiter zu verantworten, Beschäftigungsschwankungen hat in der Regel die Unternehmungsleitung zu verantworten und zu hoher Materialverbrauch sind vom anfordernden Bereichsleiter zu verantworten.

Um hierzu Aussagen machen zu können, ist es erforderlich, geplante Kosten für die Istbeschäftigung zu errechnen. Die Kostenrechnung hat dafür die Sollkosten definiert. Sollkosten sind die für die Istbeschäftigung geltenden Kostenvorgaben. Die Bestimmung dieser ist deshalb notwendig, weil die Istbeschäftigung von der Planbeschäftigung abweichen kann. Für diesen Fall ermittelt die Plankostenrechnung jene Kosten, die man für den realisierten Beschäftigungsgrad geplant hätte. Ausgangspunkt hierfür bildet die Trennung der fixen und variablen Kosten. Die Planbeschäftigung enthält fixe Kosten, die sich bei einer Beschäftigungsschwankung nicht verändern. Sinkt oder steigt die Planbeschäftigung, dann sinken und steigen nur die variablen Kostenbestandteile, wobei man davon ausgeht, dass sie sich linear verhalten (reduziert sich die Beschäftigung um 10 %, reduzieren sich auch die variablen Kosten um 10 %). Im Ergebnis bedeutet das, dass die fixen Kosten bei dieser Rechnung insgesamt eingehen und die variablen Kosten entsprechend ihrem Verhalten berücksichtigt werden. In der Kostenrechnung wird dann von der flexiblen Plankostenrechnung gesprochen.

1.3.2 Differenzierte Vorgehensweise: Die Flexible Plankostenrechnung

Der bisher ermittelte Plankostenverrechnungssatz berücksichtigt keine Aufspaltung in fixe und variable Bestandteile, die dann im Rahmen der flexiblen Plankostenrechnung zur Ermittlung der Sollkosten abgegrenzt werden müssen. Dieses ist notwendig, um eine Proportionalisierung der Fixkosten zu vermeiden. Der Plankostenverrechnungssatz muss also in einen proportionalen und einen fixen Teil aufgespalten werden. Wenn wir auf das vorangegangene Beispiel zurückgreifen, ergibt sich folgendes Bild:

Als Gesamtabweichung ergibt sich, wie oben ermittelt, ein Betrag in Höhe von 12.000 €, indem von den Istkosten die verrechneten Plankosten dividiert wurden. Dieser Hinweis kann für die Kostenkontrolle jedoch nur als Dokumentationsaussage gewertet werden, weil unklar ist
– welche Ursachen der Abweichung zu Grunde liegen,
– wer die Anweichung zu verantworten hat und
– wie die Abweichung gesteuert werden kann in eine ausgeglichene Kostenstelle.

---

314 Der Begriff Kostenstelle muss nicht auf die Station begrenzt sein. Es handelt sich eher um einen Verantwortungsbereich z.B. Klinik. Je differenzierter die Kostenstelle definiert ist, desto aufwendiger ist die Herleitung der Kosten. Die Frage ist, ob mit einer aufwendigen Methode Lenkungsaspekte erreicht werden (vgl. auch die Ausführungen in Kapitel 3.3.1 Grundlagen der Kostenstellenrechnung)

Im nächsten Schritt muss daher die Gesamtabweichung weiter differenziert werden. Unterschieden werden die Verbrauchsabweichung und die Beschäftigungsabweichung, die wie folgt ermittelt werden können:

Beschäftigungs-
abweichung (BA): Sollkosten ./. Verrechnete Plankosten
Verbrauchsabweichung (VA): Istkosten ./. Sollkosten
Gesamtabweichung (GA): Beschäftigungsabweichung + Verbrauchsabweichung

Ursache der Beschäftigungsabweichung ist also die Proportionalisierung der fixen Kosten. Ihr Verlauf verdeutlicht die verrechneten Plankosten. Diese Kurve entspricht aber nicht der Realität. Richtiger ist die Aufhebung dieser Proportionalität durch die Sollkostenkurve. Eine Differenz der beiden Größen weißt auf einen Rückgang der Beschäftigung hin. Damit wurden die fixen Kosten nicht komplett ausgelastet, so dass zu den verrechneten Plankosten die anteiligen Fixkosten noch dazu addiert werden müssten. Die Abweichung wird also durch die Reduzierung der Auslastung verursacht, die durch die Unternehmungsleistung zu verantworten sind, da die Planvorgaben – aus welchen Gründen auch immer - nicht eingehalten wurden. Die Beschäftigungsabweichung zeigt zusammenfassend auf, in welchem Umfang eine Änderung der Beschäftigung gegenüber geplanter Beschäftigung an der gesamten Abweichung der Istkosten von den Plankosten beteiligt ist.

Maß der Verbrauchsabweichung ist die Differenz von Ist- und Sollkosten. Die Verbrauchsabweichung gibt den wert- bzw. mengenmäßigen Mehr- oder Minderverbrauch an Gütern und Dienstleistungen gegenüber den Sollkosten an. Sie kommt also nicht durch Nicht-Auslastung zustande, sondern weist auf zu hohen Verbrauch oder falschen Einsatz von Materialien hin. Diese Unwirtschaftlichkeiten sind vom Kostenstellenverantwortlichen zu verantworten.

Die Gesamtabweichung errechnet sich durch die Addition der beiden genannten Teilabschnitte. Generell lassen sich anhand dieser Abweichung Aussagen zur Kostenüber- oder Kostenunterdeckung ableiten.

Zur Verdeutlichung zeigt die folgende Abbildung die unterschiedlichen Abweichungen:

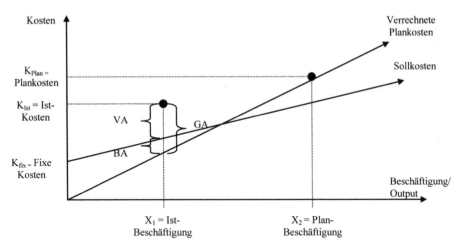

Abbildung 17: Darstellung einer flexiblen Plankostenrechnung auf Vollkostenbasis

Die flexible Plankostenrechnung kann sowohl auf Vollkosten als auch auf Teilkosten basieren. Letztere bezeichnet dann die Grenzplankostenrechnung, die im Verlauf noch beschrieben wird.

1.3.3 Anwendungsorientiertes Beispiel

Sachverhalt:
In der Kostenstelle „Intensivstation" des Krankenhauses „Werd-Gesund" wird bei einer Planbeschäftigung 82.625 Belegungsstunden/Jahr mit Plankosten in Höhe von 2.746.207 €/Jahr gerechnet, wovon 2.035.207 €/Jahr an fixen Kosten angefallen sind.

Aufgaben:
a) Wie lautet die Sollkostenfunktion der Intensivstation bei einer auf Vollkosten basierenden flexiblen Plankostenrechnung?
b) Wie hoch sind bei einer Istbeschäftigung von 74.363 Belegungsstunden/Jahr die Verbrauchsabweichung und Beschäftigungsabweichung, wenn die Istkosten 2.690.304 € pro Jahr betragen?
   1. Tragen Sie die Verbrauchs- und die Beschäftigungsabweichung in das erstellte Diagramm ein.
   2. Ermitteln Sie die Abweichungen rechnerisch.

Lösung:
Planbeschäftigung = Plankosten ./. Planbeschäftigung = Plankostenverrechnungssatz
Plankostenverrechnungssatz = 2.746.207 : 82.625 = **33,24 €**

Verrechnete Plankosten = Plankostenverrechnungssatz * Istbeschäftigung
Verrechnete Plankosten = 33,24 € * 74.363 = **2.471.826,12 €**

Gesamtabweichung = Istkosten – verrechnete Plankosten
Gesamtabweichung = 2.690.304 € - 2.471.826,12 € = **218.478 €**

a) Ermittlung der Sollkosten:
Sollkostenfunktion = 2.035.207 € + 8,61€ x
Sollkosten = 2.035.207 € + 8,61 € * 74.363 = **2.675.472, 43 €**

b) Ermittlung der Verbrauchs- und Beschäftigungsabweichung:
Verbrauchsabweichung = Istkosten – Sollkosten
Verbrauchsabweichung = 2.690.304 € - 2.675.472, 43 € = **14.831,57 €** (unwirtschaftliches Arbeiten)

Beschäftigungsabweichung = Sollkosten – verrechnete Plankosten
Beschäftigungsabweichung = 2.675.472, 43 € - 2.471.826,12 € = **203.646,31 €**
(14.831,57 € + 203.646,31 € = 218.478 €)

2 Umfangbezogene Systeme

2.1 Vollkostenrechnung

Charakteristisch für die Vollkostenrechnung ist, dass sie sämtliche Kostenarten vollständig auf die einzelnen Kostenträger weiterwälzt, und zwar zum Teil direkt als Einzelkosten, zum Teil indirekt als zugeschlüsselte Gemeinkosten.

2.1.1 Rechnungsverfahren

2.1.1.1 Allgemeine Vollkostenrechnung

Die Weiterwälzung der Kostenarten ist sehr aufwendig. Sie geht von der Kostenartenrechnung aus und führt über die Kostenstellenrechnung zur Kostenträgerrechnung hin. Als Ergebnis dieses Abrechnungsmodi werden für jede Produktart (z.B. DRG) und darüber hinaus für jedes einzelne Produkt (z.B. Fall) Vollkosten ausgewiesen. Stellt man den Vollkosten Nettoerlöse gegenüber, erhält man ein Nettoergebnis, was auch den in der Fachsprache häufig verwendeten Ausdruck der Vollkosten- und Nettoergebnisrechnung erklärt. Demgegenüber steht die Bruttoergebnisrechnung, bei der den Erlösen Teilkosten gegenübergestellt werden.[315]

Die Hauptkritik gegen die Vollkostenrechnung besteht darin, dass sie die Kosten nicht wirklichkeitsgetreu abbildet, da sie Kosten auf Kostenträger verrechnet, die nach dem Verursachungsprinzip nicht zurechenbar sind. Folglich wäre bei der Kostenverrechnung der fixen Kosten – insbesondere der fixen Gemeinkosten – das Verursachungsprinzip durch das Durchschnittsprinzip bzw. das Kostentragfähigkeitsprinzip zu ergänzen, was zu falschen unternehmerischen Entscheidungen führen kann, da sich die Kostenbetrachtung nicht auf die relevanten Kosten beschränkt.[316] Besonders kurzfristige Entscheidungen (Engpässe, kurzfristige Preisuntergrenze, Zusammenstellung des gewinngünstigsten Programms, usw.) können mit Hilfe der Vollkostenrechnung nicht getroffen werden.

Vermehrt diskutiert und angewandt wird in jüngster Zeit die Prozesskostenrechnung. Sie wird daher nachfolgend näher dargestellt.

2.1.1.2 Prozesskostenrechnung

Die Notwendigkeit der Prozesskostenrechnung ergibt sich aus zwei Problemen, die bei verschiedenen anderen Kostenrechnungssystemen dazu führen, dass nicht die gewünschte Kostentransparenz entsteht oder wesentliche gewünschte Aussagen nicht getroffen werden können:[317]

1. Fixkostenproblematik: Im Rahmen der Teilkostenrechnung werden lediglich die variablen Kosten auf die Kostenträger verrechnet. Die Fixkosten werden als Block erfasst und nicht in die weitere Betrachtung eingeschlossen.
2. Gemeinkostenanteil: Der hohe Gemeinkostenanteil z.B. in Krankenhäusern, der zumeist nicht durch die Anzahl von Patienten sondern Prozessen verursacht wird.

---

315 Vgl. Hummel, S./Männel, W. (2000), S. 407 f.
316 Vgl. Hentze, J./Kehres, E. (2008), S. 24.
317 Vgl. Zapp, W./Bettig, U. (2002), S. 275 ff.

Die Prozesskostenrechnung ist ein Kostenrechnungssystem, das Gemeinkosten von Vorgängen (Aktivitäten) über quantitative Bezugsgrößen (driver) verrechnet, die Maßausdrücke für die Vorgangs(Aktivitäts)mengen darstellen bzw. als solche definiert werden. Sie bewertet somit keine Einzelleistungen, sondern Folgen von Einzelleistungen, die zusammen einen definierten Prozess bilden.[318] Im Gegensatz zu den anderen Kostenrechnungssystemen erfolgt die Gemeinkostenverrechnung hier nicht über Kostenstellen und die dort ermittelbaren wertmäßigen Bezugsgrößen, sondern über abgegrenzte Prozesse und deren mengenmäßige Wiederholung. Kostenstellen als Orte der Verursachung treten demzufolge in den Hintergrund und stellenübergreifende Prozesse in den Vordergrund der Betrachtungen[319]

Folgende Ziele werden von der Prozesskostenrechnung verfolgt:[320]
- Abbildung des Unternehmungsprozesses (Transparenz im Gemeinkostenbereich)
- Planung und Steuerung (Programm- und Preispolitik, Produktgestaltung, Entscheidungen über Eigenfertigung oder Fremdbezug)
- Kontrolle und Sicherung der Wirtschaftlichkeit und Effizienz indirekter Leistungsbereiche (Soll-Ist-Vergleiche)

Für die Einführung einer Prozesskostenrechnung ist es zunächst notwendig, Prozesse zu erkennen und zu benennen. Ein Prozess ist eine strukturierte Folge von Verrichtungen. Diese Verrichtungen stehen in ziel- und sinnorientierter Beziehung zueinander und sind zur Aufgabenerfüllung angelegt mit definierten Ein- und Ausgangsgrößen und monetärem oder nicht monetärem Mehrwert unter Beachtung zeitlicher Gegebenheiten.[321] Weil ein Prozess in der Regel kostenstellenübergreifend abläuft, ist es sinnvoll, Teilprozesse darzustellen. Teilprozesse bezeichnen eine Kette homogener Verrichtungen in einer Kostenstelle, die einem Hauptprozess zugerechnet werden können.[322] Ein Hauptprozess stellt dagegen eine Kette homogener Aktivitäten dar, die durch denselben Kostentreiber beeinflusst werden. Er umfasst mehrere Teilprozesse. Dafür müssen zunächst die Prozesse als solche definiert und ggf. graphisch abgebildet werden, hierfür bietet sich z.B. eine Darstellung anhand von Ereignis-Prozessketten (EPK) an. Hierzu wird zunächst der zu untersuchende Bereich, z.B. Patientenverwaltung oder Einkauf festgelegt.[323] Danach beschreibt jeder der dort eingesetzten Mitarbeiter seine Tätigkeiten. Beispiele im Einkauf sind die Teilprozesse „Angebote einholen", „Bestellungen aufgeben", „Reklamationen bearbeiten" und „Abteilung leiten". Bei einflussgrößenabhängigen, die sog. leistungsmengeninduzierten Tätigkeiten (lmi)[324] werden zusätzlich die entsprechenden Kostentreiber bzw. Prozessbezugsgrößen („cost drivers") ermittelt. Bei einflussgrößenunabhängigen, die sog. leistungsmengenneutralen Tätigkeiten (lmn)[325] entfällt die Ermittlung von Bezugsgrößen. Die Kosten dieser Prozesse sind nicht entscheidungsrelevant und

---

318 Vgl. Birkner, H./Kothe-Zimmermann, H. (2000), S. 185.
319 Vgl. Schweitzer, M./Küpper, H.-U. (2008), S. 323.
320 Vgl. ebenda, S. 323 ff.
321 Vgl. Zapp, W./Dorenkamp, A. (2002).
322 Vgl. Horváth, P./Mayer, R. (1993), S. 16
323 Zur Vorgehensweise der Prozessanalyse, Prozessgestaltung und Prozessorganisation vgl. Zapp, W. (2002); Zapp, W. (2008c), S. 251 f.
324 Die Höhe der durch diesen Teilprozess verursachten Kosten hängt von einer Maßgröße (dem Kostentreiber) an.
325 Für diesen Teilprozess fallen unabhängig von der Häufigkeit der Durchführung die entsprechenden Kosten an (z.B. administrative Aufgaben).

werden deshalb auch in der Regel[326] nicht auf die Kostenträger verrechnet.[327] In einem nächsten Schritt ist für jeden lmi-Prozess ein Prozesskostensatz zu berechnen. Der Prozesskostensatz gibt die durchschnittlichen Kosten der einmaligen Durchführung eines bestimmten Teilprozesses an. Er wird ermittelt, indem die abgegrenzten Prozesskosten durch die zugehörige Ausprägung der Prozessbezugsgröße dividiert werden.[328] Ferner ergibt sich für jeden lmi-Prozess ein Umlagesatz (lmn) und ein Gesamtprozesskostensatz (vgl. Tabelle 11).[329]

1	2	3	4	5a	5b	5c	5d
Prozesse		Maßgrößen	Planprozessmengen	Plankosten in €	Prozesskostensatz (lmi) in €	Umlagesatz (lmn) in €	Gesamtprozesskostensatz in €
Angebote einholen	lmi	Anzahl der Angebote	1.200	300.000	250	21,27	271,37
Bestellungen aufgeben	lmi	Anzahl der Bestellungen	3.500	70.000	20	1,70	21,70
Reklamationen bearbeiten	lmi	Anzahl der Reklamationen	100	100.000	1.000	85,10	1.085,10
Abteilung leiten	lmn			40.000	–	–	–

Tabelle 11: Prozesskosten(stellen)rechnung für die Kostenstelle Einkauf (Quelle: Schmidt-Rettig, B. /Böhning, F. (1999), S. 140 f., vgl. Horváth, P./Mayer, R. (1989), S. 217)

Zentrales Argument für die Einführung einer (industriellen) Prozesskostenrechnung im Krankenhaus waren die Mängel der Zuschlagskalkulation, die jedoch im Krankenhaus kaum angewandt wird. Weiterhin findet die Prozesskostenrechnung ursprünglich auf den indirekten Bereichen (administrativer Bereich) Anwendung. Im Krankenhaus machen die Verwaltungskosten mit etwa 6 %[330] der Gesamtkosten jedoch nur einen geringen Anteil aus, so dass hier grundsätzlich der Einsatz einer Prozesskostenrechnung unwirtschaftlich wäre. In stationären Unternehmungen bietet es sich daher an, die Kosten des eigentlichen Leistungserstellungsprozesses zu betrachten, der sich bekanntermaßen aus einem sehr hohen Fixkostenanteil zusammensetzt. Unabhängig davon schafft die Tätigkeitsanalyse und Prozessbildung eine Leistungs- und Kostentransparenz in den Gemeinkostenbereichen, die insbesondere vor dem Hintergrund des DRG-System für Krankenhäuser überlebenswichtig ist.[331]

---

[326] Eine Umlage dieser Kosten auf die leistungsmengeninduzierten Prozesse kann z. B. im Zuge einer Vollkostenkalkulation sinnvoll sein. Vgl. Schmidt-Rettig, B./Böhning, F. (1999), S. 123.
[327] Vgl. Schweitzer, M./Küpper, H.-U. (2008), S. 329 f.
[328] Vgl. ebenda.
[329] Vgl. Schmidt-Rettig, B./Böhning, F. (1999), S. 123 f.
[330] Vgl. Deutsche Krankenhausgesellschaft (2008), S. 19.
[331] Vgl. Schmidt-Rettig, B./Böhning, F. (1999), S. 140 f.

2.1.1.3 Anwendungsorientiertes Beispiel

Für die Prozesskostenrechnung im Krankenhaus wird die Patientenaufnahme eines Beispielkrankenhauses der Grund- und Regelversorgung mit 400 Planbetten betrachtet. 2 Mitarbeiterinnen mit 1,71 Planstellen sind in der Patientenaufnahme tätig, die organisatorisch zur Finanzabteilung gehört. Für die Leitung der Abteilung werden nach Befragung je 0,05 Mitarbeiterjahre des Abteilungsleiters und seines Stellvertreters der Abteilung Rechnungswesen angesetzt. Bei den Teilprozessen der Kostenstelle Patientenaufnahme handelt es sich um

- die Prüfung der Unterlagen
- die Erfassung der Stammdaten
- das Drucken des Aufnahmesatzes und
- das Etikettieren und unterschreiben der Formulare.

Auslösendes Ereignis des Prozesses ist der Patient, der zur Aufnahme ins Krankenhaus kommt. Die durchschnittliche Dauer des Prozesses beträgt 6 Minuten, im untersuchten Monat sind 1.612 Patientenaufnahmen registriert. Die Ermittlung der Prozesskostensätze der Teilprozesse erfolgt mit Hilfe der Tabelle 12.

A	B	C	D	E	F	G	H	I	J
	Kostenstelle: Patientenaufnahme								
Lfd.-Nr.	Teilprozess	Maßgröße		Kostenzurechnung	Prozesskosten			Prozesskostensatz	
	Bezeichnung	Art	Menge	MJ	lmi	lmn	gesamt	lmi	gesamt
1	Unterlagen prüfen	Anzahl Unterlagen	3.300	0,4	14.307	1.507	15.814	4,34	4,79
2	Stammdaten erfassen	Chipkarten	1.612	0,6	21.460	2.261	23.721	13,31	14,72
3	Aufnahmesatz drucken	Anzahl Formularsätze	1.612	0,31	11.088	1.168	12.256	6,88	7,60
4	Formulare etikettieren/ unterschreiben	Anzahl Formulare	6.200	0,4	14.307	1.507	15.814	2,31	2,55
5	Abteilungs- leitung	-/-	-/-	0,1		6.443			
7	Summe			1,81	61.162		67.605		

Tabelle 12: Ermittlung der Prozesskostensätze am Beispiel der Patientenaufnahme

Die Personalkosten der 1,71 Vollkräfte betragen 61.162 Euro p.a. (Spalte F, Zeile 7), der leistungsmengenneutrale Teil „Abteilungsleitung" des Abteilungsleiters Rechnungswesen und seines Stellvertreters für die Kostenstelle Patientenaufnahme beträgt 6.443 Euro p.a. (Spalte G, Zeile 6). In einem nächsten Schritt sind die in den Kostenstellen analog ermittelten Teilprozesse zu Hauptprozessen zu verdichten, um die jeweiligen Hauptprozesskosten ermitteln zu können.

Wird davon ausgegangen, dass die 1,71 Vollkräfte ausschließlich Patientenaufnahmen bearbeiten, lassen sich die Kosten der Überschusskapazität berechnen.

Folgende Annahmen werden vorausgesetzt:
- Im Jahr existieren 104 Wochenendtage
- und 10 Feiertage.

Damit ergeben sich bei einem angenommenen Arbeitszeitausfall von 15 Prozent 136,35 Arbeitsstunden je Vollkraft pro Monat. Werden durchschnittlich 6 Mitarbeiter pro Patientenaufnahme zugrunde gelegt, ergeben sich 1.363,5 Aufnahmen.[332]

Input: 1,71 Mitarbeiter   x   5.097 Euro[333]   = 8.715,87 Euro
Output: 1,71 Mitarbeiter   x   1.363 Aufnahmen   = 2.330 Aufnahmen

Damit ergeben sich nach der Formel Input/Output Kosten in Höhe von 3,74 Euro je Aufnahme. Bei tatsächlichem Output von 1.612 Aufnahmen ergeben sich bei Prozesskosten von 3,74 Euro je Aufnahme Kosten in Höhe von 6.028,88 Euro. Die Differenz von 2.686,99 Euro (8715,87 – 6028,88) sind die Kosten der Überschusskapazität des Monats.

2.2 Teilkostenrechnung

2.2.1 Grundprinzipien von Teilkostenrechnungen

Ausgehend von der Kritik der Vollkostenrechnungssysteme haben sich Teilkostenrechnungssysteme entwickelt. Teilkostenrechnungen sind dadurch gekennzeichnet, dass sie den Kalkulationsobjekten jeweils nur näher definierte Teile – konkreter: bestimmte Kategorien – der Gesamtkosten einer Unternehmung zurechnen. Voll- und Teilkostenrechnungen unterscheiden sich nicht hinsichtlich der Kostenerfassung, sondern nur hinsichtlich der Verteilung der Kosten. Ein Teilkostenrechnungssystem liegt nicht vor, wenn nur auf die Verrechnung irgendwelcher, beliebiger Kostenelemente verzichtet wird. Voraussetzung für jede Teilkostenrechnung ist daher, dass von der undifferenzierten Behandlung sämtlicher Kosten prinzipiell und für alle Zwecke, also nicht nur ausnahmsweise Abstand genommen und die Gesamtheit der Kosten in mindestens zwei Kostenkategorien unterteilt wird. Zu nennen sind hier beispielsweise Teilkostenrechnungssysteme, in denen nur variable und keine fixen Kosten verrechnet werden oder in denen nur Einzelkosten, aber keine Gemeinkosten berücksichtigt werden.[334]

Herausgebildet haben sich als Teilkostenrechnungen die
- einstufige Deckungsbeitragsrechnung
- mehrstufige Deckungsbeitragsrechnung
- Grenzplankostenrechnung und die
- Deckungsbeitragsrechnung mit relativen Einzelkosten.

---

[332] 136,35 Std. * 60 Minuten : 6 Minuten = 1363,5 Aufnahmen.
[333] Die Berechnung erfolgt an Tabelle 12 wie folgt: F1 (61.162) : 12 Monate = 5.097 Euro
[334] Vgl. Hummel, S./Männel, W. (2000), S. 43.

2.2.2 Arten von Teilkostenrechnungen
2.2.2.1 Einstufige Deckungsbeitragsrechnung
2.2.2.1.1 Vorgehensweise und Darstellung

Der Begriff Deckungsbeitrag umschreibt eine Gegenüberstellung von Erlösen und variablen Kosten. Die Differenz ist der Betrag, der die übrigen nicht zugerechneten fixen Kosten deckt. Der Deckungsbeitrag ist damit der Anteil des Erlöses, der zur Deckung der fixen Kosten und darüber hinaus zum Gewinn beiträgt. Der Begriff „einstufige Deckungsbeitragsrechnung" besagt, dass die Fixkosten en bloc betrachtet werden und das Verfahren nur auf einer Stufe stattfindet.

Im Amerikanischen hat sich die Bezeichnung Direct Costing für das einstufige Deckungsbeitragsverfahren durchgesetzt. Laut Kilger ist die Bezeichnung Direct Costing jedoch unglücklich gewählt, da der Anwender davon ausgehen könnte, dass nur eine Zurechnung der direkten Kosten (Einzelkosten) auf das Bezugsobjekt erfolgt,[335] obwohl auch die proportionalen Gemeinkosten ebenso auf das Kalkulationsobjekt verrechnet werden. Alle beschäftigungsabhängigen Kosten sollen im Direct Costing berücksichtigt werden.[336]

Im Vordergrund der Betrachtung stehen die variablen Kosten oder Grenzkosten eines Kalkulationsobjektes bzw. Kostenträgers. Von den Erlösen des Kalkulationsobjektes werden die variablen Kosten abgezogen. Das Ergebnis ist der Deckungsbeitrag. Er informiert über die Fähigkeit des Objektes, die fixen Kosten des Unternehmens zu decken. Die Summe aller bereichsbezogenen Deckungsbeiträge einer Unternehmung ergibt den Gesamtdeckungsbeitrag. Um ein positives Unternehmungsergebnis zu erlangen, muss der Gesamtdeckungsbeitrag die gesamten Fixkosten decken. Der Deckungsbeitrag kann für verschiedene Kalkulationsobjekte (z.B. DRG oder eine ganze Abteilung) ermittelt werden.

Das Direct Costing wurde entwickelt um, Entscheidungsschwierigkeiten, die aufgrund der Vollkostenrechnung entstehen, zu umgehen. Als Hauptziele können folgende bezeichnet werden:

- Kurzfristige Planung und Kontrolle des Periodenerfolges
- Gewinnschwellenanalyse
- Artikel-/ Erzeugnisdeckungsbeiträge der Planungsperiode
- Wahl des Produktionsprogramms
  - bei Unterbeschäftigung
  - bei Produktionsengpässen
- Wahl des Produktionsverfahrens
- Bestimmung der kurzfristigen Preisuntergrenze
- Zusatzaufträge
- Eigenfertigung/ Fremdbezug (Make-or-buy)

---

[335] Vgl. Kilger, W./Pampel, J./Vikas, K. (2007), S. 59.
[336] Vgl. ebenda.

Bereits zu Beginn hat das Direct Costing negative Kritik auf sich gezogen, die sich wie folgt darstellt:[337]
- Vergröberte Kostenkategorisierung: In der Regel werden die Kosten in der einstufigen Deckungsbeitragsrechnung nach ihrer Abhängigkeit von ihrer Beschäftigung kategorisiert. Andere wichtige Kosteneinflussgrößen wie beispielsweise die Auftragszusammensetzung werden völlig vernachlässigt.
- Unsachgemäße Kostenspaltung: Es werden beim Direct Costing teilweise auch solche Kosten als variabel behandelt, die zumindest auf kurze Sicht als beschäftigungsunabhängig anzusehen sind, wie beispielsweise die Zeitlöhne: sie werden als variabel eingestuft, sind aber eigentlich fix, da die Unternehmung beim Einstellen der Mitarbeiter in der Regel längerfristige Verträge eingehen muss
- Unterstellte Proportionalität variabler Kosten und Nettoerlöse: Es ist nicht gerechtfertigt, variable Kosten mit proportionalen Kosten gleichzusetzen. Ferner ist keine Proportionalität der Verkaufserlöse (Preise) gegeben.
- Variable Gemeinkosten: Das Direct Costing stellt zu stark auf die Beschäftigungsabhängigkeit der Kosten und zu wenig auf deren Zurechenbarkeit ab. Auch Gemeinkosten enthalten variable Kostenbestandteile, die auf die Kostenträger verrechnet werden müssen. Das Direct Costing enthält dadurch ebenfalls wie die Vollkostenrechnung Willkürelemente.[338]
- Undifferenzierter Fixkostenblock: Der Fixkostenblock des Unternehmens soll durch die Summe aller Deckungsbeiträge gedeckt werden. Viele Unternehmen haben einen sehr hohen Fixkostenanteil. Um Entscheidungen differenziert treffen zu können, ist es notwendig, den Fixkostenblock des Direct Costing weiter aufzugliedern. Das geschieht in der mehrstufigen Deckungsbeitragsrechnung.
- Aufschlüsselung von Periodengemeinkosten: Beim Direct Costing wird unterstellt, dass sich alle Kosten allen Abrechnungsperioden eindeutig zurechnen lassen, wodurch die Aussagefähigkeit der für eine Periode ausgewiesenen Fixkosten problematisch wird. Als Folge kann es im Rahmen von Gewinnschwellen-Analysen zu der Ermittlung von falschen Kostendeckungspunkten kommen.
- Disponierbarkeit der Fixkosten: Die Deckungsbeitragsrechnung ist nicht nach der Abbaufähigkeit der Fixkosten unterteilt.

---

[337] Vgl. Hummel, S./Männel, W. (2000), S. 42 ff.
[338] Vgl. Witt, F. J. (1991), S. 47.

2.2.2.1.2 Anwendungsorientiertes Beispiel

Sachverhalt:
Die Klinik für Chirurgie hat im Monat Oktober folgende ambulante Leistungen nach AOP-Katalog erbracht:

Deckungsbeitragsrechnung „Ambulante Operationen"					
	Biopsie	Zahn-operationen	Augen-operationen	Plastische Ohrkorrekturen	Summe
Ø Erlös pro Fall	100 €	300 €	500 €	450 €	
Ø variable Kosten pro Fall	30 €	50 €	200 €	100 €	
Fixe Kosten gesamt					12.000 €
Erbrachte Fallzahl	30	25	10	9	74

Aufgaben:
a) Bestimmen Sie die Deckungsbeiträge pro Fall und die Gesamtdeckungsbeiträge und geben Sie aufgrund der Ergebnisse eine Reihenfolge von „erfolgreich" bis „weniger erfolgreich" an.
b) Berechnen Sie den realisierten Nettoerfolg des realisierten Leistungsprogramms.

Lösung:
a) Deckungsbeiträge:

	Biopsie	Zahn-operationen	Augen-operationen	Plastische Ohrkorrekturen
Erlös pro Fall	100 €	300 €	500 €	450 €
Variable Kosten pro Fall	30 €	50 €	200 €	100 €
DB/Fall	70 €	250 €	300 €	350 €
Anzahl der Fälle	30	25	10	9
Gesamtdeckungsbeiträge	2.100 €	6.250 €	3.000 €	3.150 €
TOP	4	3	2	1

b) Nettoergebnis:

2.100 € + 6.250 € + 3.000 € + 3.150 € =	14.500 €
./. fixe Kosten	12.000 €
= Nettoerfolg	2.500 €

2.2.2.2 Mehrstufige Deckungsbeitragsrechnung

2.2.2.2.1 Vorgehensweise und Darstellung

Die mehrstufige Deckungsbeitragsrechnung, auch stufenweise Fixkostendeckungsrechnung genannt, entstand Ende der 50er Jahre in Deutschland.[339] Sie ist eine Weiterentwicklung des Direct Costing. In der stufenweisen Fixkostendeckungsrechnung wird der Fixkostenblock des Direct Costing differenziert betrachtet. Zurückzuführen ist das Verfahren auf Agthe und Mellerowicz. Während Agthe schon 1959 von einer „verursachungsgemäßen" Zurechnung von Fixkostenbeiträgen spricht, fordert Mellerowicz eine Aufspaltung des Fixkostenblocks in mehrere Fixkostenschichten.[340]

Ziel der stufenweisen Fixkostenrechnung ist die Erhöhung des Informationsgehaltes mittels Transparenz über Art und Struktur der fixen Kosten.[341] Verrechnet werden die direkten Erzeugniskosten auf die Leistungseinheiten. Dies erfolgt durch die differenzierte Aufspaltung des Fixkostenblocks[342] auf die Erzeugnisse, Gruppen von Erzeugnissen, Kostenstellen und Kostenbereiche. Ausschlaggebend ist dabei immer eine mögliche Verrechnung ohne Kostenschlüsselung.[343] Der Fixkostenrest beschreibt den Teil der fixen Kosten, der sich nicht direkt zuordnen lässt. Es handelt sich um unternehmensbezogene Fixkosten. Sie sind von allen Erzeugnisgruppen zu tragen.[344] Der Überschuss vom Umsatz über den Einsatz von Kosten ist somit der Deckungsbeitrag.[345] Dabei ist gleichzeitig Kundenfokussierung ausgedrückt, denn ohne zahlende Kunden können keine Erlöse erwirtschaftet werden und es gibt keinen (positiven) Deckungsbeitrag.[346] Die nachfolgende Abbildung zeigt die grundsätzliche Vorgehensweise einer stufenweisen Deckungsbeitragsrechnung im Krankenhaus unter DRG-Bedingungen.

Fallerlös (DRG)	Fallerlös (DRG)	Fallerlös (DRG)	Fallerlös (DRG)	Fallerlös (DRG)
Variable Kosten	Variable Kosten	Variable Kosten	Variable Kosten	Variable Kosten
DB 1	DB 1	DB 1	DB 1	DB 1
Fallgruppenfixkosten		Fallgruppenfixkosten		Fallgruppenfixkosten
DB 2		DB 2		DB 2
Bereichsfixkosten				Bereichsfixkosten
DB 3				DB 3
Krankenhausfixkosten				
Periodenerfolg				

Abbildung 18: Stufenweise Deckungsbeitragsrechnung im Krankenhaus (Quelle: In Anlehnung an Preuß, O. (1996), S. 193 und Zapp, W./Torbecke, O. (2004), S. 407)

---

339 Vgl. Kilger, W/Pampel, J./Vikas, K. (2007), S. 87, vgl. Agthe, K. (1959), S. 407, vgl. Mellerowicz, K. (1961), S. 473.
340 Vgl. ebenda, S. 87.
341 Vgl. Riedel, G. (1996), S. 151.
342 Die Differenzierung bzw. Einteilung des Fixkostenblocks/der Fixkostengruppen hängt unter anderem von der Betriebsgröße ab und birgt ja nach Gestaltung unterschiedliche Steuerungspotentiale. Vgl. Däumler, K./Grabe, J. (2006), S. 153.
343 Vgl. Däumler, K./Grabe, J. (2006), S. 149.
344 Vgl. Olfert, K. (2008), S. 318.
345 Vgl. Haberstock, L. (1982), S. 160.
346 Vgl. Wöhe, G. (2008), S. 504.

Im dargestellten Verfahren wurden drei Gruppen von Fixkosten zur Aufspaltung des Kostenblocks im Sinne einer verursachungsgerechten Zuordnung gebildet: Fallgruppenfixkosten (z. B. OP-Bereich), Bereichsfixkosten (z.b. Fachabteilung) und Krankenhausfixkosten (z. B. Geschäftsführer). Fallfixkosten existieren nicht, da alle fallabhängigen Kosten als variabel gelten. Der Nettoerfolg einer Unternehmung wird ermittelt, indem zunächst die (Ausgangs-) Deckungsbeiträge der einzelnen DRGs durch die Gegenüberstellung von Erlösen und Grenzkosten (variablen Kosten) bestimmt werden. Von diesem Ergebnis werden fortlaufend – mit Ausnahme der Fallfixen Kosten – von Stufe zu Stufe die Fallgruppen-, Bereichs- und Krankenhausfixkosten abgezogen, um letztendlich den Betriebserfolg (= Nettoerfolg) als Ergebnisgröße zu erhalten.[347]
Die mehrstufige Deckungsbeitragsrechnung findet wie das Direct Costing Anwendung bei kurzfristigen Entscheidungen. Die Vorteile der mehrstufigen Deckungsbeitragsrechnung beziehen sich in erster Linie auf die Aufteilung der Fixkosten und die dadurch entstehende Transparenz. Die Betrachtung kann je nach Notwendigkeit unterschiedlich gestaltet werden. Die Tiefe der Schichtungen ist beliebig zu variieren und verfeinern.[348] Die Kalkulationsobjekte in der Deckungsbeitragsrechnung können ebenso frei gewählt werden (Produkte, Kundengruppen, u. Ä.). Die Aufteilung der Fixkosten ermöglicht eine Sicht, inwieweit bestimmte Fixkosten gedeckt sind. Es müssen nicht alle Produkte einen kompletten Fixkostenblock abdecken, sondern die fixen Kosten sind unterschiedlich verteilt. Der Beitrag einzelner Produkte und Bereiche am Gesamterfolg ist daher viel genauer zu ermitteln als durch das Direct Costing.
Die mehrstufige Deckungsbeitragsrechnung eignet sich laut Kilger insbesondere für die Planung im Rahmen einer Profit Center Organisation.[349] Dem Profit Center können über die Deckungsbeitragsrechnung jegliche von ihm verursachten Kosten zugerechnet und Zieldeckungsbeiträge vorgegeben werden. Dadurch eignet sich die mehrstufige Deckungsbeitragsrechnung insbesondere zur Planung.[350]

Als Nachteil wird dem Verfahren oft ein Vollkostencharakter zugesprochen. Kritiker zweifeln eine Aufspaltung der fixen Kosten ohne Schlüsselung auf die Zuordnungsobjekte an. Laut Witt kommt es in der Praxis häufiger vor, dass die Fixkosten vorgelagerter Schichten im Sinne einer Vollkostenrechnung auf die unteren Schichten umgerechnet werden.[351] Das ist kein Argument gegen die mehrstufige Deckungsbeitragsrechnung, vielmehr wird auf die Gefahr, bei einer Zuordnung der Fixkosten in eine Vollkostenrechnung zu gelangen, hingewiesen.
Als weiterer Nachteil gilt, dass zwar die Ausgestaltung sehr individuell vorgenommen werden kann, die Daten allerdings oftmals nicht in der richtigen Form vorliegen. Es muss darauf geachtet werden, dass nicht zu viele Fixkostenschichten entstehen, um den Überblick der Rechnung zu bewahren.
Durch die Zuordnung der Fixkosten auf die Produkte, Produktgruppen und Bereiche entsteht eine Nähe der mehrstufigen Deckungsbeitragsrechnung zum Riebelschen Konzept mit Einzelkosten, das im weiteren Verlauf noch beschrieben wird.

---
347 Vgl. Haberstock, L. (1982), S. 161 f.
348 Vgl. Witt, F. J. (1991), S. 51.
349 Definition Profit Center: Ein eigenständiger Geschäftsbereich mit Entscheidungsautonomie und Erfolgsverantwortung.
350 Vgl. Kilger, W./Pampel, J./Vikas, K. (2007), S. 89.
351 Vgl. Witt, F. J. (1991), S. 52.

2.2.2.2.2 Anwendungsorientiertes Beispiel

Sachverhalt:
Das Krankenhaus „Werd Gesund" weist folgende Daten auf:

Unternehmungsdeckungsbeitragsrechnung Krankenhaus „Werd Gesund"								
Bereiche	Klinik A				Klinik B			Summe
Fallgruppen	I		II		III		IV	
Fälle	1	2	3	4	5	6	7	
Umsatzerlöse	28.000 €	26.000 €	24.000 €	23.500 €	27.000 €	22.800 €	26.500 €	
Variable Kosten	10.000 €	7.000 €	9.000 €	5.000 €	12.000 €	12.000 €	11.000 €	
Fallfixkosten	0 €	0 €	0 €	0 €	0 €	0 €	0 €	0 €
Fallgruppen-fixkosten	13.000 €		11.000 €		27.000 €		0 €	51.000 €
Fixkosten der Klinik	20.000 €				12.000 €			32.000 €
Krankenhausfixkosten	10.000 €							10.000 €
Summe								93.000 €

Aufgaben:
a) Ermitteln Sie das Nettoergebnis des Krankenhauses.
b) Auf welchen Betrag ließe sich das Nettoergebnis verbessern, wenn die angegebenen Fixkosten (entgegen den realistischen Bedingungen in der Praxis) in allen Stufen sofort abbaufähig wären?

Lösung:
a) Deckungsbeiträge

Unternehmungsdeckungsbeitragsrechnung Krankenhaus „Werd Gesund"							
Bereiche	Klinik A				Klinik B		
Fallgruppen	I		II		III		IV
Fälle	1	2	3	4	5	6	7
Umsatzerlöse	28.000 €	26.000 €	24.000 €	23.500 €	27.000 €	22.800 €	26.500 €
Variable Kosten	10.000 €	7.000 €	9.000 €	5.000 €	12.000 €	12.000 €	11.000 €
Fall-DB I	18.000 €	19.000 €	15.000 €	18.500 €	15.000 €	10.800 €	15.500 €
Fallfixkosten	0 €	0 €	0 €	0 €	0 €	0 €	0 €
Fallgruppen-DB II	18.000 €	19.000 €	15.000 €	18.500 €	15.000 €	10.800 €	15.500 €
	37.000 €		33.500 €		25.800 €		15.500 €
Fallgruppenfixkosten	13.000 €		11.000 €		27.000 €		0 €
Kliniks-DB III	24.000 €		22.500 €		- 1.200 €		15.500 €
	46.500 €				14.300 €		
Fixkosten der Klinik	20.000 €				12.000 €		
Krankenhaus-DB IV	26.500 €				2.300 €		
	28.800 €						
Fixkosten des KH	10.000 €						
Nettoergebnis	18.800 €						

b) Ergebnisverbesserung
Unter der erwähnten Voraussetzung müsste die Fallgruppen III aus dem Leistungsprogramm genommen werden. Der verbesserte Nettogewinn würde dann betragen:
46.500 € + 15.500 € ./. 32.000 € ./. 10.000 € = **20.000 €**

2.3.2.3 Grenzplankostenrechnung

2.3.2.3.1 Vorgehensweise und Darstellung

Die Bezeichnung Grenzplankostenrechnung bringt zum Ausdruck, dass nur die Grenzkosten in die Kalkulation der betrieblichen Erzeugnisse einbezogen werden. Da eines der Hauptziele der Grenzplankostenrechnung die Verkaufssteuerung mit Hilfe von Deckungsbeiträgen ist, wird die Grenzplankostenrechnung auch immer häufiger als Deckungsbeitragsrechnung bezeichnet.[352]
Die Grenzplankostenrechnung ist eine flexible Plankostenrechnung basierend auf Teilkosten. Das heißt, dass die nach Kostenstellen und Kostenarten differenzierte Kostenplanung bei der Grenzplankostenrechnung genauso durchgeführt wird, wie bei der flexiblen Plankostenrechnung. Der einzige und zugleich entscheidende Unterschied besteht darin, dass weder in die Verrechnungssätze für innerbetriebliche Leistungen noch in die Kalkulationssätze der Hauptkostenstellen fixe Kosten einbezogen

---
[352] Vgl. Kilger, W. (1987), S. 65.

werden. Folglich gehen in die Kalkulationen nur proportionale Kosten ein. Die Fixkosten verbleiben zunächst auf den Kostenstellen und werden monatlich in die kurzfristige Erfolgsrechnung ausgebucht.[353] Man plant also keine anteiligen Fixkosten und somit auch keine Gesamtkosten je Leistungseinheit für unterschiedliche Beschäftigungsgrade. Nur für die variablen Kosten werden Plankosten bzw. Sollkosten ermittelt. Da man bei der Grenzplankostenrechnung einen proportionalen Verlauf der variablen Gemeinkosten bei Beschäftigungsänderungen unterstellt, also einen linearen Gesamtkostenverlauf annimmt, stimmen die „verrechneten Plankosten" mit den jeweiligen Sollkosten überein. Die Grenzplankostenrechnung kennt somit keine Beschäftigungsabweichungen, sondern weist lediglich die Verbrauchsabweichung als Differenz zwischen den Istkosten und den Sollkosten aus. Entsprechend dem System der flexiblen Plankostenrechnung auf Vollkostenbasis, kann diese Art von Kostenabweichungen durch weitergehende Untersuchungen noch untergliedert werden (zum Beispiel Verfahrensabweichungen, Qualitätsabweichungen).

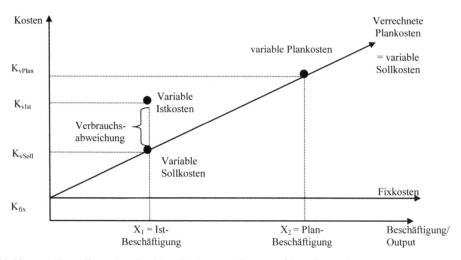

Abbildung 19: Darstellung einer flexiblen Plankostenrechnung auf Grenzkostenbasis

In der praktischen Anwendung finden sich verschiedene Varianten der Grenzplankostenrechnung. In ihrer ursprünglichen und auch heute noch weit verbreiteten Version nach Plaut handelt es sich bei der Grenzplankostenrechnung um ein Direct-Costing unter Einbeziehung von Plankosten. Es spricht aber auch nichts dagegen, die Grenzplankostenrechnung mittels einer zusätzlichen Aufspaltung des Fixkostenblocks zu einer speziellen Grenzplankostenrechnung werden zu lassen, die dann als eine stufenweise Fixkostenrechnung mit Plankosten zu bezeichnen ist.[354] Kilger setzt die Grenzplankostenrechnung mit der ein- und mehrstufigen Deckungsbeitragsrechnung gleich: „Lediglich die von Riebel vorgeschlagene spezifische Deckungsbeitragsrechnung muss von der Grenzplankostenrechnung abgegrenzt werden." [355] Analog zu den Ausführungen

---
353 Vgl. ebenda, S. 67 f.
354 Vgl. Witt, F. J. (1991), S. 87.
355 Vgl. Kilger, W./Pampel, J./Vikas, K. (2007), S. 58.

zur einstufigen und mehrstufigen Deckungsbeitragsrechnung werden die nach Erzeugnissen oder Erzeugnisgruppen differenzierten Verkaufserlöse um die proportionalen Selbstkosten der verkauften Erzeugnisse vermindert, wodurch man die jeweiligen Deckungsbeiträge einer Periode erhält. Vermindert man diesen um die fixen Kosten („en" Block oder geschichtet), so erhält man den Gesamterfolg.[356]
Ein großer Vorteil der Grenzplankostenrechnung besteht in der Aufspaltung der ermittelten Verbrauchsabweichung in verschiedenste Einflussgrößen. Durch die Möglichkeit solch tief gehenden Analysen, stellt die Grenzplankostenrechnung Informationen für die Entscheidungsfindung bereit. Die Prognose von Kosten und Erlösen spielt hier eine zentrale Rolle.[357] Welche konkrete Aussagefähigkeit solche Kosteninformationen haben, hängt jedoch davon ab, ob die Grenzplankostenrechnung als Teilkostenrechnung in ihrem Aufbau den einfachen Prinzipien des Direct Costing folgt oder ob sie nach den moderneren Grundsätzen des Rechnungswesens auf Einzelkostenbasis oder auf Basis von variablen Kosten mit mehrstufigen oder mehrdimensionalen Deckungsbeiträgen gestaltet ist.[358] Weiterhin hängt der Informationsgehalt einer Grenzplankostenrechnung davon ab, ob sie kostenstellen- oder kostenträgerorientiert ausgestaltet ist. Anzumerken ist an dieser Stelle, dass auch die bisher beschriebenen Teilkostenrechnungen Prognose- und Steuerungsinformationen liefern. Da jedoch die Bereitstellung entscheidungsrelevanter Informationen im Vordergrund steht, rechnen Schweitzer und Küpper sie den planungsorientierten Systemen zu.[359]
Mit der Grenzplankostenrechnung haben Plaut und Kilger ein Instrumentarium für eine fundierte Planung und Kontrolle der Einzel- und Gemeinkosten geschaffen. Insofern es darum geht, die unteren und mittleren Unternehmungsebenen zu beeinflussen, tritt der Verhaltensbeeinflussungszweck der Grenzplankostenrechnung in den Vordergrund.[360]
Schweitzer und Küpper bezeichnen dieses System dann als flexible Standardrechnung auf Teilkostenbasis. Drückt die oben erwähnte Prognoserechnung für die Zukunft zu erwartende Kosten aus, wie sie unter den herrschenden Betriebsverhältnissen zu veranschlagen sind, so hat eine Standardkostenrechnung einen Budget-, Norm- oder Vorgabecharakter, mit dem ein nicht zu überschreitendes „Kostenlimit" markiert wird.[361]
Die Standardkostenrechnung kann dann als Instrument zur Verhaltensbeeinflussung von Mitarbeitern verwandt werden, denn den Mitarbeitern werden geplante Kosten als Verhaltensnormen oder Standards vorgegeben, an dem die mengenmäßige Wirtschaftlichkeit (Technizität) der Planrealisation bzw. das Mitarbeiterverhalten gemessen wird. Voraussetzung dafür ist, dass die Plankosten jene Kosten umfassen, deren Höhe von den Entscheidungen und dem Handeln dieser Instanzen abhängig ist. Demnach sind externe Einflüsse auf die Kostenhöhe weitgehend auszuschalten, was dadurch gelingt, dass der geplante und tatsächliche Güterverbrauch mit Festpreisen bewertet wird. Dadurch werden Plan- und Istverbrauchsmengen über einen längeren Zeitraum hinweg vergleichbar gemacht. Festpreise machen aber nicht nur die Mengen verschiedener Güterarten addierbar und damit vergleichbar, sondern zeigen auch, bei welchen

---

[356] Vgl. Kilger, W. (1987), S. 68.
[357] Vgl. Schweitzer, M./Küpper, H.-U. (2008), S. 371.
[358] Vgl. Hummel, S./Männel, W. (1983), S. 139 f.
[359] Vgl. Schweitzer, M./Küpper, H.-U. (2008), S. 371.
[360] Vgl. ebenda, S. 372.
[361] Vgl. Hummel, S./Männel, W. (2000), S. 47.

Gütern ein erhöhter Verbrauch zu starken Kostensteigerungen führt.[362] Darum werden Festpreise häufig in Anlehnung an die Marktpreise festgelegt. Die Festpreise spiegeln dann die Relation zwischen den Marktpreisen der Güter annähernd wieder.[363]
Die flexible teilkostenbasierte Grenzplankostenrechnung ist somit eine Ergebniskontrollrechnung, die sich insbesondere zur Kostenstellensteuerung eignet, da hier technische Zusammenhänge ein großes Gewicht besitzen und individuelle Verhaltenseigenschaften dagegen oft zurücktreten. Weil die Standardkostenrechnung jedoch nicht explizit die das menschliche Verhalten bestimmenden Einflussgrößen und Zusammenhänge berücksichtigt, bezweifeln Kritiker die motivierende Wirkung von Vorgaben, die sich zumeist ohne Berücksichtigung der Eigenschaften und des Anspruchsniveaus der Mitarbeiter in der Regel an den kostengünstigsten Werten orientierten.[364] Dieser Nachteil kann durch den Einsatz eines Motivations- und Anreizsystem beseitigt werden. So kann beispielsweise ein Bonus-Malus-System eingesetzt werden, welches leistungsfähige Fachabteilungen unterstützt. Sie können – nach einem vorher bekannten Schema – mit zusätzlichen Sachmitteln rechnen oder diese für Investitionen verwenden. Personal- und Sachmittel sind unabhängig davon deckungsfähig. Wenn das Sachmittelbudget unterschritten wird, kann die Klinik die Überschüsse in eigener Verantwortung für die Neueinstellung von Personal nutzen. Gleichzeitig führen Zielunterschreitungen zu Investitions- oder Personalabzügen.[365]

2.3.2.3.2 Anwendungsorientiertes Beispiel

Sachverhalt:
In der Kostenstelle „Chirurgie" des Krankenhauses „Werd-Gesund" wird bei einer Planbeschäftigung von 1.000 Fällen pro Jahr mit variablen Plankosten in Höhe von 200.000 €/Jahr gerechnet. Tatsächlich ist die Auslastung mit 950 Fällen pro Jahr geringer gewesen. Die variablen Istkosten betragen 190.000 €.[366]

Aufgaben:
a) Wie hoch sind die Grenzplankosten?
b) Wie hoch ist die Verbrauchsabweichung?

Lösung:
a) Grenzplankosten je Fall = 200.000 € ./. 1.000 Fälle = 200 €/Fall
b) Berechnung der verrechneten Grenzplankosten:
Verrechnete Grenzplankosten = 950 Fälle * 200 € = 190.000 €

Berechnung der Verbrauchsabweichung:
Verbrauchsabweichung = Istkosten – verrechnete Grenzplankosten =
192.000 € - 190.000 € = 2.000 €

---

362 Vgl. Schweitzer, M./Küpper, H.-U. (2008), S. 622 f.
363 Vgl. Mellerowicz, K. (1972), S. 86.
364 Vgl. Schweitzer, M./Küpper, H.-U. (2008), S. 657.
365 Vgl. Pöhler, W./Dänzer, A. (2005), S. 128.
366 Dieses Beispiel kann auch auf einzelne DRGs bezogen werden. Das setzt aber eine differenzierte Betrachtung voraus.

2.3.2.4 Deckungsbeitragsrechnung mit relativen Einzelkosten
2.3.2.4.1 Vorgehensweise und Grundrechnung

Wenige Jahre, nachdem die Ausführungen zur Grenzplankostenrechnung und Deckungsbeitragsrechnung bekannt wurden, veröffentlichte Riebel seinen ersten Aufsatz über ein weiteres Teilkostensystem: „Das Rechnen mit relativen Einzelkosten".[367] Der führende Gedanke der „relativen Einzelkostenrechnung" ist, dass jegliche Kosten als Einzelkosten betrachtet werden können. Entscheidend ist, dass sie auf das entsprechende Objekt bezogen betrachtet werden müssen. In den üblichen Kostenrechnungssystemen werden die Kosten nach ihrem Bezug zum Kostenträger gewertet. In Riebels System können Kostenstellen, Maschinen, Räume, Abteilungen etc. als Bezugsobjekte gesehen werden. „Somit lassen sich alle Kosten und Erlöse mindestens einem Bezugsobjekt als Einzelkosten zurechnen – im Extremfalle nur der Unternehmung und der Totalperiode als Ganzes."[368]

Als Beispiel seien die Personalkosten einer Operation der Hüfte genannt. Sie sind nicht von der Entscheidung, die Operation durchzuführen, abhängig und somit nach Riebel keine Einzelkosten bezogen auf die Operation, sondern Gemeinkosten. Als Einzelkosten können sie der Kostenstelle OP zugeordnet werden, denn die Entstehung der Personalkosten hängt allein von der Entscheidung ab, den OP-Bereich zu führen. Der Kostenbezug im „Riebelschen System" wird immer über die Entscheidungsfrage gelöst. Entscheidungen seien letztlich immer die Quellen von Kosten, Erlösen und Erfolg, schreibt Riebel.[369]

Der Begriff Deckungsbeitrag umschreibt in der „relativen Einzelkostenrechnung" die Differenz zwischen dem Erlös eines Entscheidungsobjektes und den ihm eindeutig zugeordneten direkten Kosten.[370] Die Differenz dient der Deckung der nicht zugerechneten Gemeinkosten. Bei einer Überdeckung entsteht Gewinn.

Für die Durchführung der „Rechnung mit relativen Einzelkosten" hat Riebel die Kostenarten-, Kostenstellen- und Kostenträgerrechnung zu einer Grundrechnung kombiniert. In der Grundrechnung werden möglichst viele Kostenarten direkt erfasst. Kostenstellen und Kostenträger werden um weitere Bezugsgrößen (z.B. einzelne Maschinen, Räume etc.) erweitert. Die Kostenarten werden nach dem „Identitätsprinzip" zugeordnet. Das „Identitätsprinzip" besagt, dass eine eindeutige Zuordnung nur damit begründet werden kann, dass die einander gegenüber stehenden Größen aus einer identischen Entscheidung oder Maßnahme entstehen.[371]

Eine Hierarchie von Bezuggrößen wird aufgebaut, in der jede Kostenart an einer Stelle im Unternehmen als Einzelkosten direkt zuzuordnen ist. Riebel erlaubt in seinem System „unechte Gemeinkosten" eine Hierarchieebene „weiter oben" zuzuordnen als möglich. Als „unechte Gemeinkosten" bezeichnet er Kosten, die als Einzelkosten erfasst werden können (z.B. Stromverbrauch der Bildschirmarbeitsplätze), aber aufgrund von Unwirtschaftlichkeit darauf verzichtet wird.[372] Eine Schlüsselung solcher Kosten erlaubt er, wenn tatsächlich ein proportionaler Bezug vorhanden ist.

---
367 Vgl. Kilger, W./Pampel, J./Vikas, K. (2007), S. 79.
368 Riebel, P. (1990), S. 520.
369 Vgl. ebenda, S. 285.
370 Vgl. ebenda, S. 284.
371 Vgl. Riebel, P. (1990), S. 536.
372 Vgl. Witt, F. J. (1991), S. 25.

Eine Einteilung in fixe und variable Kosten lehnt Riebel ab. Er hält sie für die Rechnung mit „relativen Einzelkosten" zu grob.[373] Er unterteilt in Leistungs- und Bereitschaftskosten:
- Leistungskosten verändern sich im gleichen Ausmaß wie kurzfristige Veränderungen in Art und Menge der Leistungen.[374]
- Bereitschaftskosten hingegen entstehen für die Vorhaltung der Infrastruktur. Sie schaffen die institutionelle, organisatorische und technische Voraussetzung für die Leistungserstellung.[375] Bereitschaftskosten teilt er in zeitliche Dimensionen (Monat, Quartal, Halbjahr) ihrer Abbaubarkeit ein. Sie sind in Bezug auf die Zeit als Einzelkosten zu betrachten.

Neben den „Einzelkosten" sind „Deckungsbeiträge" zentrales Thema des „Riebelschen Rechnungssystems". Vom betrachteten Objekt werden die Einzelkosten subtrahiert. Übrig bleibt ein Betrag, um die nicht zugerechneten Gemeinkosten, die Einzelkosten der nächst höheren Hierarchieebene zu decken. Ähnlich wie bei der stufenweisen Deckungsbeitragsrechnung ist eine Hierarchie über die einzelne DRG, Abteilung und Klinik bis hin zur Gesamtunternehmung aufgebaut. Bei der mehrstufigen Deckungsbeitragsrechnung werden nur die Fixkosten in den Stufen nach DB I betrachtet. Im „Riebelschen Konzept" werden jeder Ebene „relative Einzelkosten" zugeordnet.

Die Deckungsbeitragsrechnung auf „relativen Einzelkosten" basierend findet ähnlich wie die anderen Teilkostensysteme bei kurzfristigen und mittelfristigen Entscheidungen Anwendung. Nach ihr können z.B.:
- ein optimales Produktionsverfahren und Programm bestimmt,
- die kurzfristige Preisuntergrenze festgelegt,
- eine Break- Even- Analyse durchgeführt und
- insbesondere Engpasssituationen analysiert werden.

Der Vorteil der „Rechnung mit relativen Einzelkosten" ist das Umgehen jeder Schlüsselungs- oder Umlagenproblematik.[376] Die Zuordnung der Kosten auf die Ebene, in der sie entstehen, ermöglicht eine gezielte Lenkung der Kosten. Werden einem Kostenstellenverantwortlichen, z.B. dem Chefarzt, die Peronalkosten des Labors zugerechnet, würde seine Kostenstelle mit Kosten belastet, die er nicht steuern kann. Das Problem tritt bei der „Rechnung mit relativen Einzelkosten" nicht auf.

Dennoch findet die „Einzelkostenrechnung" in der Praxis selten Anwendung, weil bereits die Grundrechnung hohe Forderungen an die Datenverfügbarkeit stellt.[377] Von Unternehmenspraktikern wird häufig der Einwand gebracht, dass manche Produkte kaum noch Einzelkosten aufweisen. Witt bringt das Beispiel eines Fahrgastes der Bahn, bei dem als Einzelkosten nur noch das Papier der Fahrkarte übrig bleibt.[378] Er benennt das als sehr schmale und uneinsichtige Entscheidungsgrundlage.[379] Kilger weist in seinen Ausführungen ebenfalls darauf hin, dass das System Lücken enthält: Er sieht die Verrechnung der variablen Gemeinkosten als notwendig an und kritisiert, dass in Riebels System viel zu wenig interne Leistungen auf ein Objekt verrechnet

---
373 Vgl. Riebel, P. (1990), S. 287.
374 Vgl. ebenda, S. 153.
375 Vgl. ebenda, S. 286.
376 Vgl. Vikas, K. (1997), S. 9.
377 Vgl. Witt, F. J. (1991), S. 35.
378 Vgl. ebenda.
379 Vgl. ebenda.

werden.³⁸⁰ Dadurch werden nicht die vollständigen Grenzkosten des Objektes ausgewiesen, was seiner Meinung nach u. U. zu Fehlentscheidungen führen kann.
Oft liegt die negative Kritik nicht in dem theoretischen Gerüst des Systems selbst, sondern in der praktischen Umsetzung. Das Management kann durch die vielschichtige Auswertung überfordert sein, wenn die heterogenen Deckungsbeiträge (der Produkte, Kundengruppen) vorliegen.³⁸¹
Laut Kilger lassen sich „nahezu alle von P. Riebel angestrebten Ziele der Kostenrechnung ... mit Hilfe einer konsequent ausgestalteten kostenstellen-kostenträgerorientierten Grenzplankostenrechnung besser erfüllen."³⁸²

2.2.2.4.2   Anwendungsorientiertes Beispiel

Strehlau-Schwoll hat sich bereits 1993 mit der Deckungsbeitragsrechnung auf Basis relativer Einzelkosten im Krankenhaus beschäftigt. Der Aufwand dieser Rechnungsform ist jedoch sehr hoch. Das mehrstufige Modell von Strehlau-Schwoll soll an dieser Stelle – vereinfacht dargestellt und angepasst an das DRG-System – zur Veranschaulichung dienen.³⁸³

---

380 Vgl. Kilger, W./Pampel, J./Vikas, K. (2007), S. 83.
381 Vgl. Witt, F. J. (1991), S. 37.
382 Vgl. Kilger, W./Pampel, J./Vilkas, K. (2007), S. 86.
383 Vgl. Strehlau-Schwoll, H. (1993), S. 218.

Systeme der Kosten-, Leistungs-, Erlös- und Ergebnisrechnung

Beeinflussbarkeit	Bezugsgröße	Musterklinik	DRG-Fallpauschalen				Zusatzentgelte			
			DRG A		DRG B		ZE 1		ZE 2	
			Plan	Ist	Plan	Ist	Plan	Ist	Plan	Ist
		Anzahl								
		Erlöse								
	LEISTUNGSKOSTEN									
		Einzelkosten								
Unverzügl.	Fall	– Med. Bedarf								
Unverzügl.	Leistung	– Röntgeneinzelkosten								
Unverzügl.	Leistung	– Laboreinzelkosten								
Unverzügl.	Leistung	– Sonst. Einzelkosten								
		Deckungsbeitrag 1								
		DRG-Einzelkosten								
		Zusatzentgelt-Einzelkosten								
		Deckungsbeitrag 2								
		Einzelkosten der stationären Versorgung*								
		Deckungsbeitrag 3								
	BEREITSCHAFTSKOSTEN									
		OP-Einzelkosten								
Quartalseinzelkosten		Personalkosten								
Monatseinzelkosten		Sachkosten								
		Deckungsbeitrag 4								
		Einzelkosten der Klinik								
Jahreseinzelkosten		Personalkosten								
Halbjahreseinzelkosten		Sachkosten								
		Deckungsbeitrag 5								

* Unberücksichtigt bleiben in dieser Abbildung die ambulanten Leistungen

Tabelle 13: Deckungsbeitragsrechnung mit relativen Einzelkosten (Quelle: In Anlehnung an Strehlau-Schwoll, H. (1993), S. 218.

Die Deckungsbeitragsrechnung mit relativen Einzelkosten kann nur auf Basis der Grundrechnung erfolgreich durchgeführt werden, was das Ganze dann letztendlich auch so schwierig macht, da hier Einzelkosten zuzuordnen sind.
Die Durchführung der Deckungsbeitragsrechnung selbst ist eher unproblematisch. Hier werden von den Erlösen die Einzelkosten subtrahiert. Die Differenz zwischen den Plan- und Ist-Erlösen je Periode oder Kostenträger und den „relativen Plan- und Ist-Einzelkosten" ergibt den Deckungsbeitrag I. Dieser beinhaltet ausschließlich die mit der Leistungserbringung verbundenen Einzelkosten. Die Systematik setzt sich dann fort: stufenweise werden die Einzelkosten der jeweiligen Bezugsgröße (Fall, Fallgruppe, Abteilung) abgezogen. Für die Klinik ergibt sich schließlich der Deckungsbeitrag V. Eine Ausdehnung der Deckungsbeitragsrechnung auf das gesamte Krankenhaus sollte im Anschluss daran folgen. Für jede Klinik ist der Deckungsbeitrag zu berechnen. Ausgehend davon sind dann die Einzelkosten der medizinischen Institutionen (OP, Röntgenabteilung usw.) zu berücksichtigen, also jene Kosten, die auf Fallebene noch nicht zugeordnet wurden (z.B. Instrumentarium für den OP). Ist der Deckungsbeitrag für den medizinischen Bereich errechnet, sind unter Berücksichtigung des Deckungsbeitrags für den „Sonstigen Erlösbereich" die Einzelkosten des Krankenhauses (z.B. Personalkosten des Geschäftsführers, Materialkosten) und ggf. in einem weiteren Schritt die des Konzerns zu berechnen. Das Ergebnis zeigt dann ein Überschuss oder eine Unterdeckung für die Unternehmung.

3 Weitere Systematisierungsaspekte

Abzugrenzen von den Plankosten sind die Prognose-, Vorgabe- und Budgetkosten. Plankosten werden zu Prognosekosten, wenn sich eine Unternehmung nur auf das Vorausschätzen der künftig auf einzelnen Kostenstellen und/oder für Kostenträger anfallenden Kosten beschränkt. Versuchen dagegen Unternehmungen das künftige Kostengeschehen aktiv zu beeinflussen, zum Beispiel durch Kostensenkungsprogramme, werden Plankosten zu Vorgabekosten. Der Budgetkostenansatz wird gewählt, wenn diese Kostenvorgaben darüber hinaus untergliedert und dezentralisiert werden.[384]
Analog hierzu existieren verschiedene Plankostenrechnungsvarianten:[385]
- Prognosekostenrechnung
- Standardkostenrechnung

Steht bei der Prognosekostenrechnung eine möglichst genaue Prognose für Planungszwecke auf der Basis prognostizierter Marktpreise im Vordergrund, stellt die Standardkostenrechnung auf die Verhaltensbeeinflussung von mittleren und unteren Instanzen ab. In der Praxis werden beide häufig als starre und flexible Plankostenrechnung auf Vollkostenbasis ausgebaut (sh. dazu die Ausführungen in Kapitel 4.1.3 Plankostenrechnung), wenngleich sie auch unterschiedliche Zwecke verfolgen.

3.1 Prognosekostenrechnung

Die Prognosekostenrechnung sagt bzw. berechnet die für eine Planperiode erwarteten Istkosten vor Beginn dieser Periode voraus. Ihr Ziel besteht darin, über die erwarteten Kosten einer Planperiode und damit über eine Komponente der wertmäßigen Wirtschaftlichkeit einer zukünftigen Periode zu informieren. Gegenstand der Prognoserechung sind die sog. Wird-Kosten einer Unternehmung, d.h. die bei der Realisation der Periodenpläne aller Funktionsbereiche für die Planungsperiode erwarteten Kosten und nicht die für die Zukunft angestrebten Kosten.[386] Der Planung der Beschäftigung wird die erwartete Beschäftigung zugrunde gelegt. Die Prognoserechnung ermöglicht durch die Gegenüberstellung von prognostizierten Istkosten und prognostizierten Isterlösen eine Voraussage über den künftigen Erfolg einer Planperiode. Durch diese Wandlung zu einer Prognoseerfolgsrechnung wird sie ein Instrument zur Planung des späteren Unternehmungsprozesses auf allen Führungsebenen der Unternehmung.[387]

3.2 Standardkostenrechnung

Haben die Plankosten einen Budget-, Norm-, Richt- oder Vorgabecharakter bezeichnet man diese Ausprägungsform als Standardkostenrechnung.[388] Ziel der Standardkos-tenrechnung ist es, dass einer gegebenen Ausbringungsmenge ein minimaler Mengenverbrauch gegenübersteht. Die Standardkostenrechnung dient daher vorrangig der Kostenkontrolle in den Kostenstellen.[389] Sie ist demnach ein Instrument zur Verhaltensbeeinflussung von Mitarbeitern. Die geplanten Kosten werden als Verhal-

---
[384] Vgl. Hummel, S./Männel, W. (2000), S. 400.
[385] Vgl. ebenda, S. 47.
[386] Vgl. Friedl, B. (2004), S. 295.
[387] Vgl. Schweitzer, M./Küpper, H.-U. (2008), S. 244 f.
[388] Vgl. Hummel, S./Männel, W. (2000), S. 47.
[389] Vgl. Scherrer, G. (1999), S. 118.

tensnorm oder Standard vorgegeben, an dem die mengenmäßige Wirtschaftlichkeit der Planrealisation bzw. des Mitarbeiterverhaltens gemessen wird. Voraussetzung dafür ist, dass die Plankosten jene Kosten umfassen, deren Höhe von den Entscheidungen und dem Handeln anderer Instanzen abhängig ist. Ferner müssen Kosteneinflüsse von außen zum Beispiel durch Festpreise ausgeschaltet werden.[390]

---

[390] Vgl. Schweitzer, M./Küpper, H.-U. (2008), S. 622 f.

Exkurs: Ambulanzkostenausgliederung im Krankenhaus[391]

1 Die Methode der Ambulanzabgrenzung

1.1 Nettoprinzip als krankenhausspezifisches Abgrenzungskriterium

1.2 Ziel der Ambulanzkostenausgliederung

Nach § 17 Absatz 3 Nr. 1 Krankenhausfinanzierungsgesetz i.V.m. § 1 KHEntgG und § 1 BPflV werden die pflegesatzfähigen Kosten der voll- und teilstationären Behandlung vergütet. Neben weiteren Leistungen zählen nicht zu den pflegesatzfähigen Kosten die ambulanten Leistungen der Ärzte und die ambulanten Leistungen des Krankenhauses. Die Kosten dieser Leistungen haben sich aus den vorgegebenen Erlösarten zu finanzieren, wie den Abrechnungsbeträgen der entsprechenden Gebührenordnungen für ambulante Leistungen (z.B. nach GOÄ, EBM) und den Abgaben der ermächtigten Krankenhausärzte sowie der Kostenerstattung der ambulant tätigen Krankenhausärzte im Sinne der Privatambulanz (§ 19 KHEntgG). Das nach Finanzierungsquellen zu untergliedernde Krankenhaus muss dementsprechend die Kosten und Leistungen verursachungsgerecht den sie betreffenden Bereichen der Unternehmung zuordnen. Folglich sind ambulant verursachte Kosten i.V.m. dem neuen Entgeltsystem als nicht DRG-relevant auszugliedern. Die abgegrenzten Kosten bilden sodann einerseits die Grundlage für die Durchführung einer Kostenträgerrechnung in Bezug auf die jeweiligen ambulanten Leistungen des Krankenhauses. Somit wird eine Beurteilung der Wirtschaftlichkeit der Erstellung ambulanter Leistungen ermöglicht und eine wichtige Basis für die Planung des zukünftigen Leistungsprogramms im ambulanten Bereich geschaffen. Andererseits kann für den Bereich der genehmigten, ambulanten Nebentätigkeit der Krankenhausärzte durch diese Abgrenzung eine Gegenüberstellung der dort verursachten Kosten mit dem jeweils zu entrichtenden Nutzungsentgelt der Ärzte an das Krankenhaus vorgenommen werden. Dadurch wird es dem Krankenhaus ermöglicht, eine eventuelle Unterdeckung der Kosten durch eine erneute Vereinbarung der Höhe des Nutzungsentgeltes zu vermeiden.

1.3 Methoden der Ambulanzkostenausgliederung

Der Ausgliederungsumfang (Genauigkeit, Höhe) der Ambulanzkosten wird dabei bestimmt von der gewählten bzw. machbaren Berechnungsmethode (Kostenstellenrechnung, wirklichkeitsnahe Schätzung) und vom Umfang des Kostenrechnungskonzepts, bei dem analog zu den Kostenrechnungssystemen[392] die Vollkostenrechnung und die Teilkostenrechnung im Sinne einer Grenzkostenrechnung diskutiert wird.
Im Kommentar zum § 8 KHBV heißt es dazu:[393]

> *„... b) Für die Beurteilung der Wirtschaftlichkeit und Leistungsfähigkeit, insbesondere aber die Ermittlung der Selbstkosten und damit die Ausgliederung der Kostenabzüge...kann nur eine Vollkostenmethode in Betracht kommen, die in Form der innerbetrieblichen Leistungsverrechnung alle Kostenstellen mit Sekundärleistungscharakter*

---

391 Dieses Kapitel basiert grundlegend auf den Ausführungen von Walter H. Rippel und Frank Rippel, die in Zapp, W. (2006b) veröffentlicht wurden. Sie werden hier in überarbeiteter Fassung erneut abgedruckt, da die gerelle Bedeutung für die Ambulanzkostenrechnung haben.
392 Vgl. dazu Kapitel 1.3 Systeme der Koten-, Leistungs-, Erlös- und Ergebnisrechnung.
393 Vgl. Brandecker/Dietz, O./Bofinger, W. (1976), S. 41.

entlastet. Diese innerbetriebliche Verrechnung führt sicherlich dann zu sachgerechten Ergebnissen, wenn das Verursachungsprinzip strikt beachtet wird..."

Weiterhin heißt es zur Frage der Vollkosten- oder Teilkostenrechnung in der auch heute noch zulässigen Begründung zum Regierungsentwurf vom 15.10.1985 zur Änderung der Krankenhausbuchführungsverordnung zu § 8 Nr. 3:

„... durch die Neufassung des Satzes 2 Nr. 2 sowie die Streichung der Nr. 4 wird klargestellt, dass Krankenhäuser – anstelle einer Vollkostenrechnung – auch eine Teilkostenrechnung führen können, soweit dies für die in Satz 1 genannten Zwecke ausreicht. Dies ändert jedoch nichts daran, dass entsprechend dem materiellen Pflegesatzrecht die Kostenabzüge ... nach einer sachgerechten Vollkostenmethode zu kalkulieren sind ..."

Es wird deutlich, dass die Auswahl der Methoden von der jeweiligen Zielsetzung abhängt, die mit der Kostenausgliederung verfolgt wird. Vor dem Hintergrund der Krankenhausfinanzierung wird die grundsätzlich praktizierte und um ausgewählte Fixkostenanteile modifizierte Vollkostenrechnung näher beschrieben. Aber auch die Teilkostenrechnung ist anwendbar, wenn sie „eine betriebsinterne Steuerung sowie eine Beurteilung der Wirtschaftlichkeit und Leistungsfähigkeit erlaubt" [394]. Ergänzend zum Finanzierungsaspekt ist somit die Betrachtung der Ambulanzkosten auf operativer und strategischer Ebene im Zuge der Unternehmungslenkung bedeutsam. Die Hauptaufgaben des Krankenhausmanagements sind als optimale Erfüllung des Versorgungsauftrages und die langfristige Existenzsicherung der Unternehmung zu verstehen. Veränderte externe Rahmenbedingungen führen derzeit ein dynamisches Umfeld für die Krankenhäuser mit Ansätzen eines betriebswirtschaftlichen Wettbewerbs herbei. In diesem Zusammenhang verändert sich vor dem Hintergrund der vom Gesetzgeber forcierten Öffnung der Krankenhäuser für die ambulante Versorgung der Bedeutungsgrad der stationären Leistungen der Krankenhäuser. Zu nennen ist hier vor allem die Neustrukturierung des Katalogs für ambulante Operationen nach § 115b SGB V – insbesondere auch die Erweiterung des Katalogs um „stationsersetzende Eingriffe". Hinzu kommen mit der Neuregelung des § 95 SGB V (Medizinische Versorgungszentren) und der Weiterentwicklung des §§ 140a ff. SGB V (integrierte Versorgung) zusätzliche Versorgungsmöglichkeiten für Krankenhäuser, was entsprechend bei der strategischen Leistungsprogrammplanung berücksichtigt werden muss. Betriebswirtschaftliche Ansatzpunkte hierfür bilden qualitative und quantitative Wirtschaftlichkeitsanalysen[395] der geplanten ambulanten Leistungen, die fallbezogene Teilkostenbetrachtungen erfordern.

Vertiefende Überlegungen dazu sollen hier jedoch unterbleiben. Gegenstand der nachfolgenden Ausführungen hinsichtlich der ambulanten Versorgung im Krankenhaus wird die operative Ausgestaltung der Kostenrechnung vor dem Hintergrund der bestehenden Finanzierungsgrundsätze sein.

---

394 § 8 Satz 1 KHBV
395 Vgl. hierzu weiterführend Zapp, W./Bettig, U./Dorenkamp, A. (2006), S. 5 f

1.4 Begründung für die Vollkostenrechnung für die ambulanten Krankenhausleistungen

1.4.1 Rechtliche Begründung

Mit der Bundespflegesatzverordnung von 1995 bis 2003 wurde das frühere „Bruttoprinzip", beim dem die Kosten der Buchhaltung im Verhandlungswege zu bereinigen waren um die nicht pflegesatzfähigen Kosten wie Ambulanzen und ambulantes Operieren durch das „Nettoprinzip" ersetzt. Verhandelt wurden seither nur noch die voll- und teilstationären Leistungen des Krankenhauses, so dass die Krankenkassen nicht mehr in andere Unternehmungsbereiche der Krankenhäuser hineinschauen konnten. Als Verhandlungsunterlage war bei den Pflegesatzverhandlungen die Leistungs- und Kalkulationsaufstellung nach § 17 Abs. 4 BPflV relevant. Mit Einführung des DRG-Vergütungssystems gilt seit dem 1. Januar 2004 die Bundespflegesatzverordnung gemäß § 17b Abs. 1 Satz 1 KHG nur noch für Einrichtungen der Psychiatrie, für Psychosomatik und für Psychotherapeutische Medizin. Krankenhäuser, deren Leistungen mit DRG-Fallpauschalen vergütet werden, unterliegen dem Krankenhausentgeltgesetz. Mit dem Fallpauschalengesetz vom 23. April 2002 wurde die Bundespflegesatzverordnung um alle Vorschriften bereinigt, die sich auf Fallpauschalen und Sonderentgelte beziehen, was jedoch auf die Grundsystematik der Bundespflegesatzverordnung und der Verhandlungsunterlagen keinen Einfluss hat.[396] Das später folgende 1. Fallpauschalenänderungsgesetz vom 17. Juli 2003 und das 2. Fallpauschalenänderungsgesetz vom 15. Dezember 2004 hat bezogen auf die Bundespflegesatzverordnung nur geringfügige und hinsichtlich des Krankenhausentgeltgesetzes eine Vielzahl von Änderungen hervorgebracht, die jedoch keinen Einfluss auf diese Thematik haben und daher nicht weiter erörtert werden.

Der Anwendungsbereich des Krankenhausentgeltgesetzes bezieht sich auf die Vorschriften hinsichtlich voll- und teilstationärer Krankenhausleistungen. Krankenhausleistungen umfassen allgemeine Krankenhausleistungen und Wahlleistungen. Die allgemeinen Krankenhausleistungen beinhalten Leistungen, die unter Berücksichtigung der Leistungsfähigkeit des Krankenhauses im Einzelfall nach Art und Schwere der Krankheit für die medizinisch zweckmäßige und ausreichende Versorgung des Patienten notwendig sind. Die Kosten dieser Leistungen finden gem. § 17 Absatz 3 KHG Berücksichtigung im Pflegesatz und werden somit über DRG-Fallpauschalen und weiteren nach dem Kranhausentgeltgesetz zulässigen Entgeltformen (§ 7 KHEntgG) bzw. in besonderen Ausnahmefällen nach der Bundespflegesatzverordnung vergütet. Nichtpflegesatzerstattungsfähig sind folglich Kosten für

- vor- und nachstationäre Behandlung nach § 115a SGB V,
- belegärztliche Leistungen nach § 18 KHEntgG
- wahlärztliche Leistungen nach § 17 KHEntgG

---
396 Tuschen, K. H./Trefz, U. (2004), S. 98 ff.

Ferner dürfen entsprechend dem Nettoprinzip keine Kosten ausgewiesen werden für
- ambulante Leistungen von Krankenhausärzten, die diese selbst berechnen können (Ermächtigungsambulanz, Chefarztambulanz: ambulante Behandlung durch Krankenhausärzte, ambulantes Operieren)
- ambulante Leistungen des Krankenhauses (Institutsleistungen: Notfallambulanz, Institutsambulanz, psychiatrische Institutsambulanz, sozialpädiatrische Zentren, Polikliniken, ambulantes Operieren)

Diese Kosten sind über die Kostenstellenrechnung vorab auszugliedern.

Die Abrechnung der ambulanten ärztlichen Leistungen von ermächtigten Krankenhausärzten wird durch das SGB V geregelt. Nach § 120 Abs. 1 SGB V hat der Krankenhausträger die den ermächtigten Krankenhausärzten zustehende Vergütung für die von ihnen erbrachten ambulanten ärztlichen Leistungen mit der Kassenärztlichen Vereinigung abzurechnen und nach Abzug der anteiligen Verwaltungskosten sowie der dem Krankenhaus entstehenden Kosten im Sinne von allgemeinen Praxiskosten, die durch die Anwendung von ärztlichen Geräten entstehenden Kosten sowie die sonstigen Sachkosten an die berechtigten Krankenhausärzte weiterzuleiten.

Auch wenn in § 120 Abs. 1 SGB V nur die kassenärztliche Gesamtvergütung erwähnt wird, so gilt dieses Abrechnungsverfahren ebenfalls für die vertragsärztlichen Leistungen. Mit § 120 Abs. 1 SGB V besteht für die Krankenhäuser somit eine weitere Verpflichtung, die von den Krankenhausärzten im Rahmen ihrer ambulanten ärztlichen Nebentätigkeit verursachten Kosten mit Hilfe der Kostenrechnung zu ermitteln.

Die Rechtsprechung des Bundesverwaltungsgerichtes bestätigt, dass das Krankenhausfinanzierungsgesetz und die Bundespflegesatzverordnung von einem Kostenbegriff im betriebswirtschaftlichen Sinne ausgehen.[397] Die Erläuterung der Kosten der ambulanten Leistungen durch den Begriff Selbstkosten[398] verdeutlicht, dass die Kosten im Sinne einer Vollkostenrechnung abzuziehen sind. Der Begriff der Selbstkosten ist ein in den Wirtschaftswissenschaften eindeutig definierter Begriff. Demnach sind die Selbstkosten, die nach den Prinzipien der Vollkostenrechnung für einen bestimmten Kostenträger auf der Basis eines bestimmten Kalkulationsverfahrens ermittelten „vollen" Kosten. Die Selbstkosten setzen sich also stets aus Einzel- und Gemeinkosten zusammen.[399]

Die Rechtsprechung hat die Ausgliederung der Kosten der Ambulanz nach der Vollkostenmethode bestätigt. Nach der Entscheidung des OVG Lüneburg vom 23.11.1984 – 8 OVG A 38/824 – sind die Kosten der Ambulanz im Krankenhaus nach der Vollkostenmethode aus den Selbstkosten des Krankenhauses auszugliedern. Weder dem Wortlaut des § 18 Abs. 5 BPflV vom 25.4.1973 noch einer anderen Vorschrift der Bundespflegesatzverordnung sei zu entnehmen, dass die auszugliedernden Kosten der Ambulanz ausnahmsweise nicht nach der Vollkosten-, sondern der Grenzkostenmethode zu berechnen seien. Inhaltlich sei der der Schätzung zugrunde liegende Kostenbegriff mit dem der Selbstkosten bei vorhandener Kostenstellenrechnung identisch. Dies ergäbe sich aus dem Sinn und Zweck der Regelung des § 18 Abs. 5 BPflV. Die verschiedenen

---
[397] Urteile BVG vom 28.11.1985 – 3 C 32/84 und vom 28.11.1985 – 3 C 33/84.Vgl. auch Zuck, R. (1986), S. 826 und Zuck, R. (1987), S. 65.
[398] Diese Rechtsauffassung wird durch die Aufgabe des Selbstkostendeckungsprinzips mit der BPflV und der Einführung des DRG-Systems mit dem KHEntgG nicht beeinflusst.
[399] Vgl. Hummel, S./Männel, W. (1983), S. 184.

Exkurs: Ambulanzkostenausgliederung im Krankenhaus

Alternativen der Kostenerfassung und des Kostenabzuges der Ambulanz stünden in einem Rangverhältnis. Nachfolgend erwähnte Berechnungsmethoden seien ausgeschlossen, wenn nach dem vorliegenden Zahlenmaterial eine vorstehende Berechnungsart möglich sei.

Im Übrigen würden auch die Kosten der Ambulanz dual finanziert, soweit Investitionen für den stationären Bereich auch für die Ambulanz mitbenutzt würden. Damit „tritt bei den öffentlich geförderten Krankenhäusern eine wesentliche Kostenentlastung durch die öffentliche Finanzierung der Investitionsanteile in den Ambulanzleistungen ein".

Der Verordnungsgeber sei bei Erlass der Bundespflegesatzverordnung davon ausgegangen, dass die Entgelte für ambulante Leistungen so bemessen werden, dass sie die Selbstkosten der Ambulanz nicht nur decken, sondern sogar überschreiten. Etwaige Unterschüsse seien daher nicht zu Lasten der Pflegesätze auszugleichen. Die Anwendung der Grenzkostenmethode verbiete sich mithin auch deshalb, weil die Krankenhäuser, deren Ambulanzkosten durch die Entgelte gedeckt werden, über die Pflegesätze sich Leistungen doppelt bezahlen lassen würden.

Hinsichtlich der Kostenausgliederung der ambulanten Notfallbehandlungen hat das Bundessozialgericht in seinem Urteil vom 27. 4. 1982 – 6 Rka 6/80 – u. a. ausgeführt:

„Die Aufwendungen für ambulante Notfallbehandlungen dürfen nicht in den allgemeinen Pflegesatz einfließen. Dies schließt aber nicht aus, dass die Beklagte (Kassenärztliche Vereinigung, d. Verf.) bei der Vergütung von der günstigeren Kostensituation des Krankenhauses ausgeht, und zwar einer Kostensituation unter Einbeziehung der ambulanten und stationären Leistungen. Die notwendige Trennung der stationären von den ambulanten Leistungen hat nichts damit zu tun, dass Leistungen aus beiden Bereichen insgesamt in größerer Zahl anfallen und deshalb preiswerter sind."

Das Sozialgericht Karlsruhe hat bereits im Urteil vom 16. 7. 1980 – S. 8 Ka 2342/77 – festgestellt, dass der Vergütungsanspruch sich aus dem Zusammenhang der Vorschriften über die kassenärztliche Versorgung und die Beziehungen zwischen Krankenhäusern, Kassenärztlicher Vereinigung und Kassenärzten ergibt. Das Krankenhaus hat nur einen Anspruch auf Kostenersatz. Wenn das Krankenhaus nicht dartun kann, dass die von der Kassenärztlichen Vereinigung gewährte Vergütung zur Kostendeckung nicht ausreicht, geht dies zu Lasten des Krankenhauses, nach dem auch im Kassenarztrecht geltenden Grundsatz der objektiven Beweislast, die dem Krankenhaus obliegt. Die Krankenhäuser müssen daher durch entsprechende Einzelerhebungen die Kosten der Notfallbehandlungen feststellen. Dabei kann es nicht darum gehen, die in einem Bereich anfallenden Kosten im Verhältnis der Inanspruchnahme aufzuteilen, vielmehr sind der Notfallbehandlung die unmittelbar entstehenden Kosten verursachungsgerecht zuzuordnen.

Das Prinzip der Zurechnung der Kosten zu den ambulanten ärztlichen Leistungen ist der Grundsatz der Inanspruchnahme. Die Zurechnung nach der Inanspruchnahme wird in den Wirtschaftswissenschaften Veranlassungsprinzip genannt und ist als finale Variante dem Verursachungsprinzip zuzurechnen. Unter Bezug auf die oben erwähnte synonyme Verwendung des Begriffs Kosten und die Bestätigung durch das Bundesverwaltungsgericht hinsichtlich eines betriebswirtschaftlichen Kostenbegriffs in der Bundespflegesatzverordnung ist die Kostenzurechnung nach dem Verursachungsprinzip auch für die ambulanten Leistungen des Krankenhauses anzuwenden.

Nach der KHBV sind die Erlöse der ambulanten Leistungen wie folgt zu buchen:
- 420 Erlöse aus ambulanten Leistungen des Krankenhauses
- 420 Erlöse aus Krankenhausambulanzen
- 421 Erlöse aus Chefarztambulanzen einschl. Sachkosten
- 422 Erlöse aus ambulanten Operationen nach § 115b SGB V

Nach der KHBV sind die Entgelte der Krankenhausärzte an den Krankenhausträger wie folgt zu buchen:
- 430 Nutzungsentgelte (Kostenerstattung und Vorteilsausgleich) und sonstige Abgaben der Ärzte
- 430 Nutzungsentgelte für wahlärztliche Leistungen
- 431 Nutzungsentgelte für von Ärzten berechnete ambulante ärztliche Leistungen
- 433 Nutzungsentgelte für Belegärzte
- 434 Nutzungsentgelte für Gutachtertätigkeit u. ä.
- 435 Nutzungsentgelte für die anteilige Abschreibung medizinisch-technischer Großgeräte

Auf dem Umweg über den Kontenrahmen für die Buchführung (Anlage 4 KHBV) soll mit dem Konto 435 – Nutzungsentgelte für die anteilige Abschreibung medizinisch-technischer Großgeräte – offenbar materielles Recht begründet werden, das in der Bundespflegesatzverordnung und im Krankenhausentgeltgesetz keine Stütze finden. Zur Begründung ist hierzu in der Bundesrats-Drucksache 490/1/8 vom 18. 11. 1985 folgendes aufgeführt:

„Die Kontenuntergruppe ist notwendig, um Nutzungsentgelte für die anteilige Abschreibung der medizinisch-technischen Großgeräte, die von liquidationsberechtigten Ärzten für gesondert abgerechnete Wahlleistungen und ambulante Leistungen genutzt werden, ausweisen zu können."

Für wahlärztliche Leistungen bei stationären Patienten ist die Begründung nicht durch das Krankenhausfinanzierungsgesetz gerechtfertigt. Die Kostenerstattung ist in § 19 KHEntgG abschließend geregelt.

Mit dem eingefügten Konto 435 wird offenbar der Zweck verfolgt, aus möglicherweise dem Krankenhaus zufließenden Vorteilsausgleichen Beträge für Kosten der Abschreibung auszugliedern. Dies ist weder sachgerecht, noch entspricht es dem Krankenhausfinanzierungsgesetz und/oder der Bundespflegesatzverordnung bzw. dem Krankenhausentgeltgesetz.

Für den ambulanten Bereich lässt sich grundsätzlich eine Regelung für diesen Sachverhalt aus § 5 Abs. 1 Nr. 8 KHG in Verbindung mit § 17 Abs. 3 Nr. 1 KHG herleiten. Eine Regelung des Tatbestandes müsste jedoch in einem Verordnungstext (Krankenhausentgeltgesetz, Bundespflegesatzverordnung) erfolgen; die Einfügung eines Kontos im Kontenrahmen schafft kein materielles Recht.

Trotzdem wird es gut sein, wenn sich die Krankenhäuser hierauf einrichten, denn es ist zu befürchten, dass künftig bei Bewilligung von Fördermitteln für medizinisch-technische Großgeräte die Länder die Krankenhausträger zur Mitfinanzierung auffordern, soweit und im Umfang, wie die Geräte ambulant genutzt werden.

1.4.2 Sozialpolitische und volkswirtschaftliche Begründung

Auch wenn schon aus den gesetzlichen und rechtlichen Bedingungen die Anwendung der Vollkostenmethode vorgegeben ist, so begründet sich die Berechnung der Ambulanzkosten nach der Vollkostenrechnung auch aus sozialpolitischen und volkswirtschaftlichen Überlegungen.

Bei Anwendung einer Teilkostenrechnung im Sinne einer Grenzkostenrechnung würden den Kalkulationsobjekten (ambulanten Leistungen) nur die zusätzlichen durch diese Leistungen verursachten variablen Kosten zugerechnet werden. Die Entgelte für die ambulanten Leistungen (GOÄ, BMÄ, E-GO) basieren jedoch darauf, dass die vollen Kosten der Leistungen durch diese Entgelte gedeckt werden.

Die Anwendung der Grenzkostenmethode würde in ihrer Konsequenz bedingen, dass auch der Kostenbegriff in der Bundespflegesatzverordnung und im Krankenhausentgeltgesetz bezüglich dieses Bereiches in diese Denkrichtung zu interpretieren wäre.[400] Dies würde wiederum bedeuten, dass in der Kostenstellenrechnung nur die Kosten im Sinne der Grenzkosten auszugliedern wären. Der Deckungsbeitrag bei den ambulanten Leistungen des Krankenhauses würde dem Krankenhaus zur freien Verfügung verbleiben. Der Deckungsbeitrag der ambulanten ärztlichen Leistungen der Krankenhausärzte würde, je nach Vertragsgestaltung, den Ärzten zugute kommen.

Eine solche Auslegung des Kostenbegriffes würde beinhalten, dass Ärzte, die in Krankenhäusern ambulante ärztliche Leistungen erbringen, bedingt durch die kostenlose Partizipation an Allgemeingütern – im Umfang der fixen Kosten – höhere Einnahmen erzielen als sozialpolitisch gewollt, da die Entgelte für diese Leistungen zur Abgeltung der vollen Kosten konzipiert sind. Bei den ambulanten Leistungen des Krankenhauses ist diese Problematik dadurch gemildert, dass diese zusätzlichen frei verfügbaren Einnahmen nicht aus dem Krankenhaus herausgehen und die Verwendung nur im Rahmen der satzungsgemäßen Zwecke vorgenommen werden dürfen. Es bleibt jedoch auch hier zu fragen, ob es sozialpolitisch und volkswirtschaftlich gewollt sei, den Krankenhäusern über die ambulanten Leistungen zusätzliche frei verfügbare Einnahmen zu verschaffen.

Bei Anwendung der Vollkostenrechnung für die Ambulanz im Krankenhaus kommt es durch die damit konsequenterweise verbundene Interpretation des Kostenbegriffes in der Bundespflegesatzverordnung/Krankenhausentgeltgesetz zu einem höheren Kostenabzug in Höhe der anteiligen fixen Kosten. Ein Teil des in der Grenzkostenrechnung erwähnten Deckungsbeitrages fließt durch die Berücksichtigung des Kostenabzuges bei der Pflegesatzfindung an die Allgemeinheit, im Sinne der Beitragszahler der Krankenkassen, zurück. Der Nettoerfolg der ambulanten Leistungen verbleibt den Ärzten bzw. den Krankenhäusern.

Aus dieser Erörterung wird ersichtlich, dass auch aus sozialpolitischen und volkswirtschaftlichen Erwägungen die Berechnung der Kosten der Ambulanz im Krankenhaus nach der Vollkostenrechnungsmethode vorzunehmen ist. Insbesondere bei der Ambulanz der Krankenhausärzte kommt es bei der Vollkostenrechnung nicht dazu,

---

400 Auf die eindeutige gesetzliche und rechtliche Auslegung des Kostenbegriffs in der Bundespflegesatzverordnung und dem Krankenhausentgeltgesetz, wie in Abschnitt 2.3.1 dargelegt, sei nochmals verwiesen. Es handelt sich hier nur um das konsequente Weiterdenken einer gedanklichen Alternative.

dass einzelne Personen zu Lasten der Allgemeinheit Mehreinnahmen erzielen. Bei der Grenzkostenmethode würden die anteiligen fixen Kosten nicht in die Kostenrechnung eingehen und somit nicht aus den pflegesatzfähigen Kosten der allgemeinen Krankenhausleistungen ausgegliedert; sie würden somit nicht an die Allgemeinheit zurückfließen.

Die Berechnung der Kosten der Ambulanz im Krankenhaus nach dem System der Grenzkostenrechnung wäre nur dann sinnvoll, wenn aus rein volkswirtschaftlichen Überlegungen überprüft werden soll, ob die Kosten dieser für das Krankenhaus zusätzlichen Leistungen eventuell günstiger sind als die vergleichbaren Kosten dieser Leistungen im rein ambulanten Bereich der niedergelassenen Ärzte.

1.5 Die modifizierte Vollkostenrechnung

Die Berechnung der Kosten der Ambulanz im Krankenhaus nach der Vollkostenmethode auf der Basis der Kostenverteilung nach dem Verursachungsprinzip ist eindeutig. Die Vollkostenrechnung geht grundsätzlich von der Verteilung aller Kosten auf die Kostenträger aus. In diesem Falle wären die Kostenträger die ambulanten und stationären Leistungen.

Diese daraus resultierende Verteilung der Kosten auf die ambulanten ärztlichen Leistungen nach der zeitlichen oder räumlichen Inanspruchnahme entspricht der finalen Variante des Verursachungsprinzips, das mitunter auch Veranlassungsprinzip genannt wird.

Die Regierungsbegründung zur 1. Änderungsverordnung der Krankenhausbuchführungsverordnung vom 12. 12. 1985 besagt, dass

> *„entsprechend dem materiellen Pflegesatzrecht die Kostenabzüge für ambulante Leistungen nach einer sachgerechten Vollkostenmethode zu kalkulieren sind das heißt, z.B. grundsätzlich unter Berücksichtigung von Gemeinkosten, nicht jedoch solcher Gemein- und Einzelkosten, die offensichtlich den auszugliedernden Tatbestand nicht betreffen. Bezogen auf die Personalkosten für den Nachtdienst, bedeutet dies z. B., dass der im wesentlichen durch die stationäre Versorgung beanspruchte Nachtdienst lediglich insoweit der Ambulanz zuzurechnen ist, als er mit Ambulanzleistungen in Anspruch genommen wird."*

Auch hier wird expressiv verbis bei der Kostenverteilung auf das Veranlassungsprinzip abgestellt. Interessante Aspekte ergeben sich aus der Erwähnung, den ambulanten Leistungen nicht solche Gemein- und Einzelkosten zuzurechnen, die diese offensichtlich nicht betreffen. Hilfreich ist hierbei das Beispiel der Personalkosten des Nachtdienstes. Dieser sich in diesem Beispiel widerspiegelnden Überlegung liegt eine retrograde Denkweise zugrunde. Ausschließlich ausgehend von den ambulanten Leistungen als Kostenträger, wird danach gefragt, welche Kosten diesen Leistungen aufgrund ihrer Veranlassung zugerechnet werden müssen. Die stationären Leistungen bleiben außer Betracht. Der Vollkostenrechnung liegt üblicherweise jedoch eher eine progressive Vorgehensweise inne. Basierend auf der Tatsache, dass alle Kosten einer Unternehmung durch die Produkte bzw. Leistungen (Kostenträger) gedeckt werden müssen, werden im Rahmen der Vollkostenkalkulation jedem Kostenträger die von ihm zu tragenden anteiligen Gemeinkosten zugerechnet.

Exkurs: Ambulanzkostenausgliederung im Krankenhaus

Da bei den Ausführungen der Regierungsbegründung die explizite Erwähnung der stationären Leistungen fehlt, ergibt sich heraus die logische Konsequenz, dass alle Kosten, die nach dem Veranlassungsprinzip nicht den ambulanten Leistungen zuzurechnen sind, von dem stationären Leistungsbereich getragen werden müssen. Bezogen auf das Beispiel der Personalkosten des Nachtdienstes, bedeutet dies konkret: Wird das Personal durch ambulante Leistungen in Anspruch genommen, so sind die Personalkosten für die Zeit der Inanspruchnahme diesen Leistungen zuzurechnen. Die Personalkosten für die gesamte übrige Zeit entfallen auf den stationären Bereich. Dies beinhaltet, dass Personalkosten für Zeiten, in denen das Personal weder für ambulante noch für stationäre Leistungen in Anspruch genommen wird (nicht genutzte Bereitschaftszeiten), aufgrund dieser retrograden Vorgehensweise, ausschließlich ausgehend von den ambulanten Leistungen, im Wege der Residualrechnung dem stationären Bereich anzulasten ist.

Diese Bereitschaftskosten finden sich nur bei den beschäftigungsfixen Kosten. In der Betriebswirtschaftslehre werden diese nicht genutzten fixen Kosten als Leerkosten bezeichnet. Im Gegensatz dazu heißen die in Anspruch genommenen fixen Kosten Nutzkosten. Die fixen Kosten setzen sich demnach aus Nutz- und Leerkosten zusammen. Bezeichnet man die fixen Kosten mit K_f, die Nutzkosten mit K_n und die Leerkosten mit K_l, so ergibt sich folgende Gleichung:

(1) $K_f = K_n + K_l$

Aufgrund der mangelnden Teilbarkeit der hinter den fixen Kosten stehenden Kostengüter (Produktionsfaktoren) entstehen bei nicht voller Auslastung der vorhandenen Kapazität Leerkosten. Die fixen Kosten sind definitionsgemäß konstant. Die Aufteilung eines gegebenen Fixkostenbetrages variiert dagegen mit der Beschäftigung. Für die Berechnung der Nutz- bzw. Leerkosten gelten die Gleichungen:

(2) $K_n = M_e \times K_f/M_m$

(3) $K_l = (M_m - M_e) \times K_f/M_m$

Wobei:
M_e = effektiv erbrachte Leistungsmenge
M_m = maximal mögliche Leistungsmenge

Ein Beispiel soll dies verdeutlichen: In einer bestimmten Zeiteinheit betragen die fixen Personalkosten 1000,- €. Die maximal möglich zu erbringende Leistungsmenge beträgt 80 Einheiten. In dieser Zeit werden jedoch nur 60 Einheiten erbracht. Demnach betragen die Nutzkosten:

$K_n = 60 \times 1000/80 = 750,- €$

Die Leerkosten betragen:

$K_l = (80 - 60) \times 1000/80 = 250,- €$

Die Nutzungskosten nehmen mit steigender Leistungsmenge zu und betragen bei 60 Einheiten, was einer 75 %igen Auslastung entspricht, 750,- €. Der Anteil der Leerkosten, der die verbleibenden 25 % der Kapazität umfasst, beträgt demzufolge 250,- €. Würde die Leistungsmenge 80 Einheiten beinhalten, wären keine Leerkosten zu verzeichnen; umgekehrt entsprechen die gesamten fixen Kosten bei keiner Leistungsausbringung zu 100 % den Leerkosten.

Graphisch lässt sich der Zusammenhang zwischen Nutz- und Leerkosten folgendermaßen darstellen:

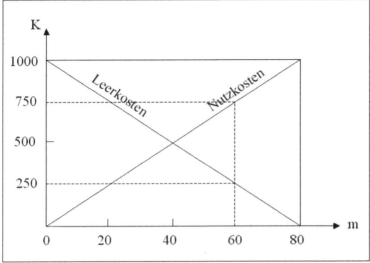

Abbildung 20: Zusammenhang zwischen Nutz- und Leerkosten (Quelle: Rippel, F. (1989) u. (1990): Ambulanz im Krankenhaus. Die modifizierte Vollkostenrechnung Teil I – IV)

Nach der Regierungsbegründung zur Krankenhausbuchführungsverordnung sind die Leerkosten immer dem stationären Bereich zuzuordnen. Im Sinne der in der Vollkostenrechnung üblicherweise vorherrschenden progressiven Vorgehensweise bedeutet dies, dass bei der Verteilung der Kosten auf die Kostenträger nach dem Verursachungsprinzip von den fixen Kosten, die meistens als Gemeinkosten verrechnet werden, nur die Nutzkosten berücksichtigt werden. Die Leerkosten werden von der Verrechnung ausgeschlossen. Bei den variablen Kosten, die meistens den ambulanten Leistungen als Einzelkosten direkt zugerechnet werden können, tritt dieses Problem nicht auf.
Auch wenn somit im Rahmen der Kostenrechnung für die Ambulanz im Krankenhaus auf die Verrechnung der Leerkosten verzichtet wird, entspricht diese Methode trotzdem der Vollkostenrechnung. Von einer Teilkostenrechnung kann erst dann gesprochen werden, wenn bestimmte Teile der gesamten Kosten, präzise bestimmte Kostenkategorien, wie z.B. fixe Kosten oder Gemeinkosten, von der Weiterverrechnung ausgenommen bleiben. Wird jedoch lediglich, wie in diesem Falle, auf die Verrechnung einzelner Kostenelemente verzichtet, aber ansonsten ganz im Sinne der Vollkostenrechnung operiert, so ist diese Methode als eine modifizierte Vollkostenrechnung zu bezeichnen.
Die Diskussion zeigt, dass die Kosten sowohl nach dem Kriterium der Zurechnung in Einzel- und Gemeinkosten als auch nach dem Kriterium der Beschäftigungsabhängigkeit in fixe und variable Kosten zu trennen sind. Der Verordnungsgeber spricht immer nur von Einzel- und Gemeinkosten; für die Anwendung der modifizierten Vollkostenrechnung ist jedoch die Trennung in fixe und variable Kosten vonnöten.

Dies insbesondere dann, wenn keine Deckungsgleichheit zwischen Einzelkosten und variablen Kosten und zwischen Gemeinkosten und fixen Kosten besteht. Das Beispiel der Personalkosten des Nachtdienstes soll dies verdeutlichen: Die Personalkosten des Nachtdienstes, der als Bereitschaftsdienst konzipiert sein soll, sind bezüglich der Leistungen, zumindest kurzfristig, fixe Kosten. Der Bereitschaftsdienst, der primär für die stationäre Versorgung zuständig ist, sei in die Bereitschaftsdienststufe C eingeordnet. Durch die Inanspruchnahme dieses Personals für ambulante Leistungen ergibt sich eine höhere Belastung, die zur Einordnung in die Stufe D führt.

Die Personalkosten weisen einen Sprung auf, um dann wiederum auf diesem neuen, höheren Niveau unverändert stehen zu bleiben. Sie verhalten sich sprungfix. Im Sinne der Zurechnung könnten die gesamten Kosten der Erhöhung der Bereitschaftsdienstkosten den ambulanten Leistungen als Einzelkosten zugerechnet werden, da durch deren zusätzliche Belastung der Wechsel von der Stufe C in die Stufe D verursacht worden ist.

Eine solche Vorgehensweise käme jedoch einer Grenzkostenrechnung gleich und würde dem Willen des Verordnungsgebers widersprechen, der Ambulanz lediglich insoweit die Personalkosten des Nachtdienstes zuzuordnen, als er mit Ambulanzleistungen in Anspruch genommen wird. Im Rahmen der Vollkostenrechnung sind auf der Basis der neuen, höheren fixen Personalkosten (Stufe D) die anteiligen vollen Kosten für die Inanspruchnahme durch die ambulanten Leistungen zu berechnen.

Die für die Ambulanz im Krankenhaus anzuwendende modifizierte Vollkostenrechnung stellt somit zum einen auf die Trennung der Kosten in fixe und variable Kostenbestandteile ab und zum anderen auf die weitere Trennung der fixen Kosten in Nutz- und Leerkosten. Die mit den ambulanten Leistungen zusammenhängenden variablen Kosten werden vollständig diesen Leistungen nach dem Veranlassungsprinzip zugerechnet. Bei den fixen Kosten werden nur die Nutzkosten nach der zeitlichen Inanspruchnahme den ambulanten Leistungen zugeordnet. Die Leerkosten verbleiben dem stationären Bereich.

Die Anwendung einer derart modifizierten Vollkostenrechnung lässt sich auch aus der Aufgabenstellung der Krankenhäuser ableiten. Nach § 2, Nr. 1 Krankenhausfinanzierungsgesetz sind:

„Krankenhäuser Einrichtungen, in denen durch ärztliche und pflegerische Hilfeleistung Krankheiten, Leiden oder Körperschäden festgestellt, geheilt oder gelindert werden sollen oder Geburtshilfe geleistet wird und in denen die zu versorgenden Personen untergebracht und verpflegt werden können."

Die originäre Aufgabe der Krankenhäuser ist somit die stationäre, medizinische und pflegerische Versorgung – auch vor dem Hintergrund der sich in den letzten Jahren neu eröffneten Geschäftsfeldmöglichkeiten. Die Bedeutung der ambulanten Leistungen eines Krankenhauses und die der Krankenhausärzte steigen zwar, die Leistungen sind jedoch weiterhin nachrangig. Die Organisation eines Krankenhauses und die damit zusammenhängenden Kosten haben sich an der stationären Aufgabenstellung auszurichten. Die hierfür vorzuhaltenden Kapazitäten und die daraus resultierenden Vorhaltekosten (fixe Kosten) sind zuerst einmal dem stationären Bereich zuzuordnen. Nur soweit durch ambulante Leistungen diese Kapazitäten in Anspruch genommen werden, sind diesen Leistungen die Kosten für diese Inanspruchnahme zuzurechnen.

Hierbei dürfen nicht die Vorhaltekosten verrechnet werden, die aus Kapazitäten resultieren, die zwar aufgrund der stationären Ausrichtung vorgehalten werden, jedoch nicht vollständig ausgelastet sind. Die Höhe des Ausgliederungsbetrages für ambulante Leistungen würde nämlich dann von der Auslastung der stationären Leistungen abhängigen und entsprechend variieren, was unzulässig wäre und auch von keinem gewollt sein kann. Eine Kostenausgliederung aufgrund der möglichen Auslastung ist hier der richtige Weg.

Die von zwei Seiten begründete grundsätzliche Anwendung der modifizierten Vollkostenrechnung für die Ambulanz im Krankenhaus bedarf, wie alle grundsätzlichen Ausrichtungen, einer Einschränkung. Der Grundsatz der Wirtschaftlichkeit gilt sowohl für den stationären Bereich als auch für den ambulanten Bereich. Leerkosten entstehen prinzipiell aus der mangelnden Teilbarkeit von Produktionsfaktoren. Maschinen und Geräte können nur durch Abbau oder Aufbau von Kapazitäten in bestimmten Intervallen an die Leistungsausbringung angepasst werden. Ähnliches gilt für den Produktionsfaktor Arbeit, also die Mitarbeiter. Es können nun Leerkosten auftreten, die mit dem Grundsatz der Wirtschaftlichkeit vereinbar sind, da sie entweder aus organisatorischen Gründen kurzfristig nicht abbaubar sind oder aufgrund bestimmter mittel- oder langfristiger Entscheidungen akzeptiert werden müssen. Es könnten jedoch theoretisch auch Leerkosten auftreten, die mit dem Grundsatz der Wirtschaftlichkeit nicht vereinbar sind. In diesen Fällen ist zu prüfen, ob diese Leerkosten auch von den eigenverantwortlichen Erbringern ambulanter Leistungen zu verantworten sind. In einem solchen Fall wäre der Verzicht auf die Verrechnung der Leerkosten im Rahmen der Vollkostenrechnung für die Ambulanz im Krankenhaus nicht zu vertreten. Es wäre gerechtfertigt, diese Leerkosten in der Zeit bis zum schnellstmöglichen Abbau den stationären und ambulanten Leistungen nach ihrem Verhältnis der Inanspruchnahme im Sinne der Verursachung zuzurechnen. Für die stationären Leistungen gilt hierbei, dass diese Leerkosten nicht zu den im Pflegesatz zu berücksichtigenden Kosten zählen.

Die Verantwortung von eigenverantwortlichen Leistungserbringern ambulanter Leistungen für Leerkosten, die nicht mit dem Grundsatz der Wirtschaftlichkeit vereinbar sind, ist z. B. dann zu bejahen, wenn ein Chefarzt in den ihm zur Verfügung stehenden Räumen sowohl stationäre als auch ambulante Leistungen erbringt und er aufgrund des ihm zustehenden Organisationsrechtes für den wirtschaftlichen Einsatz und die Verwendung von Personal, Geräten und Einrichtungen zuständig ist.

Exkurs: Ambulanzkostenausgliederung im Krankenhaus

2 Die praktische Anwendung der modifizierten Vollkostenrechnung für die Ambulanz im Krankenhaus.

2.1 Anwendungsvoraussetzungen

Wie im vorangegangenen Abschnitt dargelegt, bedarf die Anwendung der modifizierten Vollkostenrechnung der Trennung der Kosten sowohl in Einzel- und Gemeinkosten als auch in fixe und variable Kosten. Weitere wesentliche Voraussetzungen für die Berechnung der Kosten der Ambulanz im Krankenhaus sind die Ausgestaltungen der Kostenarten-, Kostenstellen- und Kostenträgerrechnung.

Die Kostenartenrechnung ist durch § 3 der Krankenhausbuchführungsverordnung der Sache nach und in Verbindung mit Anlage 4 Krankenhausbuchführungsverordnung dem Inhalt nach vorgegeben. Eine tiefer gehende Differenzierung in den einzelnen Kostenarten ist möglich.

Das Erfordernis der Kostenstellenrechnung ergibt sich aus § 8 Krankenhausbuchführungsverordnung in Verbindung mit Anlage 5, die als Mindestvorgabe konzipiert ist. Eine Befreiung von der Kostenstellenpflicht für bestimmte Krankenhäuser ist möglich (vgl. § 9 KHBV).

Insofern eine Kostenstellenrechnung nicht vollständig ausgebaut ist, ergibt sich logischerweise die Konsequenz, dass die Berechnung der Ambulanzkosten aufgrund einer wirklichkeitsnahen Schätzung vorzunehmen ist. Die Methode der wirklichkeitsnahen Schätzung wird auch im Zuge des DRG-Systems im Handbuch zur Kalkulation von Fallpauschalen der Selbstverwaltungspartner bei der Ambulanzkostenausgliederung gemischter Kostenstellen zugelassen, insofern eine Ambulanzkostenrechnung oder eine Kostenabgrenzung mit Gewichtung ambulanter und stationärer Leistungen für diese Kostenstellen ausscheidet. Stellen die Ambulanzkostenstellen, in denen ausschließlich ambulante Leistungen erbracht werden, noch ein geringes Problem dar, da die Kosten hier den abgrenzenden Kostenstellen direkt zugeordnet werden können, verhält es sich bei den Kostenstellen, die stationäre und ambulante Bestandteile enthalten, anders. Die Ausgliederung der ambulanten Kosten aus diesen gemischten Kostenstellen stellte hohe Anforderungen an die Dokumentationssysteme der ambulanten Leistungen. Wenn möglich, sollte auch hier die Kostenausgliederung auf dem kostenrechnerischen Weg erfolgen. Dazu sind zunächst auf Kostenstellenebene alle Kostenstellen nach ihrem Kostenträgerbezug zu kategorisieren. Zusätzlich ist der DRG-relevante Leistungsumfang – entweder nur die absolute Leistungszahl oder die gewichtete Leistungszahl – je Kostenstelle zu bestimmen, um auf dieser Grundlage die ambulanten Kostenanteile ermitteln und ausgliedern zu können. In Anbetracht, dass in den Krankenhäusern sehr oft die ambulanten Leistungen in unabhängigen EDV-Subsystemen oder sogar zum Teil manuell dokumentiert werden,[401] bieten die Selbstverwaltungspartner mit der Gewichtung, der Schätzung und dem Erlösabzugsverfahren weitere Abgrenzungsmethoden an.

---

[401] Vgl. Projektbericht der DRG-Projektstelle (2001): Methoden-Pretest zur Vorbereitung der Kalkulation von Fallpauschalen in einem deutschen DRG-System. S. 65.

Abbildung 21: Umsetzung der Ambulanzkostenausgliederung nach ihrer Priorität (Quelle: In Anlehnung an DKG, GKV, PKV (2007), S. 61 ff.)

Einer wirklichkeitsnahen Schätzung sind Fakten tatsächlicher Art, wie Umfang der Ambulanz, Einsatz von Personal, Verbrauch von Material und Inanspruchnahme von Räumen und Einrichtungen zugrunde zu legen.

Dies wurde auch von der Rechtsprechung bestätigt. Auf die Methode der wirklichkeitsnahen Schätzung für die Ermittlung der Ambulanzkosten greifen unter anderem Wirtschaftsprüfungsgesellschaften zurück, indem sie Datenerhebungen über kürzere Zeiträume auf größere Zeiträume hochrechnen.

Bei der Erfassung von Kosten sind die Prinzipien der Isomorphie, der intersubjektiven Überprüfbarkeit, der Vollständigkeit, der Genauigkeit und der Aktualität sowie der Wirtschaftlichkeit zu beachten. Gerade hinsichtlich des Grades der Erfüllung an Vollständigkeit, Genauigkeit und Aktualität der Kostenerfassung bedarf es einer angemessenen Abwägung mit dem Prinzip der Wirtschaftlichkeit, die im Einzelfall vorzunehmen ist.[402]

Diese generell für die Kostenerfassung relevanten Prinzipien gelten auch für die Ermittlung der Kosten der Ambulanz und für die Ermittlung der hierfür benötigten Basisdaten.

Eine auf tatsächlichen Gegebenheiten aufbauende Schätzung zur Ermittlung der Kosten ambulanter Leistungen ist als hinreichend valide und reliabel zu bezeichnen, wenn die oben angeführten Prinzipien beachtet werden.

Die Forderung der Kostenträgerrechnung ergibt sich nicht direkt aus dem Gesetz oder einer Verordnung. Sie leitet sich indirekt aus dem Erfordernis ab, die Kosten der ambulanten Leistungen zu ermitteln. Die Ermittlung der Kosten einer Leistungseinheit

---

[402] Vgl. Kapitel 3.1.2 Prinzipien der Kostenerfassung, S. 49 f.

ist Aufgabe der Kostenträgerstückrechnung. Hierbei können theoretisch verschiedene Kalkulationsverfahren herangezogen werden, deren Anwendung unter anderem auch von dem Auf- und Ausbau der Kostenstellenrechnung abhängen.[403]

Als internes Lenkungsinstrument wird die Kostenträgerrechnung auch für ambulante Krankenhausleistungen zur Pflicht werden. Aufgrund des medizinischen Fortschritts und des zunehmenden Kostendrucks im Gesundheitswesen werden heute noch stationär durchgeführte Operationen zukünftig vermehrt ambulant erbracht. Vorangetrieben wird diese Entwicklung durch die verschiedenen Möglichkeiten, das ambulante Behandlungspotential auszubauen. Entsprechend des § 37 Absatz 1 Satz 2 SGB V ist es das erklärte Ziel des Gesetzgebers, die stationären Leistungen zu reduzieren. Die jüngste Entscheidung betrifft zum Beispiel dabei das ambulante Operieren nach § 115 b SGB V. Durch die Erweiterung der Katalogleistungen (EBM) in Verbindung mit dem durch das Bundesschiedsamt entsprechend verabschiedeten Vertrag nach § 115 b Abs. 1 SGB V ambulanter Operationen und stationsersetzender Maßnahmen (AOP-Vertrag), soll die Zahl der stationär durchgeführten Eingriffe künftig zu Gunsten der stationsersetzenden Eingriffe rückläufig werden. Ein Krankenhaus, welches sich den Möglichkeiten des ambulanten Operierens verschließt, wird zukünftig Probleme haben, sich auf dem Markt sinnvoll zu behaupten. Bei einem generellen Rücklauf der stationären Leistungen mit einer Tendenz zu ambulanten Leistungen, dürfte diese Fachabteilung generell gefährdet sein. Eine Verschlechterung der Marktposition ist vorprogrammiert. Um nun aufzuzeigen, welche einzelnen Leistungen davon profitabel erbracht werden können (Wirtschaftlichkeitskontrolle) und welche in das ambulante Leistungsprogramm aufgenommen werden sollen, ist der Einsatz der Kostenträgerrechnung notwendig. Sie schafft Kostentransparenz und bildet die Grundlage für eine Deckungsbeitragsrechnung.[404]

Andererseits ist bereits herausgearbeitet worden, dass aus der Sicht der führungsorientierten Lenkung eine Verrechnung der Kosten unterschiedlich erfolgen kann. Diese Entscheidung darüber, ob Kosten – zum Beispiel nach Vollkosten (die Leistungen werden dann perse teurer) oder nach Teilkosten (die Leistungen werden dann perse günstiger) – verrechnet werden, ist eine politische Entscheidung. In diesen Ausführungen stehen kostentheoretische Überlegungen im Vordergrund, d.h., dass die modifizierte Vollkostenrechnung angewandt und als Ausgangspunkt weiterer Argumentationen verwendet wird.

---

403 Vgl. Kapitel 3.4.3 Kostenträgerstückrechnung
404 Vgl. Zapp, W. (2004), S. 88.

2.2 Arten der ambulanten Leistungen

Die Ambulanz im Krankenhaus lässt sich nach schuldrechtlichen Gesichtspunkten in Leistungen angestellter (oder beamteter) Krankenhausärzte und Leistungen des Krankenhauses (Institutsleistungen) unterscheiden. Unter die Institutsleistungen, bei denen die ambulanten Leistungen vom angestellten ärztlichen und pflegerischen Krankenhauspersonal erbracht wird, fallen die ambulanten Notfallbehandlungen, Leistungen im Rahmen des § 115b SGB V (ambulantes Operieren) sowie Leistungen, bei den es sich um hochspezialisierte Leistungen, seltene Erkrankungen und Erkrankungen mit besonderen Krankheitsverläufen handelt (§ 116b SGB V). Ferner nehmen Krankenhäuser an der ambulanten Versorgung teil:[405]

- Gründung eines Medizinischen Versorgungszentrums zur Teilnahme an der vertragsärztlichen Versorgung (§ 95 (1) SGB V)
- Institutionelle Öffnung zugelassener Krankenhäuser bei Unterversorgung im vertragsärztlichen Bereich (§ 116a SGB V)
- Einbeziehung zugelassener Krankenhäuser in die ambulante Leistungserbringung bei Teilnahme an Disease-Management-Programmen (§ 116b Abs. 1 SGB V)
- Zulassung der Krankenhäuser zur Erbringung ambulanter Leistungen in der Integrationsversorgung (§§ 140a ff. SGB V)

Ambulante Leistungen können ferner nach dem Kriterium der inhaltlichen Art differenziert werden, das insbesondere die Ambulanz der Krankenhausärzte betrifft. Hierbei ist dann zu unterscheiden zwischen ärztlichen Leistungen in der so genannten Sprechstundenambulanz und ärztlichen Leistungen im Bereich der medizinischen Institutionen. Die Sprechstundenambulanz findet meistens in den dem Krankenhausarzt zur Verfügung stehenden Diensträumen (Arbeitszimmer, Sekretariat, Behandlungszimmer u. ä.) statt. Diese Räume sind gemischt genutzte Organisationseinheiten und sollten als eigenständige Kostenstellen geführt werden.

---

405 Vgl. Oswald, J. (2008), S. 56.

Exkurs: Ambulanzkostenausgliederung im Krankenhaus

Die ambulanten Leistungen im Bereich der medizinischen Institutionen betreffen in Übereinstimmung mit der Gruppe 92 der Anlage 5 der Krankenhausbuchführungsverordnung ambulante Leistungen in folgenden Einrichtungen:

Kostengruppe	Kostenstelle
920	Röntgendiagnostik und -therapie
921	Nukleardiagnostik und -therapie
922	Laboratorien
923	Funktionsdiagnostik
924	Sonstige diagnostische Einrichtungen
925	Anästhesie, OP-Einrichtungen und Kreißzimmer
926	Physikalische Therapie
927	Sonstige therapeutische Einrichtungen
928	Pathologie
929	Ambulanzen

Tabelle 14: Ambulante Leistungen im Bereich der medizinischen Institutionen

In den medizinischen Institutionen werden die ärztlichen Leistungen überwiegend mit Hilfe von medizinisch-technischen Geräten und/oder mit Hilfe des Personals der medizinischen Fachberufe erbracht. Im Allgemeinen handelt es sich bei diesen Einrichtungen um räumlich und personell abgegrenzte Organisationseinheiten. Soweit einzelne Nummern mehrere organisatorisch selbständige Funktionseinheiten ansprechen, sind durch entsprechende Untergliederungen weitere Kostenstellen zu bilden. Funktionseinheiten können gemischt genutzt sein. Hier werden stationäre und ambulante Fälle gleichermaßen behandelt (z.B. Gipsraum). Kostenstellen können auch gemischt genutzt und interdisziplinär besetzt sein. Beispiel ist eine zentrale Ultraschall-Funktionseinheit, die von mehreren ermächtigten Ärzten im Rahmen ihrer ambulanten Tätigkeit in Anspruch genommen wird. In kleineren Krankenhäusern könnten auch die oben genannten Funktionseinheiten wie Röntgen und Laboratorium in ähnlicher Weise interdisziplinär genutzt werden.

Auch in den Sprechstundeneinheiten können Leistungen mit medizinisch-technischen Geräten wie Sonographie, Echokardiographie, Röntgenbildverstärker u. a. erbracht und interdisziplinär abgerufen werden, für die in besonderer Weise die Kosten zu berechnen sind. Hierbei ist der Verrechnungsaufwand natürlich sehr umfangreich. Nur bei einer vorliegenden, aussagefähigen Leistungsrechnung ist eine Kostenrechnung umzusetzen.

2.3 Die Erfassung der ambulanten Leistungen

2.3.1 Patientenaufnahme

Im stationären Bereich hat sich die zentrale Patientenaufnahme durchgesetzt und bewährt; nicht so im ambulanten Bereich. Die Vielfalt der möglichen Leistungserbringer – Leitende Ärzte, sonstige Krankenhausärzte, Belegärzte, das Krankenhaus als Institution – und damit die verschiedenen rechtlichen Verpflichtungen und Verflechtungen erschweren eine zentrale Aufnahme der ambulanten Patienten.

Bei der ambulanten Tätigkeit der Krankenhausärzte im Rahmen der erlaubten Nebentätigkeit handelt es sich um freiberufliche Tätigkeit. Für die Organisation seiner Ambulanz, soweit sie nicht in andere Bereiche eingreift, ist grundsätzlich der Arzt zuständig. Die Einrichtung einer zentralen Aufnahme aller ambulanten Patienten der „Ermächtigungs-Ambulanzen" bedarf der Zustimmung der betroffenen Ärzte, soweit sie nicht als Organisationsschema von Anfang an vorgegeben ist. Der Krankenhausträger kann sich eine derartige Organisation im Dienstvertrag vorbehalten.

Bei der zentralen Patientenaufnahme zur ambulanten Behandlung sind bestimmte Dinge zu beachten. In vielen Arztambulanzen kommen Patienten regelmäßig über einen längeren Zeitraum, z. B. Gynäkologie, Innere Medizin. In diesen Fällen sind jeweils die Vorbefunde interessant, d. h., die Behandlungsunterlagen früherer Behandlungen sollten vorliegen. Es muss auf das Zentralarchiv zurückgegriffen werden. Das Fortführen einmal angelegter Behandlungskarten vor Ort, also in den Ambulanzräumen, erscheint flexibler und einfacher. Für die Notfallbehandlung steht die zentrale Patientenaufnahme nach der allgemeinen Dienstzeit nicht zur Verfügung; auch die Ambulanz der Krankenhausärzte findet teilweise nach der allgemeinen Dienstzeit statt.

Jedes Krankenhaus sollte für sich untersuchen, ob und gegebenenfalls welche ambulanten Bereiche sich für eine zentrale Patientenaufnahme eignen.

2.3.2 Erläuterung des Leistungsbegriffes

Der Begriff der ambulanten Leistung an sich ist eine Leerformel. Um mit diesem Begriff im Sinne einer Leistungserfassung und Kostenermittlung arbeiten zu können, bedarf es einer konkreten Ausgestaltung dieses Begriffes; es müssen die einzelnen relevanten Leistungseinheiten definiert werden.

Um dem Gebot des Verordnungsgebers nachzukommen, die Kosten der ambulanten Leistungen von den Kosten der vollstationären und teilstationären Krankenhausleistungen abzugrenzen, sind folgende ambulante Leistungseinheiten oder -ebenen zu unterscheiden:

1. Die einzelne ambulante Leistung nach den Gebührenordnungen, wie GOÄ oder BMÄ/E-GO i. V. m. dem EBM.
2. Die pro Patient erbrachten ambulanten Leistungen, wobei hierbei weiter zu differenzieren ist in;
2.1 die pro Behandlungsfall erbrachten ambulanten Leistungen und
2.2 die pro Abrechnungsfall erbrachten ambulanten Leistungen.
3. Die in einer Sprechstundeneinheit oder medizinischen Institution während eines bestimmten Zeitraumes insgesamt erbrachten ambulanten ärztlichen Leistungen.

Bei der praktischen Ermittlung der Kosten der Ambulanz im Krankenhaus ist im Einzelfall jeweils die Leistungseinheit als Bezugsgröße zu wählen, die unter Beachtung der allgemeinen Grundsätze der Kostenerfassung die rechtlichen Anforderungen und Finanzierungsregeln am besten erfüllt.

Bei der Bezugsgröße „ambulante Leistung nach den Gebührenordnungen" gilt zum 1. Januar 2009 der Einheitliche Bewertungsmaßstab 2009 (EBM 2009).

Bei der patientenbezogenen Betrachtungsweise wird von der einzelnen Leistung nach Gebührenordnung abstrahiert. Es geht darum, welche Personal- und Sachkosten, aufgrund der für einen Patienten benötigten Behandlungszeit, dieser Leistungseinheit zuzurechnen sind. Die als Einzelkosten direkt zurechenbaren Verbrauchsgüter sind selbstverständlich ebenfalls anzusetzen. Da die Abrechnung der ambulanten ärztlichen Leistungen üblicherweise quartalsweise erfolgt, ist zu unterscheiden zwischen Behandlungsfall und Abrechnungsfall. Ein Abrechnungsfall kann mehrere Behandlungsfälle beinhalten.

Die Leistungseinheit „die in einer Sprechstundeneinheit oder medizinischen Institution insgesamt erbrachten ambulanten ärztlichen Leistungen während eines bestimmten Zeitraumes" kann in erster Linie dann zugrunde gelegt werden, wenn es sich um eine personell und räumlich abgegrenzte Organisationseinheit handelt. Es müssen für alle Leistungen und Leistungseinheiten die Kosten je Kostenart ermittelt werden; ebenso ist die Arbeitszeit der Mitarbeiter für die Erbringung ambulanter Leistungen in Personalstellen oder Personalstellenanteile umzurechnen.

2.3.3 Erfassung der Leistungen der medizinischen Institutionen

Seit der Aufhebung des Selbstkostendeckungsprinzips mit der Bundespflegesatzverordnung 1995 und der Umstellung des Entgeltsystems der Krankenhäuser auf DRG-Fallpauschalen mit dem Fallpauschalengesetz 2002 und damit einer leistungsorientierten Krankenhausvergütung kommt der innerbetrieblichen Kostenstellenrechnung, der Kostenträgerstück- und zeitrechnung und dem Controlling eine erhöhte Bedeutung zu. Dabei ist besonders eine umfassende Leistungsrechnung und damit Leistungserfassung hervorzuheben.

Für die Kostenstellenrechnung und damit auch für die Ausgliederung der Kosten ambulanter Leistungen müssen alle Leistungen der medizinischen Leistungsstellen erfasst und den verschiedenen Verursachern zugeordnet werden, die da sind:
- Fallpauschalen
- Zusatzentgelte
- Vor- und nachstationäre Behandlung
- Ambulantes Operieren
- Institutsambulanz, z. B. Notfallambulanz, Psychiatrische Institutsambulanz, Physikalische Therapie u. a.
- Ambulanzen der verschiedenen Chefärzte, Leistungen für Dritte.

Mangels eines anderen, besseren Erfassungssystems sind die Leistungen nach den GOÄ-Ziffern zu erfassen. Die Gewichtung erfolgt über die der GOÄ-Ziffer zugeordnete Punktzahl.

Bei Anwendung der modifizierten Vollkostenrechnung erfolgt die Aufteilung der Kosten der gemischt genutzten Leistungsstelle (Kostenstelle) auf die verschiedenen Bereiche stationär und ambulant. Wie im Weiteren noch ausgeführt wird, ist dies eine Methode der Berechnung der Kosten der Ambulanz.

Ob die GOÄ-Punktzahl ein objektiver Gewichtungsparameter ist, ist für eine Reihe von Leistungen, die sowohl ambulant als auch stationär erbracht werden, zu bezweifeln. Insbesondere für bettlägerige Patienten ist der Personalaufwand im Allgemeinen höher als für ambulante, in der Regel gehfähige Patienten. Für eine sachgerechte Gewichtung ist es notwendig, die Gewichtungsmethode zu verfeinern.

Für einige ambulante Leistungsbereiche besteht kein direktes Erfordernis einer Leistungserfassung. Es handelt sich um Leistungen, die hier mit dem Begriff der Sprechstundenambulanz der Krankenhausärzte umschrieben werden. In diesen Bereichen genügt es, eine Kostenrechnung auf der Basis einer Erfassung der gesamten ambulanten Nutzungszeit vorzunehmen, soweit eine eindeutige personelle und räumliche Abgrenzung der Organisationseinheit gewährleistet ist. Ist dies nicht gewährleistet, sollte die Ermittlung der Kosten ambulanter Leistungen nach Erhebung patientenbezogener Behandlungszeiten vorgenommen werden.

2.4 Methoden der Kostenrechnung

Der Grundgedanke der modifizierten Vollkostenrechnung besteht darin, dass bei der Zurechnung der fixen Kostenbestandteile den ambulanten Leistungen nur die anteiligen Nutzkosten angelastet werden. Aufbauend auf diesem Grundgedanken und in Verbindung mit den verschiedenen Leistungsbezugsgrößen sind folgende grundsätzliche Methoden zur Berechnung der durch die ambulanten Leistungen oder die Ambulanz verursachten Kosten möglich:

1. Berechnung der Kosten pro Leistung nach Gebührenordnung,
2. Berechnung der Kosten pro Patient (Behandlungsfall/Abrechnungsfall),
3. Berechnung der Kosten pro Sprechstundeneinheit oder medizinischer Institution während eines bestimmten Zeitraumes,
   - durch Aufteilung nach Punkteinheiten
   - nach globaler Nutzungszeit,
   - durch eine Kombination von Nutzungszeit und Punkteinheiten.

Die Kosten der Kostenermittlung der ambulanten Leistungen sollten so gering wie möglich gehalten werden. Dies erfordert eine einfache und praktikable Berechnungsmethode. Aus diesen Gründen ist bei der Wahl der Leistungseinheit soweit möglich auf Leistungserfassungen zurückzugreifen, die bereits aus anderen Gründen erhoben werden.

Hinsichtlich der den verschiedenen Methoden inneliegende grundsätzliche Vorgehensweise, ist zu differenzieren zwischen retrograd und progressiv.

Bei der retrograden Vorgehensweise ist ausschließlich von der ambulanten Leistungseinheit, unabhängig davon, welche Bezugsgröße zugrunde liegt, auszugehen. Die Erfassung der in dieser Organisationseinheit erbrachten stationären Leistungen ist für die Ermittlung der der Ambulanz zuzurechnenden Kosten nicht notwendig. Die Ermittlung der anteiligen Nutzkosten erfolgt nach dem Kriterium der zeitlichen Inanspruchnahme. Eine Berechnung der gesamten relevanten Nutzkosten bzw. eine Aufteilung der fixen Kosten in Nutz- und Leerkosten entfällt.

Bei der progressiven Vorgehensweise werden die in einer gemischt genutzten Funktionseinheit angefallenen Kosten auf die stationären und ambulanten Leistungen verteilt. Es bedarf daher vorab der Aufteilung der relevanten fixen Kosten in Nutz- und Leerkosten. Des Weiteren müssen die in dem jeweiligen zu analysierenden Bereich insgesamt erbrachten Leistungen, also ambulant und stationär, bekannt sein. Die Nutzkosten werden dann im Verhältnis der zeitlichen Inanspruchnahme auf die ambulanten und stationären Leistungen aufgeteilt. Im Einzelfall ist zu prüfen, inwieweit bei der Aufteilung eine Gewichtung vorzunehmen ist.

Welche Methode und damit Vorgehensweise im Einzelnen anzuwenden ist, hängt davon ab, ob

1. in der betreffenden Funktionseinheit eine vollständige Erfassung der erbrachten ambulanten und stationären Leistungen existiert,
2. eine eindeutige personelle Abgrenzung der Organisationseinheit besteht und
3. eine eindeutige räumliche Abgrenzung der Organisationseinheit vorliegt.

Nur wenn alle drei Kriterien erfüllt sind, kann die progressive Vorgehensweise, also die Methode Kostenrechnung durch Aufteilung nach Punkteinheiten, angewendet werden. Ist eine der drei Voraussetzungen nicht gegeben, ist retrograd vorzugehen.

Liegen die Voraussetzungen vor, die für die Anwendung der progressiven Vorgehensweise definiert sind, kann selbstverständlich auch immer die retrograde gewählt werden; diese dürfte in den meisten Fällen jedoch aufwendiger sein. Umgekehrt kann die progressive Vorgehensweise jedoch nicht gewählt werden, wenn nach den vorliegenden Bedingungen die retrograde anzuwenden ist.

2.5 Umsetzung der modifizierten Vollkostenrechnung

Bei der Umsetzung gelten für alle Methoden, dass eigene krankenhausspezifische Datenerhebungen durchgeführt werden müssen. Aus Wirtschaftlichkeitsgründen genügt es, soweit nicht auf vorhandene Statistiken (Leistungserfassung) zurückgegriffen werden kann, zeitlich begrenzte Datenerhebungen durchzuführen. Aus diesen Erhebungen werden durchschnittliche Behandlungszeiten, Zeiten der Inanspruchnahme von Personal und Sachgütern oder Gewichtungsfaktoren ermittelt. Diese aus der einmal vorgenommenen Erhebung resultierenden Daten bilden zusammen mit den ständig zur Verfügung stehenden Daten, wie Patientenzahlen oder Leistungen, bewertet mit Katalogpunkten, die Grundlage der jährlichen Kostenrechnung. Dabei ist bereits bei der Erhebung der Basisdaten – Durchschnittszeiten der Behandlung bzw. der Inanspruchnahme von Personal und Sachgütern – darauf zu achten, welche Daten in welcher Form später als ständige Daten benötigt werden und zur Verfügung stehen.

Ebenso ist bei der Aufbereitung der erhobenen Basisdaten die spätere praktische Anwendbarkeit unter Berücksichtigung der zur Verfügung stehenden Informationen von vornherein zu beachten. Die theoretischen Überlegungen zur Kostenrechnung der Ambulanz im Krankenhaus können nicht losgelöst von den betriebswirtschaftlichen und statistischen Voraussetzungen im Krankenhaus gesehen werden. Die folgenden Darstellungen der praktischen Anwendung der modifizierten Vollkostenrechnung sind daher unter dem Grundsatz der Anwendbarkeit und Praktikabilität im Krankenhaus zu sehen.

Die Zuordnung der Kosten zu den ambulanten Leistungen hat nach dem Funktional- oder Proportionalprinzip zu erfolgen. Eine Zuordnung ist immer dann gewährleistet, wenn den Kalkulationsobjekten die Kosten als Einzelkosten zugerechnet werden können. Bei den Gemeinkosten kann eine weitgehend funktionale Zuordnung dadurch erreicht werden, indem die kostenstellenbezogenen Kosten proportional zu deren Leistungsvolumen verrechnet werden. Die Kosten der ambulanten Leistungen sind nach der Verrechnungssatzkalkulation zu ermitteln.

Die Verrechnungssatzkalkulation geht von der Trennung in Einzel- und Gemeinkosten aus. Während die Einzelkosten den Kalkulationsobjekten direkt zugerechnet werden, bezieht man die kostenstellenbezogen erfassten Kosten auf die Kostenstellenleistung und ermittelt so leistungsbezogene Verrechnungssätze. Für die Ermittlung der Verrechnungssätze sind die kostenstellenbezogen erfassten Kosten durch die in dieser Kostenstelle während einer Periode erstellten Leistungseinheiten zu dividieren. Die Kostenstellenleistung bei der Ambulanz im Krankenhaus wäre hierbei in den Einheiten Minuten oder Punkten nach diversen Katalogen zu messen.

Da die Berechnung der Ambulanzkosten nach der modifizierten Vollkostenrechnung erfolgt, darf bei der Division der kostenstellenbezogen erfassten Kosten durch die Leistungseinheiten, soweit die gesamten Kosten der Kostenstelle zugrunde gelegt werden, nicht die tatsächlich erstellten Leistungseinheiten während einer Periode herangezogen werden, sondern die in dieser Periode maximal möglichen Leistungseinheiten. Damit ist gewährleistet, dass den ambulanten Leistungen nur die anteiligen Nutzkosten und nicht Leerkosten angelastet werden. Werden vorab die auf den ambulanten Bereich insgesamt entfallenden Kosten errechnet, so ist bei einer tiefer gehenden Kalkulation, z. B. bezogen auf den einzelnen Patienten, die Division durch die tatsächlich erbrachten ambulanten Leistungseinheiten, z. B. ambulante Behandlungsminuten, durchzuführen. Die Leerkosten sind dann bereits eliminiert.

Voraussetzung für dieses Kalkulationsverfahren ist, dass durch Stücklisten, Durchlauffolge- oder Arbeitsgangpläne genau festgehalten wird, in welchem Umfang die zu kalkulierenden ambulanten Leistungen die Kostenstelle in Anspruch genommen haben. Dies ist Aufgabe der durchzuführenden eigenen, krankenhausspezifischen Erhebung.

Als Einzelkosten können den ambulanten Leistungen Personalkosten, die durch die Erfassung der zeitlichen Inanspruchnahme ermittelt werden, und direkt verbrauchte Materialien zugerechnet werden.

Personalkosten, die durch eine derartige Erfassung als Kostenträgereinzelkosten behandelt werden können, sind all diejenigen Kosten, die Personal betreffen, das direkt mit der Behandlung des Patienten beschäftigt ist.

Dagegen sind die übrigen, kostenstellenbezogen erfassten Kosten (Kostenträgergemeinkosten) über Verrechnungssätze den ambulanten Leistungen zuzuordnen. Aufgrund der geringen Bedeutung der Sachkosten im Krankenhaus im Verhältnis zu den Personalkosten genügt es meistens, wenn die gesamten Sachkosten kostenstellenbezogen erfasst werden. Die Sachkosten, die theoretisch als Einzelkosten verrechnet werden könnten (Verbrauchsmaterialien), werden damit als unechte Gemeinkosten behandelt. Dies erscheint aufgrund ihres geringen Anteiles gerechtfertigt. Ausnahmen wären hier gegeben, wenn die Verbrauchsmaterialien einen wesentlichen Kostenanteil repräsentieren.

Bei den kostenstellenbezogen erfassten Kosten ist weiter zu differenzieren zwischen Kostenstelleneinzel- und -gemeinkosten. Während die Personalkosten der Arztsekretärinnen/-schreibkräfte oder Sprechstundenhelferinnen den Kostenstellen direkt zugeordnet werden können, sind andere Personalkosten, wie eigener Reinigungsdienst oder eigener Instandhaltungsdienst, sowie die echten Sachgemeinkosten über Vorkostenstellen mittels Schlüsselgrößen auf die Kostenstellen umzulegen.
Im Folgenden sollen einige Bereiche exemplarisch dargestellt und analysiert werden.

2.5.1 Kostenrechnung der Sprechstundenambulanz der Krankenhausärzte

Nachstehende Betrachtungen gehen von der Überlegung aus, dass der Krankenhausarzt seine ambulante Sprechstunde in denselben Räumen ausübt, in denen er auch seine Dienstaufgaben wahrnimmt, z. B. Dienstzimmer, Sekretariat, Untersuchungs- und Behandlungsräume, Wartezimmer, Sanitärräume und Verkehrswege. Die in diesen Räumen auszuführenden Dienstaufgaben lassen sich zum Teil nicht in gleicher Weise messen und bewerten wie die ambulante Tätigkeit. Beispielhaft seien hier Dienstbesprechungen oder Erledigen von Dienstpost angeführt. Für die Kostenrechnung der ambulanten Tätigkeit werden die Nutzungszeit für Räume und Einrichtungen und der Zeitaufwand für die Inanspruchnahme von Mitarbeitern herangezogen.

Die Kostenrechnung der Sprechstundenambulanz umfasst dabei nur die ärztlichen Leistungen in den genannten Räumen, die ohne Inanspruchnahme medizinisch-technischer Geräte wie Röntgen, Ultraschall, EKG u. a. erbracht werden. Für die Kostenrechnung der ambulanten ärztlichen Leistungen, die unter Inanspruchnahme medizinisch-technischer Geräte erbracht werden, sind andere Methoden anzuwenden.

Eine eindeutige Abgrenzung von Aufgaben dieser Organisationseinheiten ist oft nicht möglich. Die in diesen Organisationseinheiten erbrachten Leistungen werden üblicherweise nicht erfasst, da kein direktes Erfordernis besteht. Es ist daher nach der retrograden Methode vorzugehen. Je nach dem Umfang der Ambulanz ist die patientenbezogene Kostenrechnung oder die Berechnung nach globaler Nutzungszeit anzuwenden.

2.5.2 Patientenbezogene Kostenrechnung

Bei der patientenbezogenen Kostenrechnung muss vorab eine eigene, krankenhausspezifische Erhebung durchgeführt werden, um die durchschnittlichen Behandlungszeiten pro Patient und damit die zeitliche Inanspruchnahme des an der Behandlung beteiligten Personals und der Sachgüter zu ermitteln. Für die Arztsekretärin genügt es, periodisch Aufzeichnungen zu führen, aus denen hervorgeht, wie groß insgesamt der auf die Ambulanz entfallende Anteil ist.

2.5.2.1 Beispielsrechnung

Das nachfolgend dargestellte Beispiel beinhaltet eine Chirurgische Ambulanz, die als gemischt genutzte Organisationseinheit die stationäre Notaufnahme, die Notfallambulanz als Institutsambulanz, die Sprechstundenambulanz des Chefarztes und die Diensträume des Chefarztes umfasst. Die Organisationseinheit wird als eigenständige Kostenstelle geführt. Eine eindeutige Abgrenzung ist bei den Personalkosten des

Funktionspersonals und der Arztsekretärin sowie den Sachkosten gegeben. Die Sachkosten werden über Vorkostenstellen mittels Schlüsselung zugeordnet. Kostenstelleneinzelkosten werden direkt auf dieser Kostenstelle erfasst. Personell ist eine eindeutige Abgrenzung bei dem ärztlichen Dienst nicht möglich, da teilweise Ärzte der gesamten Abteilung Chirurgie in Anspruch genommen werden. Es bedarf somit einer retrograden Vorgehensweise, also einer patientenbezogenen Kostenrechnung.

Im Rahmen einer 4wöchigen Erhebung wurden mittels Selbstaufschreibung des Personals pro Patient im Sinne von Abrechnungsfall folgende Daten erhoben:

(1)	Abrechnungsart	1 = Kassenärztliche Vereinigung (KV) 2 = Selbstzahler (SZ) 3 = Berufsgenossenschaft (BG)
(2)	Behandlungsart	1 = ambulanter Fall (Sprechstunde) 2 = ambulanter Notfall
(3)	Erstbehandlungszeit Chefarzt	Dauer der Erstbehandlung durch Chefarzt in Minuten
(4)	Erstbehandlungszeit nachgeordnete Ärzte	Dauer der Erstbehandlung durch die nachgeordneten Ärzte in Minuten
(5)	Erstbehandlungszeit Funktionspersonal	Dauer der Erstbehandlung durch das Funktionspersonal in Minuten
(6)	Erstbehandlungszeitpunkt der Ärzte	Zeitpunkt der Erstbehandlung durch die Ärzte 1 = normale Arbeitszeit (AZt) 2 = Bereitschaftsdienst (BrD)
(7)	Erstbehandlungszeitpunkt Funktionspersonal	Zeitpunkt der Erstbehandlung durch das Funktionspersonal 1 = normale Arbeitszeit 2 = Bereitschaftsdienst
(8)	Weiterbehandlung	Anzahl der Weiterbehandlungen
(9)	Weiterbehandlungszeit nachgeordneter Ärzte	Dauer der gesamten Weiterbehandlungszeit durch die nachgeordneten Ärzte in Minuten
(10)	Weiterbehandlungszeit Funktionspersonal	Dauer der gesamten Weiterbehandlungszeit durch das Funktionspersonal in Minuten

Tabelle 15: Zu erhebende Daten im Rahmen einer patientenbezogenen Kostenrechnung in einer Chirurgischen Ambulanz

Die Datenerhebung betrifft nur die während dieses Zeitraumes ambulant behandelten Patienten.
Die persönliche Tätigkeit des Chefarztes muss nicht aufgezeichnet werden, da dieser für sich selbst keine Kostenerstattung zu leisten hat. Nur soweit der Leitende Arzt bei den ambulanten Notfällen persönlich die Behandlung vorgenommen hat, muss dies erfasst werden, da die Notfallbehandlung als Institutsambulanz zur Dienstaufgabe gehört. Das Kriterium (3) „Erstbehandlungszeit Chefarzt" betrifft somit nur die ambulanten Notfälle. Für den Fall, dass der Leitende Arzt Inhaber der Notfallambulanz ist, würde dieses Kriterium ganz entfallen.

Exkurs: Ambulanzkostenausgliederung im Krankenhaus

Ein Erhebungsbogen für die praktische Anwendung könnte z. B. folgendermaßen aussehen:

Erhebungsbogen
für die ambulant behandelten Patienten in der Chirurgischen Ambulanz

Patientenname ....

Abrechnungsart

☐ KV (Pflichtkassen, Ersatzkassen, Sonst.) ☐ Selbstzahler ☐ Berufsgenossenschaft

☐ ambulanter Fall (Sprechstunde) ☐ ambulanter Notfall

Erstbehandlungszeit

Datum .... Uhrzeit ....

Chefarzt*) Zeit .... Min

Nachg. Ärzte, Anzahl: Zeit (gesamt) .... Min
  Zeit (gesamt) .... Min
....

Funktionspersonal, Anzahl:

....

Weiterbehandlungszeiten

Datum	Nachg. Ärzte Anzahl	Zeit (gesamt) Min	Fkt.-Pers. Anzahl	Zeit (ges.) Min

*) Nur bei ambulanten Notfällen ausfüllen

Abbildung 22: Erhebungsbogen für eine patientenbezogene Datenerfassung in einer Chirurgischen Ambulanz

Durch die Uhrzeit der Erstbehandlung wird bei der Auswertung evident, ob die Behandlung während der Arbeitszeit oder während des Bereitschaftsdienstes stattfand. Diese Information, jeweils differenziert danach, ob es sich um Ärzte oder um Funktionspersonal handelt, ist für die Ermittlung der Personalkosten je Stunde für die Berechnung der ambulanten Notfälle von Bedeutung. Bei der Ambulanz des Chefarztes ist davon auszugehen, dass die Behandlungen, sowohl Erst- als auch Weiterbehandlungen, während der Arbeitszeit stattfinden.

Bei der Ermittlung der zeitlichen Inanspruchnahme der nachgeordneten Ärzte und des Funktionspersonals genügt es, auf die Gesamtzeit abzustellen. Dies bedeutet, wenn z.B. mehrere Mitarbeiter des Funktionspersonals gleichzeitig tätig werden, sind diese Zeiten zu einer Gesamtzeit zu addieren. Zur Plausibilitätskontrolle sollte die Anzahl der Beteiligten eingetragen werden.

Bei den Weiterbehandlungen werden aus den eingetragenen Daten die Anzahl der Weiterbehandlungen pro Patient, im Sinne von Abrechnungsfall, und die gesamte Weiterbehandlungszeit (von allen Weiterbehandlungen), differenziert nach Ärzten und Funktionspersonal, für die weitere Auswertung errechnet. Es ist daraus die durchschnittliche Weiterbehandlungshäufigkeit pro Abrechnungsfall und die durchschnittliche Zeit einer Weiterbehandlung zu ermitteln. Das jeweilige Datum soll zur Sicherheit vor Doppelerfassungen und zur Plausibilitätskontrolle mit angegeben werden.

Im Folgenden soll eine Beispielsrechnung durchgeführt werden, um die Ambulanzkostenrechnung darzustellen.

Während der 4wöchigen Aufzeichnung wurden insgesamt 507 ambulante Fälle (Sprechstunde) und 190 ambulante Notfälle erhoben. Die Auswertung der Notfälle wird weiter unten im Rahmen der Institutsambulanz dargestellt.

Bei den 507 ambulanten Fällen waren 362 Fälle, bei denen im Erhebungszeitraum eine Erstbehandlung – und teilweise auch Weiterbehandlungen – durchgeführt worden waren und 145 Fälle, bei denen im Erhebungszeitraum nur Weiterbehandlungen vorkamen.

Bei den errechneten Durchschnittszeiten sind die Vor- und Nachrüstzeiten enthalten. Bei der Erhebung wurde darauf hingewiesen, dass diese Zeiten bei der Behandlungszeit des jeweiligen Patienten mit zu berücksichtigen sind. Tabelle 16 zeigt die durchschnittlichen Erstbehandlungsminuten für die nachgeordneten Ärzte und das Funktionspersonal; gesamt und differenziert nach den drei Abrechnungsarten.

Insgesamt ergab sich bei den Ärzten ein Mittelwert von 11,87 Minuten und bei dem Funktionspersonal ein Wert von 19,57 Minuten.

Im Rahmen der 507 erhobenen ambulanten Fälle fanden insgesamt 714 weitere Behandlungen statt. Bezogen auf die im selben Zeitraum stattgefundenen 362 Erstbehandlungen errechnet sich über alle Fälle eine durchschnittliche Weiterbehandlungshäufigkeit von 1,98.

Exkurs: Ambulanzkostenausgliederung im Krankenhaus

	Kassenärztliche Vereinigung	Selbstzahler	Berufs-genossenschaft	Gesamt
Erstbehandlung Fallzahl	210	35	117	362
Nachgeordnete Ärzte Durchschnittszeit	11,35	8,74	13,74	11,87
Funktionspersonal Durchschnittszeit	20,66	15,91	18,70	19,57

Tabelle 16: Durchschnittliche Dauer der Erstbehandlungen in Minuten

Die durchschnittliche Weiterbehandlungshäufigkeit errechnet sich als Division der Anzahl von Weiterbehandlungen im Erhebungszeitraum durch die Anzahl der Erstbehandlungen im Erhebungszeitraum. Bei dieser Rechenmethode wird unterstellt, dass die Fälle, bei denen im Erhebungszeitraum keine Erstbehandlung durchgeführt worden war, kompensiert werden durch die Fälle, bei denen die Weiterbehandlungen erst nach Abschluss des Erhebungszeitraumes stattfinden.

	Kassenärztliche Vereinigung	Selbstzahler	Berufs-genossenschaft	Gesamt
Erstbehandlung Fallzahl	210	35	117	362
Weiterbehandlung Fallzahl	461	55	198	714
Durchschnittszeit	2,20	1,58	1,70	1,98

Tabelle 17: Durchschnittliche Weiterbehandlungshäufigkeit

Die Notwendigkeit der Kenntnis dieser Faktoren besteht dann, wenn als ständig zur Verfügung stehende Information nur die Zahl der Abrechnungsfälle vorliegt, ohne zu wissen, wie viele Behandlungen bei dem einzelnen Fall stattgefunden haben. Bei der durchschnittlichen Dauer je Weiterbehandlung ergaben sich folgende Minutenwerte (vgl. Tabelle 18):

	Kassenärztliche Vereinigung	Selbstzahler	Berufs-genossenschaft	Gesamt
Erstbehandlung Fallzahl	461	55	198	714
Nachgeordnete Ärzte Durchschnittszeit	3,75	1,93	3,85	3,52
Funktionspersonal Durchschnittszeit	8,33	10,35	8,11	8,42

Tabelle 18: Durchschnittliche Dauer der Weiterbehandlung

Wird bei der Ermittlung der notwendigen, ständig zur Verfügung stehenden Information auf das Ambulanz-/Behandlungsbuch oder auf die Ambulanz-/ Behandlungskartei zurückgegriffen und ist hierin keine Differenzierung in Erst- und Weiterbehandlung vermerkt, so ist alternativ die Zahl aller Behandlungen heranzuziehen. In diesem Fall ist aus den erhobenen Behandlungszeiten ein gemeinsamer Mittelwert zu bilden, ohne zu berücksichtigen, ob es sich um eine Erst- oder eine Weiterbehandlung handelt.

In dem vorliegenden Beispiel ergaben sich für die 362 Erstbehandlungen und die 714 Weiterbehandlungen bei einer Gesamtbetrachtung folgende durchschnittliche Behandlungszeiten in Minuten:

	Kassenärztliche Vereinigung	Selbstzahler	Berufs-genossenschaft	Gesamt
Erstbehandlung Fallzahl	671	90	315	1076
Nachgeordnete Ärzte Durchschnittszeit	6,00	4,58	7,52	6,33
Funktionspersonal Durchschnittszeit	12,19	12,51	12,04	12,17

Tabelle 19: Durchschnittliche Dauer der Behandlungen in Minuten bei Gesamtbetrachtung

Bei den Aufzeichnungen der beiden Arztsekretärinnen, die unter anderem auch die ambulanten Befunde schreiben, ergab sich ein auf die Ambulanz insgesamt entfallender Anteil von 90 v. H. Hierbei ist jedoch zu berücksichtigen, dass in diesem Beispiel für die gesamten Schreibarbeiten im stationären Bereich ein zentraler Schreibdienst zur Verfügung steht. Da aufgrund dieser Konstellation damit zu rechnen war, dass der ambulante Anteil wesentlich größer ist als der stationäre, wurde bei den Aufzeichnungen im Einvernehmen mit dem Chefarzt umgekehrt vorgegangen. Es wurden die stationären Leistungen der Arztsekretärinnen erfasst. Diese Vorgehensweise rechtfertigt sich auch dadurch, dass bei diesem Personal davon ausgegangen werden kann, dass keine Leerkosten existieren.

Die hier dargestellten durchschnittlichen Behandlungszeiten erheben keinen Anspruch auf Allgemeingültigkeit. Sie sollen nur zur besseren Darstellung der Methodik dienen. In Abhängigkeit von den individuellen, spezifischen Bedingungen können sich andere Werte ergeben.

Exkurs: Ambulanzkostenausgliederung im Krankenhaus

So wurden z. B. in einer früheren Erhebung in einem anderen Krankenhaus folgende durchschnittliche Behandlungszeiten des Funktionspersonals und des ärztlichen Dienstes ermittelt:

Leistungsgruppe	Behandlungsdauer
Funktionspersonal:	
KV-Behandlung	12
Selbstzahler	12
BG-Behandlung	20
Gesamtbetrachtung	**13,5**
Ärztlicher Dienst:	
für die 1. Behandlung	8
für jede weitere Behandlung	4
Gesamtbetrachtung	**5**

Tabelle 20: Durchschnittliche Behandlungsdauer in Minuten bei einer früheren Erhebung in einem anderen Krankenhaus

Der Vergleich dieser beiden Erhebungen bestätigt, dass die Erhebungen jeweils krankenhausindividuell vorzunehmen sind. Während die durchschnittliche Behandlungsdauer des ärztlichen Dienstes in der früheren Erhebung rund eine Minute geringer ausfiel, war bei der durchschnittlichen Behandlungsdauer des Funktionsdienstes rund eine Minute mehr zu verzeichnen gewesen.

Die frühere Erhebung wurde auf der Basis von ca. 150 Behandlungen an drei Behandlungstagen durch Zeitstudien für die einzelnen Leistungsgruppen ermittelt. Die erhobenen Zeiten berücksichtigten ebenfalls die Vor- und Nachrüstzeiten. Sie wurden mittels einer konkreten Zeitaufschreibung über drei Monate überprüft und bestätigt. Auf eine Differenzierung beim Funktionspersonal in Erst- und Weiterbehandlung sowie beim ärztlichen Dienst in KV-Behandlung, Selbstzahler und BG-Behandlung wurde verzichtet.

Zur Berechnung der auf einen ambulant behandelten Patienten entfallenden Kosten oder der insgesamt dem ambulanten Bereich während eines Jahres anzulastenden Kosten werden folgende ständige, im Sinne von jährlich zur Verfügung stehende Daten benötigt:

– eine aussagekräftige Kostenstellenrechnung für die gemischt genutzte Sprechstundeneinheit,
– durchschnittliche Personalkosten je Stunde für den nachgeordneten ärztlichen Dienst und das Funktionspersonal und
– die Zahl der Abrechnungsfälle oder die Zahl der gesamten Behandlungen der Ambulanz eines Jahres, unterteilt nach:
– Kassenärztlicher Vereinigung,
– Berufsgenossenschaft,
– Selbstzahler.

Die Zahl der Abrechnungsfälle ist entweder von dem Chefarzt zu erfragen oder dem Ambulanz-/Behandlungsbuch oder der Ambulanz-/Behandlungskartei zu entnehmen. Lässt sich aus dem Ambulanzbuch oder der -kartei keine Differenzierung nach Erst- und Weiterbehandlung entnehmen, so ist alternativ auf die Zahl der gesamten Behandlungen abzustellen.

Die Personalkosten je Stunde sind krankenhausindividuell durch die Buchhaltung[406] zu ermitteln. Es sollte hierbei kein Stundensatz für jeden Mitarbeiter, sondern pro Dienstgruppe, also Ärzte und Funktionspersonal, errechnet werden, um nicht durch unterschiedliche Stundensätze die Präferierung einzelner Personen hervorzurufen.

Bei der Ermittlung des Stundensatzes ist von den Bruttopersonalkosten, also inklusive Arbeitgeberanteil Sozialversicherung sowie Beihilfen und Reisekosten, jedoch ohne eventuellen Poolzahlungen, Bereitschaftsdienstvergütungen, Tagesaufschlag und Kindergeld, auszugehen. Diese Kosten sind durch die tatsächlich erbrachten Ist-Arbeitsstunden dieser Mitarbeiter zu dividieren. Die dabei zu berücksichtigenden Ausfallzeiten wie Urlaub, Krankheit und Fortbildung sollten ebenfalls krankenhausindividuell ermittelt werden. Eine pauschale Berücksichtigung der Ausfallzeiten mit 15 v. H. dürfte mittlerweile in den meisten Fällen nicht mehr den tatsächlichen Verhältnissen entsprechen.

Die Verrechnung der in der gemischt genutzten Kostenstelle erfassten Kosten auf die Ambulanz basiert auf dem Grundsatz, der Ambulanz nur solche Kosten anzulasten, die den ambulanten Bereich offensichtlich betreffen.

Bei dieser Verrechnung lassen sich insgesamt drei Kostenkategorien unterscheiden:
- die variablen Sachkosten, also die Verbrauchsmaterialien des medizinischen Bedarfs, des Wirtschafts- und des Verwaltungsbedarfs,
- die so genannten Raumkosten, also die gesamten übrigen Sachkosten sowie die Personalkosten des klinischen Hauspersonals, des Wirtschafts- und Versorgungsdienstes und des technischen Dienstes, und
- die übrigen Personalkosten, soweit diese nicht als Kostenträgereinzelkosten verrechnet werden.

Die als Kostenstelleneinzelkosten behandelten variablen Sachkosten sollten bereits bei der Anforderung der Materialien gesondert erfasst und als Kosten der Ambulanz ausgewiesen werden. Sie sind somit in voller Höhe der Ambulanz zuzuordnen. Um eine tiefer gehende Verrechnung auf den einzelnen Patienten zu ermöglichen, ist ein Verrechnungssatz zu bilden, indem diese Kosten durch die tatsächlich insgesamt erbrachten ambulanten Behandlungsminuten dividiert werden. Es können hierfür die Behandlungsminuten des Funktionspersonals verwendet werden.[407]

Die als Raumkosten bezeichneten Kosten werden über Vorkostenstellen mittels Schlüsselung auf die gemischt genutzten Kostenstellen umgelegt. Um bei diesen fixen Kostenbestandteilen den ambulanten Leistungen keine Leerkosten anzulasten, muss der Verrechnungssatz gebildet werden, indem diese Kosten durch die maximal möglichen Raumnutzungsminuten dividiert werden. Da die diesem Beispiel zugrunde

---

[406] In der Regel liegen die exakten Zahlen in der Personalabteilung nicht vor, weil zusätzliche Kosten in der Buchhaltung gebucht und den einzelnen Dienstarten zugeordnet werden (Beihilfe, Reisekosten, Betriebsrat, usw.).

[407] Da die diesem Beispiel zugrundeliegende gemischt genutzte Organisationseinheit auf die als Institutsambulanz geführte Notfallambulanz umfasst, sind bei der Division durch die tatsächlich insgesamt erbrachten ambulanten Behandlungsminuten auf die ambulanten Notfallbehandlungsminuten zu berücksichtigen.

liegende Ambulanz als stationäre Notaufnahme und als Notfallambulanz das ganze Jahr über rund um die Uhr zur Verfügung steht, entsprechen die maximal möglichen Raumnutzungsminuten eines Jahres den gesamten Minuten eines Jahres, also 525 600 Minuten.[408] Für die anteilige Zuordnung auf die Ambulanz müsste eine Erfassung der ambulanten Raumnutzungszeit vorgenommen werden.

Da bei einer patientenbezogenen Erfassung der Raumnutzungszeit diese Zeit im wesentlichen nur marginal von der (längeren) Behandlungszeit des Funktionspersonals inklusive Vor- und Nachrüstzeit abweichen dürfte, können alternativ die Behandlungsminuten des Funktionspersonals zur Berechnung der anteiligen Raumkosten herangezogen werden.

Werden im Wesentlichen keine ambulanten Behandlungen parallel durchgeführt und assistiert in der Regel nur ein Mitarbeiter des Funktionspersonals bei der Behandlung, können die gesamten Behandlungsminuten des Funktionspersonals als Raumnutzungsminuten angesehen werden. Sieht es dagegen in der Praxis z. B. so aus, dass in der Regel zwei Mitarbeiter des Funktionspersonals gleichzeitig mit der Behandlung von ambulanten Patienten beschäftigt sind, sind in diesem Fall die gesamten Behandlungsminuten des Funktionspersonals durch zwei zu dividieren, um mittels der Behandlungsminuten die anteiligen Raumkosten zu ermitteln. Ein solcher Fall wäre beispielsweise zu vermuten, wenn bereits der Dienstplan eine Besetzung von zwei oder drei Personen vorgibt.

Sind die durchschnittlichen wöchentlichen Stunden der ambulanten Sprechstunde eindeutig abgrenzbar, so kann als weitere Alternative die Berechnung der auf die Ambulanz entfallenden Raumkosten auch in der Art erfolgen, dass der sich aus dem Verhältnis zwischen den durchschnittlichen wöchentlichen Ambulanzstunden und den gesamten Wochenstunden ergebende v.-H.-Satz zur Berechnung herangezogen wird. Bei durchschnittlich 25 wöchentlichen Ambulanzstunden ergibt sich bei 168 Wochenstunden beispielsweise ein v.-H.-Satz von rund 15 v. H.

Bei den übrigen kostenstellenbezogen erfassten Personalkosten ist durch globale Aufzeichnung der ambulante Anteil zu ermitteln. Eine tiefer gehende Verrechnung kann wie bei den variablen Sachkosten vorgenommen werden.

Die auf diesen Grundsätzen aufbauende Kostenrechnung für die Ambulanz eines Chefarztes sollte in Form einer Sonderrechnung durchgeführt werden. Aufgrund der allgemeinen Anforderungen an die Kostenrechnung, sind im Laufe des Jahres alle Kosten als Kostenstelleneinzelkosten zu erfassen. Ausgehend von den als Kostenstelleneinzelkosten erfassten Kosten sind zu dem erforderlichen Zeitpunkt die übrigen relevanten Kosten für diesen Sonderzweck zu kalkulieren.

Im Folgenden wird die Kostenrechnung für die Ambulanz eines Chefarztes der Chirurgie für ein Jahr dargestellt. Es werden 2.800 KV-Abrechnungsfälle, 1.000 BG-Abrechnungsfälle und 400 SZ-Abrechnungsfälle zugrunde gelegt. Aufgrund der in der Erhebung ermittelten Faktoren für die Weiterbehandlungshäufigkeit ergeben sich hieraus 8.960 KV-Behandlungen, 2.700 BG-Behandlungen und 1.032 SZ-Behandlungen. Die Zahl der Behandlungen wären dem Ambulanzbuch zu entnehmen.

---

[408] 365 Tage x 24 Stunden x 60 Minuten = 525600 Jahresminuten.

Exkurs: Ambulanzkostenausgliederung im Krankenhaus

Kostenrechnung für die Ambulanz des Chefarztes Dr. med. ...., Chirurgie für das Jahr 200 ..		
Nr.	Kostenarten	Euro
1.	Ärztlicher Dienst	
1.1	Nachgeordnete Ärzte	
1.2	Vertretung	
2.	Pflegedienst	
3.	Med.-techn. Dienst	
3.1	Arztsekretärin/Sprechstundenhilfe	
3.2	Sonst. Arztschreibkräfte	
4.	Funktionsdienst	
4.1	Funktionspersonal	
4.2	Sonst. Funktionspersonal	
5.	Klinisches Hauspersonal	
6.	Wirtschafts- u. Versorgungsdienst, Technischer Dienst	
7.	Verwaltungsdienst	
7.1	Personal-Verwaltungskosten	
7.2	Abrechnungs-Verwaltungskosten	
8.	Sonstige Personalkosten	
9.	Medizinischer Bedarf*)	
10.	Wasser, Energie, Brennstoffe	
10.1	Wasser	
10.2	Energie	
10.3	Brennstoffe	
11.	Wirtschaftsbedarf	
11.1	Verbrauchsmaterial	
11.2	Reinigung	
12.	Verwaltungsbedarf*)	
13.	Steuern, Abgaben, Versicherungen	
14.	Instandhaltungsgüter	
15.	Gebrauchsgüter	
16.	Zwischensumme	
17.	Abschreibungen	
17.1	Räume	
17.2	Einrichtungen	
18.	Summe	

Tabelle 21: Kostenrechnung für die Ambulanz eines Chefarztes

Erläuterungen:
Zu 1.1 Nachgeordnete Ärzte

Auf der Basis der patientenbezogenen Erhebung ergibt sich aufbauend auf der jeweiligen Zahl der Abrechnungsfälle folgende Berechnung:

Fälle x	Behandlungs- minuten	x	Weiterbehandlungs- häufigkeit	=	Gesamt Behandlungsmin.	x	Personalkosten pro Min. €	=	Kosten nachg. Ärzte €

Erstbehandlung

KV	2.800		11,35		–		31.780		
SZ	400		8,74		–		3.496		
BG	1.000		13,74		–		13.740		

KLEE-Rechnung

Exkurs: Ambulanzkostenausgliederung im Krankenhaus

Weiterbehandlung
KV	2.800	3,57	2,20	21.991
SZ	400	1,93	1,58	1.220
BG	1.000	3,85	1,70	6.545

Unter Verwendung der Zahl der jeweiligen Behandlungen stellt sich die Berechnung wie folgt dar:

Fälle	x	Behandlungs- minuten	x	Weiterbehandlungs- häufigkeit	=	Gesamt Behandlungsmin.	x	Personalkosten pro Min. €	=	Kosten nachg. Ärzte €
KV		8.960		6,00		–		53.760		
SZ		1.032		4,58		–		4.726		
BG		2.700		7,52		–		20.304		

Zu 1.2 Vertretung
Für die Vertretung des Chefarztes durch den Oberarzt ist zu berechnen:

Abwesenheitswochen des Chefarztes	x	Durchschnittliche Ambulanzstunden pro Woche	x	Stundensatz Arbeitszeit des Oberarztes	=	Kosten der Vertretung

Zu 2. Pflegedienst
Soweit der Pflegedienst im Ausnahmefall in Anspruch genommen wird, sind Einzelaufzeichnungen zu führen. Die Berechnung ergibt sich aus:

Inanspruchnahme Pflegedienst in Stunden	x	Stundensatz Arbeitszeit des Pflegedienstes	=	Kosten des Pflegedienstes

Zu 3.1 Arztsekretärin/Sprechstundenhilfe
Die Personalkosten der Arztsekretärinnen/Sprechstundenhelferinnen werden als Kostenstelleneinzelkosten erfasst. Entsprechend dem v.-H.-Satz der Aufzeichnungen über die globale Inanspruchnahme durch die Ambulanz, hier 90 v. H., sind die Kosten der Ambulanz zuzurechnen.

Zu 3.2 Sonstige Arztschreibkräfte
Werden zusätzlich Arztschreibkräfte in Anspruch genommen, die nicht zu dieser Organisationseinheit gehören, z. B. aus dem zentralen Schreibdienst, sind Aufzeichnungen zu führen. Bei sporadischer Inanspruchnahme sind Einzelaufzeichnungen zu führen; bei kontinuierlicher Inanspruchnahme genügt eine zeitlich begrenzte Erfassung, anhand derer die jährliche Gesamtzeit hochgerechnet wird. Die Berechnung ergibt sich aus:

Inanspruchnahme Arztschreibkräfte in Stunden	x	Stundensatz Arbeitszeit der Arztschreibkräfte	=	Kosten der Arztschreibkräfte

Zu 4.1 Funktionspersonal

Auf der Basis der patientenbezogenen Erhebung ergibt sich aufbauend auf der jeweiligen Zahl der Abrechnungsfälle folgende Berechnung:

Fälle x	Behandlungs-minuten	x	Weiterbehandlungs-häufigkeit	=	Gesamt Behandlungsmin.	x	Personalkosten pro Min. €	=	Kosten nachg. Ärzte €

Erstbehandlung

KV	2.800		20,66		–		57.848		
SZ	400				–		6.364		
BG	1.000		18,70		–		18.700		_____

Weiterbehandlung

KV	2.800		8,33		2,20		51.313		
SZ	400		10,35		1,58		6.541		
BG	1.000		8,11		1,70		13.787		_____

Unter Verwendung der Zahl der jeweiligen Behandlungen stellt sich die Berechnung wie folgt dar:

Fälle x	Behandlungs-minuten	x	Weiterbehandlungs-häufigkeit	=	Gesamt Behandlungsmin.	x	Personalkosten pro Min. €	=	Kosten nachg. Ärzte €
KV	8.960		12,19		–		109.222		
SZ	1.032		12,51		–		12.910		
BG	2.700		12,04		–		32.508		_____

Zu 4.2 Sonstiges Funktionspersonal

Es gelten die Ausführungen zu 3.2. in analoger Weise.

Zu 5. Klinisches Hauspersonal

Auf der Basis der tatsächlich geleisteten Reinigungsstunden für die gesamte gemischt genutzte Sprechstundeneinheit sind diese Raumkosten folgendermaßen zu ermitteln:

Reinigungszeit Klinisches Hauspersonal in Stunden x Stundensatz Arbeitszeit des Klinischen Hauspersonals : 525.600 Min. x Raumnutzungsminuten = Kosten der Reinigung

Exkurs: Ambulanzkostenausgliederung im Krankenhaus

Zu 6. Wirtschafts- und Versorgungsdienst, Technischer Dienst
Es gelten die Ausführungen zu 5. in analoger Weise.

Zu 7.1 Personalverwaltungskosten
Die Berechnung der anteiligen Personal-Verwaltungskosten ergibt sich aus:

$$\frac{\text{Kosten der Personalabteilung}}{\text{Anzahl Personalfälle}^{409}} \times \text{Anteilige für die Ambulanz tätige Mitarbeiter} = \text{Kosten der Personalverwaltung}$$

Zu 7.2 Abrechnungsverwaltungskosten
Wenn die Abrechnung für den Chefarzt durch die Krankenhausverwaltung vorgenommen wird, ist der hierfür notwendige Personalaufwand anhand einer zeitlich begrenzten Erhebung zu ermitteln. Die Berechnung erfolgt in Analogie zu 2.

Zu 8. Sonstige Personalkosten
Soweit sonstige Personalkosten anfallen, ist die Berechnung in Analogie zu 2. durchzuführen.

Zu 9. Medizinischer Bedarf
Die zu berechnenden Kosten ergeben sich aus den getrennt erfassten Anforderungen für den ambulanten Bereich.

Zu 10.1 Wasser
Die Wasserkosten der gemischt genutzten Kostenstelle können beispielsweise durch den mittels Hilfsgrößen ermittelten Wasserverbrauch der Kostenstelle errechnet werden. Hiervon ausgehend ergibt sich die Berechnung des auf den ambulanten Bereich entfallenden Anteils als:

$$\text{Wasserverbrauch in cbm} \times \text{Wasserpreis inkl. Abwasser pro cbm} : 525.600 \text{ Min.} \times \text{Raumnutzungsminuten} = \text{Wasserkosten}^{410}$$

Zu 10.2 Energie
Die Stromkosten der gemischt genutzten Kostenstelle können über den Stromverbrauch der Kostenstelle errechnet werden. Falls hierfür keine Zwischenzähler existieren, ist der Stromverbrauch mittels der installierten Kilowatt in Verbindung mit der durchschnittlichen wöchentlichen Nutzungszeit der Stromabnehmer festzulegen. Die Berechnung für den ambulanten Bereich ist in Analogie zu 10.1. durchzuführen.

Zu 10.3 Brennstoffe

---

409 Als Anzahl der Personalfälle kann vereinfacht verwendet werden: Mitarbeiterzahl zum 1.1. d. Jahres plus Zugänge des Jahres.
410 Die Wasserkosten können alternativ auch berechnet werden, indem ein durchschnittlicher Wasserverbrauch pro ambulante Behandlung ermittelt wird. In diesem Fall würden direkt die anteiligen Wasserkosten der Ambulanz errechnet.

Exkurs: Ambulanzkostenausgliederung im Krankenhaus

Ausgangsbasis für die Heizungskosten der gemischt genutzten Kostenstelle bilden die Heizungskosten des gesamten Krankenhauses. Diese sind nach der Raumfläche umzulegen. Die anteiligen Heizungskosten für die Ambulanz ergeben sich daher wie folgt:

$$\frac{\text{Heizkosten des Krankenhauses}}{\text{Fläche des Krankenhauses in qm}} \times \frac{\text{Fläche der Kostenstelle in qm}}{\frac{525.600}{\text{Min.}}} \times \text{Raumnutzungsminuten} = \text{Heizungskosten}$$

Zu 11.1 Wirtschaftsbedarf – Verbrauchsmaterial
Es gelten die Ausführungen zu 9. in analoger Weise.

Zu 11.2 Reinigung
Nach Ermittlung der aus den Rechnungen der Fremdfirmen auf die Kostenstelle entfallenden anteiligen Reinigungskosten (z. B. nach Raumfläche oder Zeitaufwand) ergibt sich die Berechnung in analoger Weise zu 5.

Zu 12. Verwaltungsbedarf
Es gelten die Ausführungen zu 9. in analoger Weise.

Zu 13. Steuern, Abgaben, Versicherungen
Die allgemeinen, für alle Bereiche gleichermaßen betreffenden Kosten dieser Art sind in Analogie zu 10.3. zu berechnen.

Zu 14. Instandhaltung
Die Kosten der Instandhaltungen durch Fremdfirmen sowie die verbrauchten Materialien bei den durch die eigenen Handwerker durchgeführten Instandhaltungen werden als Kostenstelleneinzelkosten erfasst. Die Berechnung der anteiligen Ambulanzkosten erfolgt analog zu den übrigen Raumkosten.

Zu 15. Gebrauchsgüter
Soweit nicht ausschließlich für die Ambulanz angeschafft, gelten die Ausführungen zu 14. in analoger Weise.

Zu 17.1 Abschreibungen – Räume
Ausgehend von Abschreibungen für das gesamte Krankenhausgebäude oder dem Gebäude, in dem sich diese Kostenstelle befindet, ergibt sich die Berechnung in Analogie zu 10.3.

Zu 17.2 Abschreibungen – Einrichtungen
Die Abschreibungen für die Einrichtungsgegenstände werden mittels der Anlagenbuchhaltung der Kostenstelle als Einzelkosten zugeordnet. Die Berechnung ist in Analogie zu den übrigen Raumkosten durchzuführen.
Der sich in Tabelle 16 unter 16. als Zwischensumme ergebende Betrag ist von den geförderten Krankenhäusern über die Kostenstellenrechnung auszugliedern. Die sich unter 17. errechneten Beträge verbleiben dem Krankenhaus.

2.5.2.2 Kostenrechnung nach globaler Nutzungszeit

Werden nachgeordnete Ärzte und Funktionspersonal nur in Ausnahmefällen in Anspruch genommen, kann die Kostenrechnung nach der globalen Nutzungszeit vorgenommen werden. Dies betrifft im Wesentlichen, bis auf die unter 5.1.1 dargestellte Chirurgische Ambulanz, in der gleichzeitig die Notfallambulanz und die stationäre Notaufnahme integriert sind, alle sonstigen Sprechstundenambulanzen.

Üblicherweise handelt es sich bei einer derartigen Ambulanz um eine gemischt genutzte Organisationseinheit, die die Sprechstundenambulanz des Chefarztes und die Diensträume des Chefarztes umfasst. Die Organisationseinheit wird als eigenständige Kostenstelle geführt. Eine eindeutige personelle und sachliche Abgrenzung ist bis auf die oben erwähnten Ausnahmen gegeben. Kosten von Personal, das in dieser gemischt genutzten Kostenstelle permanent tätig ist, werden als Kostenstelleneinzelkosten erfasst. Personalkosten, die aus der Inanspruchnahme von Personal außerhalb der Kostenstelle resultieren, sind nach der Zeit dieser Inanspruchnahme dem ambulanten Bereich als Gesamtbetrag zuzurechnen. Sachkosten, die nicht als Einzelkosten der Kostenstelle direkt zugerechnet werden können, werden über Vorkostenstellen mittels Schlüsselung zugeordnet.

Die Kalkulation der Kosten des ambulanten Bereiches erfolgt somit hauptsächlich über die Kostenstelle. Direkte Zurechnungen von Kostenträgereinzelkosten werden nur in Ausnahmefällen vorgenommen. Der Grundgedanke besteht darin, die Kosten der Ambulanz nach der globalen Inanspruchnahme von Personal, Räumen und Sachgütern zu berechnen.

In Anlehnung an die Diskussion der patientenbezogenen Kostenrechnung ergeben sich folgende Anmerkungen:

Die Kenntnis über die Anzahl der Abrechnungsfälle der Ambulanz ist nicht vonnöten. Die durchschnittlichen Personalkosten je Stunde der verschiedenen Dienstarten sind dann zu ermitteln, wenn Personal außerhalb der abgegrenzten Organisationseinheit in Anspruch genommen wird.

Für die Berechnung der relevanten kostenstellenbezogen erfassten Kosten gelten die bereits dargelegten Ausführungen bis auf eine Ausnahme analog.

Die Ausnahme betrifft die so genannten Raumkosten. Bei der Chirurgischen Ambulanz, die aufgrund der integrierten stationären Notaufnahme rund um die Uhr zur Verfügung steht, entsprechen die maximal möglichen Raumnutzungsminuten eines Jahres den gesamten Minuten eines Jahres. Bei einer Ambulanz, die jedoch „nur" die Sprechstundenambulanz und die Diensträume eines Chefarztes umfasst, ist von einem Einschichtbetrieb, also von der 38,5-Stunden-Woche auszugehen. Es ergeben sich somit sowohl bei den Raumkosten als auch bei den übrigen, der gesamten gemischt genutzten Kostenstelle zugeordneten Personalkosten derselbe Wert für die maximal möglichen Raumnutzungs-/Behandlungsminuten.

Auf der Basis der durchschnittlichen wöchentlichen Inanspruchnahme von Personal und Sachgütern lassen sich die Kosten der Ambulanz, mit Ausnahme der variablen Sachkosten und der direkt dem ambulanten Bereich zugeordneten Kosten, als v.-H.-Satz der kostenstellenbezogen erfassten Kosten berechnen. Der v.-H.-Satz ist festzustellen, indem die wöchentliche durchschnittliche Inanspruchnahme, differenziert soweit erforderlich, zu der 38,5-Stunden-Woche ins Verhältnis gesetzt wird.

Die Ermittlung, in welchen zeitlichen Umfang diese globale Nutzung stattfindet, setzt Kommunikation und Konvention mit dem Erstattungspflichtigen voraus. Dies gilt sowohl für die Inanspruchnahme von Personal als auch von Sachgütern. Es entspricht einem allgemeinen Rechtsgrundsatz, dass derjenige, der entschuldbar über das Bestehen oder den Umfang des ihm zustehenden Rechts im Ungewissen und insoweit auf den Verpflichteten angewiesen ist, von diesem die erforderlichen Auskünfte verlangen kann. Diesen Grundsatz hat das Reichsgericht für das Zivilrecht in ständiger Rechtsprechung als Nebenpflicht aus dem Grundsatz von Treu und Glauben (§ 242 BGB) abgeleitet. Der BGH hat an dieser Rechtsprechung festgehalten. Der Grundsatz von Treu und Glauben gilt gleichermaßen im öffentlichen Recht, insbesondere im Beamtenrecht.[411]
Die Kostenrechnung bemisst sich nicht nach der geplanten oder beabsichtigten, sondern nach der tatsächlichen Inanspruchnahme.
Es sind folgende Feststellungen zu treffen:

1. An wie viel Stunden in der Woche findet ambulante Sprechstunde statt? . . . . Std.
2. Wie viel Stunden beträgt die tatsächliche wöchentliche Inanspruchnahme im Durchschnitt?
   a) von Räumen und Einrichtungen   . . . . Std./Woche
   b) von Arztschreibkräften
      . . . . Personen   à . . . . Stunden zus. . . . . Std./Woche
   c) von nachgeordneten Ärzten
      . . . . Personen   à . . . . Stunden zus. . . . . Std./Woche
   d) von Funktionspersonal/Pflegepersonal
      . . . . Personen   à . . . . Stunden zus. . . . . Std./Woche
   e) von sonstigem Personal
      . . . . Personen   à . . . . Stunden zus. . . . . Std./Woche

Die am besten mittels zeitlich begrenzter Aufzeichnungen ermittelten Zeiten können nur bei den Räumen und der Arztsekretärin zur Festlegung eines v. H.-Satzes verwendet werden, da nur diese Kosten der Kostenstelle zugeordnet sind. Ergibt sich z. B. eine durchschnittliche wöchentliche Inanspruchnahme der Räume von 24 Stunden und der Arztsekretärin von 33 Stunden, so sind 62,3 v. H. der Raumkosten und 85,7 v. H. der Personalkosten der Arztsekretärin dem ambulanten Bereich zuzurechnen.
Wird Personal in Anspruch genommen, das nicht diesen Kostenstellen zugeordnet ist – nachgeordnete Ärzte, Funktionspersonal/Pflegepersonal oder sonstiges Personal –, so sind hierüber Einzelaufzeichnungen zu führen, anhand derer die Zurechnung durchgeführt werden kann.
Die darauf aufbauende Kostenrechnung für die Ambulanz eines Chefarztes kann analog der unter 5.2.5.1 dargestellten Form vorgenommen werden. Die Erläuterungen sind im Hinblick auf die Prämisse des Einschichtbetriebes und der damit zusammenhängenden teilweisen Berechnung nach einem v.-H.-Satz entsprechend abzuändern.

---

[411] Siehe LAG München, Urteil vom 28.2.1987 – 4 Sa 17/78, in: Das Krankenhaus, 1987, S. 404.

2.5.3 Kostenrechnung der ambulanten Leistungen in den medizinischen Institutionen

Bei den ambulanten Leistungen in den medizinischen Institutionen handelt es sich um ärztliche Leistungen, die im Wesentlichen mit Hilfe von medizinisch-technischen Geräten und/oder mit Hilfe von Mitarbeitern der medizinischen Fachberufe erbracht werden. Welche Bereiche hierunter fallen, ergibt sich aus der Gruppe 92 der Anlage 5 der Krankenhausbuchführungsverordnung.

In vielen Fallen handelt es sich bei diesen Bereichen um räumlich und personell eindeutig abgegrenzte Organisationseinheiten. Eine eindeutige Abgrenzung der Organisationshoheit mit der damit verbundenen Verantwortung für die Wirtschaftlichkeit dieser Einheit ist gegeben, wenn nur der dieser Abteilung aufgrund seiner stationären Dienstaufgabe vorstehende Arzt berechtigt ist, ambulante Leistungen zu erbringen.

Bei den medizinischen Institutionen mit einer Erfassung der ambulanten und stationären Leistungen, bietet sich für die Kostenrechnung der ambulanten Leistungen bei Vorliegen der übrigen Voraussetzungen – eindeutige räumliche und personelle Abgrenzung – an, progressiv vorzugehen. Dies bedeutet, die Nutzkosten der gemischt genutzten Kostenstelle sind im Verhältnis der Inanspruchnahme von Personen, Räumen und Einrichtungen auf die ambulanten und stationären Leistungen aufzuteilen.

In der Regel liegen die Voraussetzungen für die Anwendung dieser Methode bei der Röntgenabteilung, dem Laboratorium und der Pathologie vor. Als Indikatoren für die Inanspruchnahme sind die erbrachten und für die Leistungsstatistik erfassten entsprechenden Katalogpunkte zu verwenden.

Lässt sich eine Aufteilung nach Punkteinheiten aufgrund formaler oder arbeitstechnischer Gründe nicht durchführen, da z. B. eine der Voraussetzungen nicht vorliegt, ist retrograd vorzugehen. Je nach den spezifischen Gegebenheiten im Einzelfall ist dann die patientenbezogene, leistungsbezogene oder punktbezogene Methode anzuwenden.

In den Bereichen der Anästhesie und den OP-Einrichtungen besteht in der Regel keine eindeutige personelle Abgrenzung. Das in diesen Abteilungen tätige ärztliche Personal arbeitet beispielsweise auch in den zu diesen Fachrichtungen gehörenden bettenführenden Bereichen (Stationen). Besteht keine vollständige Erfassung der in diesen Bereichen erbrachten Leistungen, ist die Kostenrechnung der ambulanten Leistungen nach der patientenbezogenen Methode durchzuführen. Diese ist auf der Basis von Einzelaufzeichnungen analog der Kostenrechnung der Chirurgischen Ambulanz vorzunehmen.

Soweit in den sonstigen diagnostischen und therapeutischen Bereichen eine vollständige Erfassung der Leistungen, insbesondere der ambulanten, nach den Katalogpunkten gewährleistet ist, kann die punktbezogene Methode angewendet werden. In diesem Fall wird, wie weiter unten noch zu erläutern sein wird, die zeitliche Inanspruchnahme von Personen, Räumen und Einrichtungen auf die Einheit „Punkt" abgestellt.

2.5.3.1 Aufteilung nach Punkteinheiten

Die Kostenrechnung der ambulanten Leistungen nach der Methode der Aufteilung der Kosten einer gemischt genutzten Kostenstelle nach den erbrachten ambulanten und stationären Punkten beinhaltet, dass keine Kostenträgereinzelkosten verrechnet werden. Alle Kosten werden nur kostenstellenbezogen erfasst. Es kommt somit nur der Teil der Verrechnungssatzkalkulation zum Tragen, der die Verrechnung der kostenstellenbezogen erfassten Kosten behandelt. Je nachdem, ob eine Gewichtung der ambulanten oder stationären Punkte durchzuführen ist, bedeutet dies die Anwendung der Divisionskalkulation oder der Äquivalenzzifferrechnung.

Bei dieser Vorgehensweise ergeben sich zwei spezielle Problemfelder:
1. Es ist zu klären, ob die ambulanten und stationären Punkte direkt als Indikatoren für die Inanspruchnahme von Personen, Räumen und Einrichtungen zu verwenden sind oder ob eine Gewichtung vorzunehmen ist.
2. Es ist festzulegen, welche Kosten der Kostenstellen zu einer derartigen Aufteilung herangezogen werden und wie bei den fixen Kosten der Kostenstellen die Nutzkosten ermittelt werden können.

In den Bereichen der medizinischen Institutionen werden Leistungen teilweise direkt an Patienten (z. B. Röntgen) und teilweise an Materialproben (z. B. Laboratorium, Pathologie) erbracht. Soweit Leistungen an Materialproben durchgeführt werden, ist es egal, ob es sich um eine stationäre oder eine ambulante Leistung handelt. Die Leistungen können als homogen angesehen werden.

Werden die Leistungen direkt an Patienten durchgeführt, können die ambulanten und stationären Leistungen nicht als homogene Leistungen bezeichnet werden. Sie sind in vielen Fällen heterogen. Stationäre Patienten sind meistens bettlägerige Patienten, bei denen der Personalaufwand im Allgemeinen höher ist als für ambulante, in der Regel gehfähige Patienten. Es muss eine Gewichtung vorgenommen werden, die diesen Unterschieden gerecht wird.

Um nach der Methode „Aufteilung nach Punkteinheiten" die Kostenrechnung der Ambulanz im Sinne der modifizierten Vollkostenrechnung durchführen zu können, ist vorab zu ermitteln, welche Kosten der Kostenstelle zu einer derartigen Aufteilung herangezogen werden und wie hoch bei den fixen Kosten der Kostenstelle die Nutzkosten sind.

Die medizinischen Institutionen sind in der Regel im Einschichtbetrieb tätig, das heißt, die Räume und das Personal werden an 38,5 Stunden in der Woche in Anspruch genommen. In einigen Bereichen, wie im Laboratorium oder Röntgen, sind Bereitschaftsdienste eingerichtet. Die Organisation eines Bereitschaftsdienstes erfolgt primär für den stationären Bereich. Eine Aufteilung der Kosten im Bereitschaftsdienst analog den Betriebskosten im Tagdienst kann daher nicht vorgenommen werden.

Theoretisch müssten alle Kostenarten danach analysiert und getrennt werden, ob sie während der Arbeitszeit oder während der Bereitschaftsdienstzeit anfallen. In der Praxis lässt sich eine solche generelle Trennung jedoch nicht mit einem wirtschaftlich zu vertretenden Aufwand durchführen. Unter Berufung auf die unterschiedliche Bedeutung der Kostenbestandteile genügt es, eine derartige Trennung nur bei den Personalkosten vorzunehmen und die Sachkosten zu vernachlässigen. Ausnahme wäre natürlich auch hier, wenn die Sachkosten im Einzelfall einen wesentlichen Kostenanteil beinhalten. Die Personalkosten des Bereitschaftsdienstes, soweit dieses Personal für die Erbringung ambulanter Leistungen in Anspruch genommen wird, sind aufgrund von Einzelaufzeichnungen zu berechnen.

Analog ist für jede einzelne Kostenart zu überprüfen, ob diese vollständig zu der Aufteilung auf ambulant und stationär nach den Punkteinheiten heranzuziehen sind. So steht z. B. den so genannten Röntgenbesprechungen, die die Ärzte der Röntgenabteilung mit den Ärzten der jeweils betroffenen Fachabteilungen durchführen, im ambulanten Bereich kein entsprechendes zeitliches Äquivalent gegenüber. Die für diese Besprechungen durch den ärztlichen Dienst der Röntgenabteilung aufgewandte Zeit ist zu ermitteln und kostenmäßig zu bewerten. Die dafür anzusetzenden Personalkosten sind nicht bei der Aufteilung nach den Punkteinheiten heranzuziehen.

Bei der Trennung der fixen Kosten in Nutz- und Leerkosten ist zu unterscheiden zwischen den Raumkosten und den Personalkosten.

Bei den Raumkosten ist zu differenzieren zwischen den direkten Raumkosten, wie Reinigung, Instandhaltung oder Energie, und den indirekten Raumkosten. Unter den indirekten Raumkosten werden die Kosten der in diesen Räumen installierten medizinisch-technischen Geräte verstanden.

Bei den direkten Raumkosten kann davon ausgegangen werden, dass sie nur aus Nutzkosten bestehen. In der Regel dürfte es innerhalb der 38,5 Wochenstunden keinen Zeitraum geben, in dem nicht in den Räumen der gemischt genutzten Kostenstelle Leistungen erbracht werden.

Die als indirekte Raumkosten bezeichneten Kosten resultieren aus der Anschaffung der medizinisch-technischen Geräte, die z. B. im Röntgen einen wesentlichen Anteil der Gesamtkosten beinhalten. Diese Geräte werden angeschafft, um die stationären Anforderungen zu erfüllen. Ist bei einem solchen Gerät eine volle Auslastung nicht zu erreichen, müssen die dadurch anfallenden Leerkosten von dem stationären Bereich getragen werden. Eine anteilige Zuordnung auf die Ambulanz ist nach der modifizierten Vollkostenrechnung nicht zulässig, soweit es sich nicht um unwirtschaftliche Leerkosten handelt. Diese Leerkosten sind dann als nicht unwirtschaftlich anzusehen und somit mit dem Gebot der sparsamen und wirtschaftlichen Betriebsführung vereinbar, wenn das Gerät aufgrund des stationären Erfordernisses vorgehalten werden muss. Zur Ermittlung der zur Verrechnung heranzuziehenden Nutzkosten sind Aufzeichnungen zu führen, anhand derer die Auslastung der Geräte ersichtlich ist.

Bei den Personalkosten stellt sich die Situation folgendermaßen dar. In der Praxis ist eine Ermittlung der maximal möglichen Katalogpunkte nicht durchführbar. Es muss daher mit einer Näherungslösung gearbeitet werden. Diese Lösung besteht in der Prämisse, dass die tatsächlichen Katalogpunkte den maximal möglichen näherungsweise entsprechen. Diese Prämisse beinhaltet, dass die Personalkosten vollständig als Nutzkosten anzusetzen sind. Im Einzelfall ist dies zu überprüfen, wobei sowohl die Personalbedarfsberechnungen für diese Abteilung als auch die Verantwortung des Chefarztes für den wirtschaftlichen Einsatz des Personals zu beachten ist.

Beispielsrechnung:
Das nachfolgend dargestellte Beispiel beinhaltet eine Röntgenambulanz, die als gemischt genutzte Organisationseinheit die Dienst- und Arbeitsräume des Chefarztes und die Ambulanz des Chefarztes umfasst. Das Leistungsspektrum umfasst die Strahlendiagnostik, die Strahlentherapie und die Anwendung radioaktiver Stoffe (Radionuklide). Im Rahmen der Therapie unterhält die Röntgenabteilung im stationären Bereich eigene Planbetten mit einer jahresdurchschnittlichen Belegung von rund vier Betten. Die Organisationseinheit wird als eigenständige Kostenstelle geführt. Eine eindeutige Abgrenzung ist sowohl bei den Personal- und Sachkosten als auch bei der Organisationshoheit gegeben. Die Kosten des ärztlichen und medizinisch-technischen Dienstes sowie die der Arztsekretärinnen und der Verbrauchsgüter werden als Kostenstelleneinzelkosten erfasst. Die übrigen Personal- und Sachkosten werden über Vorkostenstellen mittels Schlüsselung zugeordnet. Es kann somit eine progressive Vorgehensweise, also die Methode der Aufteilung der Kosten der Kostenstelle nach Punkteinheiten, angewendet werden.

Bei den Leistungen der Röntgenabteilung handelt es sich im Hinblick auf die Unterscheidung in stationär und ambulant im Wesentlichen um heterogene Leistungen. Um die Katalogpunkte der stationären und ambulanten Leistungen als Indikatoren für die zeitliche Inanspruchnahme und somit als Basis für die Kostenzuordnung zu verwenden, bedarf es einer sachgerechten Gewichtung.

Es wäre richtig und zweckmäßig, Arbeitsaufzeichnungen für alle Leistungen der betreffenden Leistungsstelle durchzuführen. Dies bedeutet jedoch umfangreiche und aufwendige Arbeit. Hilfsweise kann quer über das gesamte Leistungsspektrum ein einheitlicher Faktor zur Gewichtung der stationären Katalogpunkte herangezogen werden. Dieser Faktor wäre durch wirklichkeitsnahe Schätzung und Einzeluntersuchungen zu belegen. Die sich nach der Gewichtung ergebenden v.-H.-Sätze der Anteile der stationären und ambulanten Katalogpunkte an den gesamten Punkten bilden die Basis für die Aufteilung der relevanten Kosten der Kostenstelle.

Erfahrungswerte und Einzeluntersuchungen in Krankenhäusern haben bestätigt, dass Röntgenaufnahmen bei stationären Patienten im Allgemeinen zeitaufwendiger sind als ambulante Leistungen. Eine Gewichtung der stationären GOÄ-Punkte mit dem Faktor 1,2 ist daher angebracht. Dadurch verschiebt sich das Verhältnis der Inanspruchnahme zugunsten der ambulanten Leistungen. Bölke und Schmidt-Rettig gehen aufgrund von Untersuchungen in einem Krankenhaus von folgenden Äquivalenzziffern aus:[412]

---
412 Vgl. Bölke, G./Schmidt-Rettig, B. (1988), S. 468, DKG, GKV, PKV (2007).

Exkurs: Ambulanzkostenausgliederung im Krankenhaus

Kostenstelle	Stationäre Leistungen	Ambulante Leistungen
9200 Röntgendiagnostik und -therapie	1,10	1,00
9210 Nukleardiagnostik und -therapie	1,10	1,00
9220 Laboratorien	1,05	1,00
9230 Funktionsdiagnostik	1,10	1,00
9240 Sonstige diagnostische Einrichtungen	1,10	1,00
9260 Physikalische Therapie	1,30	1,00
9270 Sonstige therapeutische Einrichtungen	1,30	1,00

Tabelle 22: Äquivalenzziffern

Eine Gewichtung der stationären GOÄ-Punkte mit dem Faktor 1,2 zum Zweck der Kostenrechnung der Röntgenambulanzen wird u. a. von dem Landesrechnungshof Rheinland-Pfalz vorgenommen.

Aufbauend auf diesen Überlegungen, ist in Tabelle 23 am Beispiel des Bereiches der Strahlendiagnostik die Ermittlung der v.-H.-Sätze zur Aufteilung der relevanten kostenstellenbezogen erfassten Kosten dargestellt.

Dabei sind die ambulanten Leistungen weiter zu unterteilen in:
- ambulante Leistungen des Krankenhausarztes,
- ambulante Notfall-Leistungen als Institutsleistungen und
- ambulante Leistungen für sonstige Dritte als Institutsleistungen.

Nach Gewichtung der stationären GOÄ-Punkte mit dem Faktor 1,2 ergibt sich in diesem Beispiel, dass der Ambulanz des Chefarztes 55,7 v. H. der zur Aufteilung heranzuziehenden Kosten zuzuordnen sind.

Die Personalkosten des Chefarztes sind nicht anzusetzen, da dieser für sich selbst keine Kostenerstattung zu leisten hat. Für den Chefarzt gilt nicht die 38,5-Stunden-Woche; er hat nach seinem Dienstvertrag Dienstaufgaben, z. B. Behandlung der stationären Patienten, zu erfüllen. Hierfür erhält er sein Gehalt.

Mit der Anwendung des v.-H.-Satzes von 55,7 v. H. auf die Personalkosten des nachgeordneten ärztlichen Dienstes wird unterstellt, dass dieses Verhältnis von stationärer zu ambulanter Tätigkeit sowohl für die nachgeordneten Ärzte als auch für den Chefarzt Gültigkeit besitzt.

Nicht zur Aufteilung heranzuziehen sind die Personalkosten des nachgeordneten ärztlichen Dienstes, die die Arbeitszeit der stationären Röntgenbesprechungen und die Arbeitszeit für die Tätigkeiten auf Station (Visiten u. ä.) betreffen. Diesen ärztlichen Leistungen, die nicht durch die Leistungsstatistik erfasst werden, stehen im ambulanten Bereich keine entsprechenden zeitlichen Äquivalente gegenüber. Die hierfür insgesamt während des Abrechnungszeitraumes angefallenen Arbeitsstunden sind zu ermitteln.

Anhand der hierüber geführten Aufzeichnungen errechnete sich in dem vorliegenden Beispiel für die Stationstätigkeiten und die Röntgenbesprechungen ein durchschnittlicher Jahresarbeitsaufwand der nachgeordneten Ärzte, der einer anteiligen Vollkraft von 0,75 Ärzten entspricht. Es sind somit in diesem Beispiel von den Personalkosten der nachgeordneten Ärzte anteilige Kosten für insgesamt 0,75 Vollkräfte nicht zur Aufteilung heranzuziehen.

Zur Ermittlung der Nutzkosten der medizinisch-technischen Geräte wurden über einen Zeitraum von 4 Wochen pro Gerät Aufzeichnungen geführt, anhand derer die Auslastung der einzelnen Geräte ersichtlich wurde. Gemessen an der regelmäßigen Wochenarbeitszeit, ergaben sich durchschnittliche Auslastungen der vorgehaltenen medizinisch-technischen Geräte von 21,5 v. H. bis 100 v. H. Über alle diagnostischen und therapeutischen medizinisch-technischen Geräte errechnete sich eine durchschnittliche Gesamtauslastung von 70,3 v. H.

Leistungsart	Stationäre Leistungen		Ambulante Leistungen					
			Ambulanz Chefarzt Nebentätigkeit		Notfallambulanz Institutsleistungen		für sonstige Dritte Institutsleistungen	
	Anzahl	Punkte	Anzahl	Punkte	Anzahl	Punkte	Anzahl	Punkte
1	2	3	4	5	6	7	8	9
Strahlendiagnostik								
a) Gruppe 1 Skelett	9.167	1.695.611	29.977	5.003.579	4.723	729.613	-	-
b) Gruppe 2 Brust, Darm, Magen	12.208	2.933.511	9.278	1.599.776	70	19.486		
c) Gruppe 3 Urologie	1.303	286.688	344	67.100	-	-	-	-
d) Gruppe 4 Angiographie	93	19.458	3.546	735.938	-	-	-	-
e) Gruppe 5 sonstige Spez.-Unt.	1.976	250.212	3.296	424.356	-	-	-	-
f) Gruppe 6 CT, NMR	14.585	1.433.900	38.193	3.620.600	-	-	4.491	400.600
Gesamt	39.332	6.619.380	84.634	11.451.349	4.793	749.099	4.491	400.600
Vom Hundert	29,5	34,4	63,5	59,6	3,6	3,9	3,4	2,1
Stationäre Leistungen gewichtet mit Faktor 1,2	-	7.943.256	-	11.451.349	-	749.099	-	400.600
Vom Hundert	-	38,7	-	55,7	-	3,7	-	1,9

Tabelle 23: Ermittlung der Vom-Hundert-Sätze für die Kostenrechnung der Röntgenambulanz

Exkurs: Ambulanzkostenausgliederung im Krankenhaus

Zum Zweck der Ermittlung der Nutzkosten sind die Auslastungsgrade der medizinisch-technischen Geräte differenziert zu verwenden. Das heißt, es sind individuell für jedes Gerät anhand des jeweiligen Auslastungsgrades die Nutzkosten der Abschreibungen und der Instandhaltungen festzulegen. Bei den Instandhaltungen ist hierbei zu unterscheiden zwischen den Wartungskosten und leistungsunabhängigen, fixen Instandhaltungen und den leistungsabhängigen, variablen Instandhaltungen. Eine darauf ausgerichtete Überprüfung der Instandhaltungen ist im Einzelfall vorzunehmen.

Exkurs: Ambulanzkostenausgliederung im Krankenhaus

Kostenrechnung für die Ambulanz des Chefarztes		
Dr. med. ...., Röntgen	für das Jahr 200..	
Nr.	Kostenarten	Euro
1.	Ärztlicher Dienst	
2.	Pflegedienst	
3.	Med.-techn. Dienst	
3.1	Med.-techn. Assistentinnen	
3.2	Arbeitszeit	
3.3	Bereitschaftsdienst	
3.4	Arztsekretärin	
3.5	Sonst. Arztschreibkräfte	
4.	Funktionsdienst	
5.	Klinisches Hauspersonal	
6.	Wirtschafts- u. Versorgungsdienst, Technischer Dienst	
7.	Verwaltungsdienst	
7.1	Personal-Verwaltungskosten	
7.2	Abrechnungs-Verwaltungskosten	
8.	Sonstige Personalkosten	
9.	Medizinischer Bedarf*)	
10.	Wasser, Energie, Brennstoffe	
10.1	Wasser	
10.2	Energie	
10.3	Brennstoffe	
11.	Wirtschaftsbedarf	
11.1	Verbrauchsmaterial	
11.2	Reinigung	
12.	Verwaltungsbedarf*)	
13.	Steuern, Abgaben, Versicherungen	
14.	Instandhaltungsgüter	
14.1	Räume	
14.2	Med.-techn. Geräte	
15.	Gebrauchsgüter	
16.	Zwischensumme	
17.	Abschreibungen	
17.1	Räume	
17.2	Allgem. Einrichtungen	
17.3	Med.-techn. Geräte	
18.	Summe	

Tabelle 24: Kostenrechnung für die Ambulanz eines Chefarztes

Soweit sinnvoll möglich und durchführbar, kann aus Praktikabilitätsgründen eine Zusammenfassung in Gerätegruppen vorgenommen werden.
Bei den Arztsekretärinnen mussten gesonderte Aufzeichnungen geführt werden, da in diesem Beispiel für die gesamten Schreibarbeiten im stationären Bereich ein zentraler Schreibdienst zur Verfügung steht. Aus einer durchgeführten Erhebung von 4 Wochen ergab sich ein auf die Ambulanz insgesamt entfallender Anteil von 92 v. H. der drei Sekretärinnen, die zusammen zwei Vollkräfte ausmachen. Würden die stationären Schreibarbeiten dezentral erledigt werden, so könnte der v.-H.-Satz der ambulanten Katalogpunkte zur Berechnung verwendet werden.
Im Folgenden wird die Kostenrechnung für die Ambulanz eines Chefarztes der Röntgenabteilung dargestellt. Zur Vereinfachung wird unterstellt, dass der Bereich der Strahlendiagnostik das gesamte Leistungsspektrum repräsentiert. Der ambulante Anteil beträgt somit 55,7 v. H.

Erläuterungen:
Zu 1. Ärztlicher Dienst
Ausgehend von den als Kostenstelleneinzelkosten erfassten Personalkosten der nachgeordneten Ärzte sind nach Abzug der anteiligen Personalkosten für 0,75 Vollkräfte (Stationsdienst und Röntgenbesprechungen) der Ambulanz 55,7 v. H. zuzuordnen. Die Berechnung ergibt sich aus:

$$\begin{pmatrix} \text{Personalkosten} \\ \text{nachgeordnete} \\ \text{Ärzte} \end{pmatrix} - \begin{pmatrix} \text{Anteilige} \\ \text{Personalkosten} \\ \text{0,75 Vollkräfte} \end{pmatrix} \times 55{,}7 \text{ v.H.} = \text{Kosten nachgeordnete Ärzte}$$

In dem vorliegenden Beispiel ist für den nachgeordneten ärztlichen Dienst weder Rufbereitschaft noch Bereitschaftsdienst angeordnet. In den Fällen, in denen Rufbereitschaft oder Bereitschaftsdienst besteht, gelten die Ausführungen weiter unten in analoger Weise.

Zu 2. Pflegedienst
Der Pflegedienst wird durch die Röntgenambulanz normalerweise nicht in Anspruch genommen. Soweit dies im Ausnahmefall dennoch geschieht, sind Einzelaufzeichnungen zu führen. Die Berechnung ergibt sich aus:

$$\begin{pmatrix} \text{Inanspruchnahme} \\ \text{Pflegedienst in} \\ \text{Stunden} \end{pmatrix} \times \begin{pmatrix} \text{Stundensatz} \\ \text{Arbeitszeit des} \\ \text{Pflegedienstes} \end{pmatrix} = \text{Kosten des Pflegedienstes}$$

Zu 3.1.1 Med.-techn. Assistentinnen/Arbeitszeit
Von den als Kostenstelleneinzelkosten erfassten Personalkosten des medizinisch-technischen Dienstes sind für die zeitliche Inanspruchnahme 55,7 v. H. der Ambulanz anzulasten. Die Kosten für Rufbereitschaft oder Bereitschaftsdienst sind hierbei nicht berücksichtigt.

$$\begin{pmatrix} \text{Personalkosten} \\ \text{med.-techn. Dienst} \end{pmatrix} \times 55{,}7 \text{ v. H.} = \begin{pmatrix} \text{Arbeitszeit-Kosten} \\ \text{med.-techn. Dienst} \end{pmatrix}$$

Zu 3.1.2 Bereitschaftsdienst

Da die Ambulanz des Chefarztes üblicherweise während der Arbeitszeit stattfindet, fallen normalerweise keine Kosten des Bereitschaftsdienstes an. Soweit der Bereitschaftsdienst für die ambulante Notfallbehandlung in Anspruch genommen wird, ist retrograd vorzugehen. Das heißt, die Zeit der Inanspruchnahme ist zu ermitteln und mit dem Bereitschaftsdienst-Stundensatz zu bewerten. Die Berechnung ergibt sich aus:

$$\begin{array}{c}\text{Inanspruchnahme}\\\text{med.-techn. Dienst}\\\text{im Bereitschaftsdienst}\\\text{in Stunden}\end{array} \times \begin{array}{c}\text{Stundensatz}\\\text{Bereitschaftsdienst}\\\text{des med.-techn.}\\\text{Dienstes}\end{array} = \begin{array}{c}\text{Bereitschaftsdienst-Kosten}\\\text{der med.-techn. Dienstes}\end{array}$$

Zu 3.2 Arztsekretärinnen

Die Personalkosten der Arztsekretärinnen werden als Kostenstelleneinzelkosten erfasst. Entsprechend dem v.-H.-Satz der Aufzeichnungen über die Inanspruchnahme durch die Ambulanz, hier 92 v. H., sind die Kosten der Ambulanz zuzurechnen.

Zu 3.3 Sonst. Arztschreibkräfte

Werden zusätzlich Arztschreibkräfte in Anspruch genommen, die nicht zu dieser Organisationseinheit gehören, z. B. aus dem zentralen Schreibdienst, sind Aufzeichnungen zu führen. Bei sporadischer Inanspruchnahme sind Einzelaufzeichnungen zu führen; bei kontinuierlicher Inanspruchnahme genügt eine zeitlich begrenzte Erfassung, anhand derer die jährliche Gesamtzeit hochgerechnet wird.

Die Berechnung ergibt sich aus:

$$\begin{array}{c}\text{Inanspruchnahme}\\\text{Arztschreibkräfte}\\\text{in Stunden}\end{array} \times \begin{array}{c}\text{Stundensatz}\\\text{Arbeitszeit der}\\\text{Arztschreibkräfte}\end{array} = \text{Kosten der Arztschreibkräfte}$$

Zu 4. Funktionsdienst

Es gelten die Ausführungen zu 2. in analoger Weise.

Zu 5. Klinisches Hauspersonal

Auf der Basis der tatsächlich geleisteten Reinigungsstunden für die gesamte gemischt genutzte Funktionseinheit sind diese Raumkosten folgendermaßen zu ermitteln:

$$\begin{array}{c}\text{Reinigungszeit}\\\text{Klinisches}\\\text{Hauspersonal}\\\text{in Stunden}\end{array} \times \begin{array}{c}\text{Stundensatz}\\\text{Arbeitszeit des}\\\text{Klinischen}\\\text{Hauspersonals}\end{array} \times 55{,}7\text{ v. H.} = \text{Kosten der Reinigung}$$

Zu 6. Wirtschafts- und Versorgungsdienst, Technischer Dienst

Es gelten die Ausführungen zu 5. in analoger Weise.

Zu 7.1 Personal-Verwaltungskosten
Die Berechnung der anteiligen Personal-Verwaltungskosten ergibt sich aus:

$$\frac{\text{Kosten der Personalabteilung}}{\text{Anzahl Personalfälle}} \times \text{Anzahl nachg. Ärzte u. med.-techn. Personal} \times 55{,}7 \text{ v. H.} = \text{Personalverwaltung}$$

Zu 7.2 Abrechnungs-Verwaltungskosten
Wenn die Abrechnung für den Chefarzt durch die Krankenhausverwaltung vorgenommen wird, ist der hierfür notwendige Personalaufwand anhand einer zeitlich begrenzten Erhebung zu ermitteln. Die Berechnung erfolgt in Analogie zu 2.

Zu 8. Sonstige Personalkosten
Soweit sonstige Personalkosten anfallen, ist die Berechnung in Analogie zu 2. durchzuführen.

Zu 9. Medizinischer Bedarf
Falls der medizinische Sachbedarf für den ambulanten Bereich durch getrennte Anforderungen erfasst wird, ergeben sich daraus die zu berechnenden Kosten. Ist keine getrennte Anforderung vorgesehen, sind der Ambulanz 55,7 v. H. des gesamten medizinischen Bedarfs der Kostenstelle zuzuordnen. Soweit medizinische Verbrauchsmaterialien, z.B. Kontrastmittel und radioaktive Stoffe, gesondert vergütet werden, ist dies entsprechend zu berücksichtigen.

Zu 10.1 Wasser
Die Wasserkosten der gemischt genutzten Kostenstelle können beispielsweise durch den mittels Hilfsgrößen ermittelten Wasserverbrauch der Kostenstelle errechnet werden. Hiervon ausgehend ergibt sich die Berechnung des auf den ambulanten Bereich entfallenden Anteils als:

$$\text{Wasserverbrauch in cbm} \times \text{Wasserpreis inkl. Abwasser pro cbm} \times 55{,}7 \text{ v. H.} = \text{Wasserkosten}$$

Zu 10.2 Energie
Die Stromkosten der gemischt genutzten Kostenstelle können über den Stromverbrauch der Kostenstelle errechnet werden. Soweit technisch durchführbar, sollten zur Ermittlung des Stromverbrauchs aufgrund der Bedeutung dieses Kostenfaktors Zwischenzähler eingebaut werden. Hilfsweise kann der Stromverbrauch auch mittels der installierten Kilowatt in Verbindung mit der durchschnittlichen wöchentlichen Nutzungszeit der Stromabnehmer festgelegt werden. Die Berechnung ist in Analogie zu 10.1 durchzuführen.

Zu 10.3 Brennstoffe
Ausgangsbasis für die Heizungskosten der gemischt genutzten Kostenstelle bilden die Heizungskosten des gesamten Krankenhauses. Diese sind nach der Raumfläche umzulegen. Die anteiligen Heizungskosten ergeben sich daher wie folgt:

$$\frac{\text{Heizkosten des Krankenhauses}}{\text{Fläche des Krankenhauses in qm}} \times \text{Fläche der Kostenstelle in qm} \times 55{,}7 \text{ v. H.} = \text{Heizungskosten}$$

Exkurs: Ambulanzkostenausgliederung im Krankenhaus

Zu 11.1 Wirtschaftsbedarf – Verbrauchsmaterial
Es gelten die Ausführungen zu 9. in analoger Weise.

Zu 11.2 Reinigung
Nach Ermittlung der aus den Rechnungen der Fremdfirmen auf die Kostenstelle entfallenden anteiligen Reinigungskosten (z. B. nach Raumfläche oder Zeitaufwand) ergibt sich die Berechnung in analoger Weise zu 5.

Zu 12. Verwaltungsbedarf
Es gelten die Ausführungen zu 9. in analoger Weise.

Zu 13. Steuern, Abgaben, Versicherungen
Die allgemeinen, für alle Bereiche gleichermaßen betreffenden Kosten dieser Art sind in Analogie zu 10.3 zu berechnen.

Zu 14.1 Instandhaltung/Räume
Die Kosten der Instandhaltungen durch Fremdfirmen sowie die verbrauchten Materialien bei den durch die eigenen Handwerker durchgeführten Instandhaltungen werden als Kostenstelleneinzelkosten erfasst. Die Berechnung der anteiligen Ambulanzkosten erfolgt analog zu den übrigen Raumkosten.

Zu 14.2 Med.-techn. Geräte
Bei den Instandhaltungen für die medizinisch-technischen Geräte ist zu differenzieren zwischen den Wartungskosten und leistungsunabhängigen, fixen Instandhaltungen und den leistungsabhängigen, variablen Instandhaltungen. Bei den Wartungskosten und den leistungsunabhängigen Instandhaltungen ist der jeweilige durchschnittliche Auslastungsgrad der Geräte bei der Berechnung der anteiligen auf die Ambulanz entfallenden Kosten zu berücksichtigen. Die Berechnung pro Gerät oder Gerätegruppe ergibt sich aus:

$$\text{Wartungskosten und leistungsunabhängige Instandhaltungskosten} \times \text{Durchschnittlicher Auslastungsgrad} \times 55{,}7 \text{ v. H.} = \text{Kosten der leistungsunabhängigen Instandhaltungen med.-techn. Geräte}$$

Die leistungsabhängigen Instandhaltungen sind dagegen voll der Berechnung zugrunde zu legen und bedürfen daher keiner differenzierten Betrachtungsweise:

$$\text{leistungsunabhängige Instandhaltungskosten} \times 55{,}7 \text{ v. H.} = \text{Kosten der leistungsunabhängigen Instandhaltungen med.-techn. Geräte}$$

Zu 15. Gebrauchsgüter
Soweit nicht ausschließlich für die Ambulanz angeschafft, gelten die Ausführungen zu 14.1 in analoger Weise.

Zu 17.1 Abschreibungen/Räume
Ausgehend von Abschreibungen für das gesamte Krankenhausgebäude oder dem Gebäude, in dem sich diese Kostenstelle befindet, ergibt sich die Berechnung in Analogie zu 10.3.

Exkurs: Ambulanzkostenausgliederung im Krankenhaus

Zu 17.2 Allg. Einrichtungen
Die Abschreibungen für die allgemeinen Einrichtungsgegenstände werden mittels der Anlagenbuchhaltung der Kostenstelle als Einzelkosten zugeordnet. Die Berechnung ist in Analogie zu den übrigen Raumkosten durchzuführen.

Zu 17.3 Med.-techn. Geräte
Für die Berechnung der Abschreibungen der medizinisch-technischen Geräte, die ebenfalls durch die Anlagenbuchhaltung der Kostenstelle als Einzelkosten zugeordnet werden, gelten die Ausführungen zu den Wartungskosten und leistungsunabhängigen Instandhaltungen unter 14.2 in analoger Weise.
Der sich in Abb. 45 unter 16. als Zwischensumme ergebende Betrag ist von den geförderten Krankenhäusern über die Kostenstellenrechnung auszugliedern. Die sich unter 17. errechneten Beträge verbleiben dem Krankenhaus.

2.5.3.2 Punktbezogene Kostenrechnung

Bei der punktbezogenen Methode wird die zeitliche Inanspruchnahme von Personen, Räumen und Einrichtungen für die während eines bestimmten Abrechnungszeitraumes erbrachten ambulanten Katalogpunkte der Kostenrechnung zugrunde gelegt. Dies bedeutet, Kalkulationsobjekt für die Kostenrechnung ist weder der Patient noch die einzelne Leistung nach GOÄ, sondern die Gesamtheit aller ambulanten Leistungen während eines bestimmten Zeitraumes. Als Bezugsgröße für die Gesamtheit dieser Leistungen werden die nach der GOÄ zugeordneten Punkte verwendet. Die ambulanten Katalogpunkte stellen, wie bei der Methode „Aufteilung nach Punkteinheiten", die Leistungsebene für die Kostenrechnung dar. Im Gegensatz zu der progressiven Vorgehensweise, bei der die ambulanten und stationären Katalogpunkte als Indikatoren für die zeitliche Inanspruchnahme verwendet werden, sind bei der retrograden, punktbezogenen Methode Aufzeichnungen über die zeitliche Inanspruchnahme zu führen, um die ambulanten Leistungen zu kalkulieren.

Der Vorteil der punktbezogenen Kostenrechnung liegt darin, dass durch die Bezugsgröße „Katalogpunkte" die zeit- und arbeitsintensive Kalkulation aller Einzelleistungen entfällt.

Die Methode der punktbezogenen Kostenrechnung ist grundsätzlich in allen Leistungsbereichen anwendbar bei denen die ambulanten Leistungen nach Katalogpunkte erfasst werden. Diese Voraussetzung ist immer gegeben, wenn die Leistungen für die Leistungsstatistik erfasst werden. Inwieweit es sinnvoll ist, in weiteren Leistungsbereichen diese Methode anzuwenden, ist im Einzelfall zu prüfen. Unter Ausschluss der Bereiche Röntgen, Laboratorien und Pathologie, bei denen in der Regel die ambulanten Leistungen nach der progressiven Methode „Aufteilung nach Punkteinheiten" berechnet werden, sind beispielsweise folgende Anwendungsbereiche denkbar:
- Elektroenzephalographie (EEG),
- Elektrokardiographie (EKG),
- Ultraschall,
- Endoskopie
- u. a.

Die punktbezogene Methode ist auch geeignet für die Kostenrechnung von ambulanten ärztlichen Leistungen, die mit medizinisch-technischen Geräten in gemischt genutzten Räumen einer Sprechstundeneinheit erbracht werden. In einem solchen Fall sind nur die direkt mit diesem Gerät verbundenen Kosten zur Kostenrechnung heranzuziehen, da die allgemeinen Kosten wie Personalkosten der Sprechstundenhilfe und Raumkosten bereits durch die Kostenrechnung für die Sprechstundenambulanz berücksichtigt sind.

Vorgehensweise:
Für jeden ermächtigten Krankenhausarzt, der eine Funktionseinheit, z.B. zentrale Ultraschall-Funktionseinheit, in Anspruch nimmt, wird über einen bestimmten Zeitraum für alle erbrachten Leistungen die zeitliche Inanspruchnahme von Personen, Räumen und Einrichtungen aufgezeichnet. Da eine ausschließliche Analyse der ambulanten Leistungen vorgenommen wird, sind die Vor- und Nachrüstzeiten entsprechend zu berücksichtigen.

Durch Gegenüberstellung der Gesamtzeiten zu den dazugehörigen Gesamtkatalogpunkten werden Behandlungsminutenfaktoren pro 100 ambulante Katalogpunkte für jeden ermächtigten Krankenhausarzt errechnet. Die Berechnung ergibt sich aus:

(1) $\dfrac{Ze\ P/R/E}{Pe} \times 100 = BMF\ P/R/E$

wobei:
Ze P/R/E = Zeit der Inanspruchnahme im Erhebungszeitraum durch den Krankenhausarzt für seine ambulanten Leistungen, differenziert nach:
– Personal,
– Räumen und
– Einrichtungen.

Pe = Ambulante Katalogpunkte des Krankenhausarztes im Erhebungszeitraum.

BMFP/R/E = Behandlungsminutenfaktor pro 100 ambulante Katalogpunkte des Krankenhausarztes, differenziert nach:
– Personal,
– Räumen und
– Einrichtungen.

Durch Anwendung des jeweiligen Behandlungsminutenfaktors auf die in dieser Funktionseinheit während eines Abrechnungszeitraumes, in der Regel des Pflegesatzzeitraumes, erbrachten ambulanten Katalogpunkte, ergeben sich die der Kostenrechnung zugrunde zu legenden Gesamtzeiten der Inanspruchnahme der relevanten Personen, Räume und Einrichtungen.

(2) $\dfrac{BMF}{P/R/E} \times Pa = Za/P/R/E$

wobei:
PA = Ambulante Katalogpunkte des Krankenhausarztes im Abrechnungszeitraum

Za P/R/E = Zeit der Inanspruchnahme im Abrechnungszeitraum durch den Krankenhausarzt für seine ambulanten Leistungen, differenziert nach
– Personal,
– Räumen und
– Einrichtungen.

Wie bei der patientenbezogenen Methode ist es aufgrund der Aufzeichnungen der zeitlichen Inanspruchnahme möglich, die Personalkosten des medizinisch-technischen Dienstes den ambulanten Leistungen als Einzelkosten zuzurechnen. Da diese Personalkosten gleichzeitig auch als Kostenstelleneinzelkosten erfasst werden, werden sie, wie die übrigen Einzel- und Gemeinkosten, über die Kostenstelle kalkuliert. Die Kostenrechnung der ambulanten Leistungen des jeweiligen Krankenhausarztes beruht daher auf einer aussagekräftigen Kostenstellenrechnung für die jeweilige Funktionseinheit.

Die Kostenstelle der jeweiligen Funktionseinheit ist nach derselben Art und Weise, wie bei der Chirurgischen Ambulanz und der Röntgenambulanz beschrieben, mit den anteiligen vollen Kosten zu bedienen. Da diese Umlage nach dem Prinzip der Vollkostenrechnung ausschließlich dem Ziel dient, die Kosten der ambulanten Leistungen zu kalkulieren, ist bereits bei der Umlagenrechnung der Grundsatz, den ambulanten Leistungen nur die Kosten zuzurechnen, die offensichtlich die Ambulanz betreffen, zu beachten.

Aus den gesamten kostenstellenbezogen erfassten Kosten sind nach dem System der modifizierten Vollkostenrechnung die Kosten der ambulanten Leistungen zu berechnen. Um den ambulanten Leistungen bei den fixen Kostenbestandteilen nur die anteiligen Nutzkosten zuzuordnen, müssen auf der Basis der maximal möglichen Arbeits-, Geräte- und Raumnutzungszeit Verrechnungssätze gebildet werden. In der Regel dürfte es sich bei diesen Funktionseinheiten um Einschichtbetriebe handeln, das heißt, die Verrechnungssätze sind auf der Basis der 38,5-Stunden-Woche zu bilden. Bei der Arbeitszeit des Personals sind hierbei die Ausfallzeiten entsprechend zu berücksichtigen. Die daraus resultierenden Minuten-/Stundensätze sind zur Bewertung der Inanspruchnahme durch die jeweiligen ermächtigten Krankenhausärzte heranzuziehen.

Am Beispiel einer EEG-Funktionseinheit soll die Vorgehensweise praktisch erläutert werden. Die Funktionseinheit EEG ist personell, soweit es sich um das medizinisch-technische Personal handelt, und räumlich eindeutig abgegrenzt. Die Aufsicht über diese Einheit hat der Leitende Arzt für Neurologie. Die Nebentätigkeitserlaubnis und Ermächtigung zur Erbringung ambulanter Leistungen besitzen in diesem Beispiel sowohl der Leitende Arzt für Neurologie als auch der Leitende Arzt für Pädiatrie. Die ambulanten Leistungen werden getrennt nach den Leistungserbringern nach Katalogpunkten erfasst.

Zur Ermittlung der Basisdaten wurden während eines Zeitraumes von 4 Wochen für alle ambulanten Leistungen die zeitliche Inanspruchnahme von Personen, Räumen und Einrichtungen mittels Stücklisten erfasst (siehe Abbildung 23).

Das Formular wurde so aufgebaut, dass es, mit den entsprechenden spezifischen Veränderungen versehen, bei allen Erhebungen in den verschiedenen Funktionseinheiten verwendet werden konnte. Um das Ausfüllen zu vereinfachen, wurden die im Vorfeld bekannten Informationen, wie beteiligte Dienstarten, Bezeichnung und Größe des Raumes und zur Verfügung stehende Geräte, bereits in das Formblatt eingegeben. Die Erhebung erfolgte als Selbstaufschreibung durch die beteiligten medizinisch-technischen Assistentinnen.

Zur Verifizierung der These, dass die theoretisch als Einzelkosten zurechenbaren Verbrauchsgüter aufgrund ihrer geringen Bedeutung als unechte Gemeinkosten behandelt werden können, wurden die bei der Leistung verwendeten Verbrauchsgüter mit erfragt. Die Erhebung bestätigte diese These. Soweit überhaupt beantwortet, handelt es sich um Verbrauchsgüter, die nur einen geringen Wert repräsentieren.

Der Leitende Arzt für Neurologie hat während des Erhebungszeitraumes ambulante Leistungen in einer Größenordnung von 33.275 Katalogpunkten erbracht. Er hat hierfür das medizinisch-technische Personal insgesamt 1.629 Minuten, den Raum der Funktionseinheit 1.648 Minuten und die Geräte 883 Minuten in Anspruch genommen. Die daraus ermittelten Behandlungsminutenfaktoren pro 100 ambulante Katalogpunkte ergeben eine durchschnittliche Inanspruchnahme des medizinisch-technischen Personals von 5,8 Minuten, des Raumes von 5,0 Minuten und der Geräte von 2,7 Minuten.

Stückliste für ambulante ärztliche Leistungen

bei EEG

gem. umseitigen Leistungsziffern

Leistungsort: EEG-Raum E 8.06

An der Leistung beteiligte Personen:

- Med. techn. Dienst

MTA: EEG   Anzahl: _____   Zeit (gesamt):   _____ Min.

Für die Leistung benutzte Anlagegüter:

- Raum (Verfügungszeit)

EEG-Raum E 8.06   Größe, 17,78 qm   Zeit: _____ Min.

- Geräte (Betriebszeit)

Enzephaloskript   Zeit: _____ Min.

Lichtreizgerät Strobotest   Zeit: _____ Min.

Bei der Leistung verwendete Verbrauchsgüter:

- _____ Menge: _____ Einheit: _____
- _____ Menge: _____ Einheit: _____
- _____ Menge: _____ Einheit: _____
- _____ Menge: _____ Einheit: _____

Abbildung 23: Stückliste zur Ermittlung der zeitlichen Inanspruchnahme

Exkurs: Ambulanzkostenausgliederung im Krankenhaus

Die Berechnung ergibt sich aus:

$$\frac{1.926 \text{ Min}}{33.275 \text{ Pkte}} \times 100 = 5,8 \text{ Min.}/100 \text{ Pkte.}$$

$$\frac{1.648 \text{ Min}}{33.275 \text{ Pkte}} \times 100 = 5,0 \text{ Min.}/100 \text{ Pkte.}$$

$$\frac{883 \text{ Min}}{33.275 \text{ Pkte}} \times 100 = 2,7 \text{ Min.}/100 \text{ Pkte.}$$

Bei dem Chefarzt für Pädiatrie war in demselben Zeitraum ein ambulantes Leistungsvolumen von 26.620 Katalogpunkten zu verzeichnen. Er hat hierfür das medizinisch-technische Personal insgesamt 2.030 Minuten, den Raum der Funktionseinheit 1.815 und die Geräte 648 Minuten in Anspruch genommen. Als Behandlungsminutenfaktoren pro 100 ambulante Katalogpunkte errechnen sich demnach für diesen Arzt 7,6 Minuten für die Inanspruchnahme des medizinisch-technischen Personals, 6,8 Minuten für die Raumnutzung und 2,4 Minuten für die Gerätenutzung.
Die Ergebnisse dieser Erhebung sind in Tabelle 25 zusammengefasst.

	Chefarzt Neurologie	Chefarzt Pädiatrie
Ambulante Katalogpunkte	33.275	26.620
Zeitliche Inanspruchnahme (in Minuten)		
MTA		
Raum	1.926	2.030
Geräte	1.648	1.815
	883	648
Behandlungsminutenfaktoren pro 100 amb. Katalogpunkte		
MTA		
Raum	5,8	7,6
Geräte	5,0	6,8
	2,7	2,4

Tabelle 25: Ermittlung der Behandlungsminutenfaktoren pro 100 ambulante Katalogpunkte

Die auf diese Art und Weise ermittelten durchschnittlichen Zeiten der Inanspruchnahme der jeweiligen ermächtigten Krankenhausärzte bilden die Grundlage für die Kostenrechnung der von diesen erbrachten ambulanten Leistungen während eines Abrechnungszeitraumes, in der Regel des Pflegesatzzeitraumes.
Aus der nach dem Prinzip der Vollkostenrechnung bedienten Kostenstelle EEG ist auf der Basis der maximal möglichen Nutzung (in der Regel 38,5 Stunden pro Woche) für jede fixe Kostenart ein Stundensatz für die Inanspruchnahme dieser Leistungseinheit zu berechnen.

Durch Anwendung des jeweils relevanten Behandlungsminutenfaktors (Personal, Räume, Geräte) auf die insgesamt während eines Jahres erbrachten Katalogpunkte ergibt sich die insgesamt mit dem jeweiligen Stundensatz zu bewertende Zeit der Inanspruchnahme.

Bei einer Jahresleistung von 211.750 ambulanten Katalogpunkte und einem Stundensatz des medizinisch-technischen Personals von Euro 21,50 ergibt sich z. B. für den Chefarzt für Neurologie aufgrund „seines" Behandlungsminutenfaktors pro 100 ambulante Katalogpunkte von 5,8 Minuten ein zu erstattender Betrag für die Inanspruchnahme des medizinisch-technischen Personals von 4.400,87 Euro:

$$\frac{5,8 \text{ Min.} \times 211.750 \text{ Pkte.}}{100 \text{ Pkte.}} = 12.281,5 \text{ Min.} : 60 \text{ Min.} \times 21,50 \text{ €} = 4.400,87 \text{ €}$$

Die übrigen fixen Kostenarten sind entsprechend zu berechnen.

Für die variablen Kostenarten, medizinischer Bedarf, Wirtschaftsbedarf und Verwaltungsbedarf die als Kostenstelleneinzelkosten erfasst werden, ist die Verrechnung entsprechend der Leistungsbezogenheit über die in der Leistungseinheit insgesamt erbrachten Katalogpunkte (ambulant und stationär) vorzunehmen. Dies bedeutet, der auf die ambulanten Leistungen des jeweiligen Krankenhausarztes entfallende Kostenanteil ist zu errechnen, indem die Kosten der Kostenstelle durch alle Katalogpunkte dividiert und mit den ambulanten Katalogpunkten des jeweiligen Krankenhausarztes multipliziert werden. Auf die ambulanten Leistungen des oben erwähnten Chefarztes für Neurologie in Höhe von 211.750 Katalogpunkten ergibt sich bei einer Gesamtleistung dieser Funktionseinheit von 1.512.500 Katalogpunkten (ambulant und stationär) ein prozentualer ambulanter Anteil der variablen Kostenarten von 14 v. H.:

$$\frac{211.750}{1.512.500} = 100 = 14 \text{ v.H.}$$

2.5.4 Kostenrechnung der Institutsambulanzen

Unter die Institutsleistungen des Krankenhauses fallen in der Regel die Physikalische Therapie und die Notfallambulanz.

2.5.4.1 Physikalische Therapie

Die Physikalische Therapie gehört nach der Anlage 5 der Krankenhausbuchführungsverordnung zu dem Bereich der medizinischen Institutionen. In der Regel ist eine derartige Funktionseinheit sowohl personell als auch räumlich eindeutig abgegrenzt. Liegt eine umfassende Leistungserfassung vor, sind somit die formalen Voraussetzungen zur Anwendung der progressiven Vorgehensweise gegeben. Es kann eine Kostenrechnung der ambulanten Leistungen in Analogie zu der oben beschriebenen Röntgenabteilung vorgenommen werden.

Die Leistungen der Physikalischen Therapie sind hinsichtlich der Unterscheidung in ambulant und stationär nicht als homogen anzusehen. Gerade im Bereich der Krankengymnastik kann es bei den stationären Leistungen zu längeren Behandlungszeiten kommen. Da oftmals die Behandlung auf der Station durchgeführt wird, ergeben sich bei den stationären Leistungen zu den reinen Behandlungszeiten noch die Wegezeiten.

Exkurs: Ambulanzkostenausgliederung im Krankenhaus

Aber auch bei Leistungen, die in der Funktionseinheit durchgeführt werden, kann es bei den stationären Patienten aufgrund der oftmals geringeren Mobilität zu längeren Behandlungszeiten kommen als bei den ambulanten Patienten.

Um auf dem Wege einer progressiven Vorgehensweise durch Aufteilung der Kosten dieser Funktionseinheit nach dem Verhältnis der stationären und ambulanten Leistung zueinander eine Kostenrechnung durchführen zu können, ist, wie in der Röntgenabteilung, eine sachgerechte Gewichtung der stationären Leistungen vorzunehmen.

Dies stellt sich bei der Physikalischen Therapie schwieriger dar als bei der Röntgenabteilung.

Eine sachgerechte Gewichtung der physikalisch-medizinischen Leistungen, unterteilt nach krankengymnastischen Behandlungen, Massagen und medizinischen Bädern, in Analogie zur Röntgenabteilung ist nur durchführbar, wenn das Leistungsspektrum im stationären und ambulanten Bereich annähernd gleich ist. Ist diese Voraussetzung nicht gegeben, muss zusätzlich noch eine Gewichtung zum Ausgleich der Heterogenität zwischen den einzelnen Leistungen vorgenommen werden. Alternativ kann auch die Leistungserfassung weiter differenziert und um die Gewichtung nach Katalogpunkten ausgebaut werden. In diesem Zusammenhang sei die Anmerkung erlaubt, dass grundsätzlich einmal überprüft werden müsste, ob die Gewichtung mit Katalogpunkten die Heterogenität der einzelnen Leistungen zueinander im Sinne des zeitlichen Aufwands überhaupt ausgleicht.

Bei all den Problemen, die eine Kostenrechnung im Rahmen einer progressiven Vorgehensweise mit sich bringt, ist zu überprüfen, ob nicht eine retrograde Vorgehensweise einfacher und mit weniger Aufwand durchzuführen ist. Es kann in diesem Fall eine leistungsbezogene Methode angewendet werden. Die grundsätzliche Vorgehensweise ist hierbei ähnlich wie bei der Chirurgischen Ambulanz.

Basis für eine leistungsbezogene Kostenrechnung der ambulanten Leistungen in der Physikalischen Therapie sind Aufzeichnungen, aus denen die durchschnittlichen Behandlungszeiten der verschiedenen ambulanten Leistungen ermittelt werden können. Vor dem Hintergrund, dass die Definition der Leistung danach festgelegt wurde, wie die Leistungen abgerechnet werden, bietet sich für Krankenhäuser ein Leistungskatalog an, der an die Tarifnummern 9000 ff. des DKG-NT angelehnt und um das hausinterne Leistungsspektrum erweitert bzw. an die betrieblichen Besonderheiten des Krankenhauses angepasst ist. In Abstimmung mit dem Controlling erhält das Krankenhaus so einen Hauskatalog, der den individuellen Bedürfnissen und Anforderungen entspricht (siehe Tabelle 26). Die Aufzeichnung und Festlegung der Behandlungszeiten ist dabei eine grundsätzliche und wichtige Entscheidung.

Exkurs: Ambulanzkostenausgliederung im Krankenhaus

Leistungsnummer	Leistung	Festgelegte Behandlungszeit in Minuten
1	KG-Beh., auch mit Massage	25
2	KG (neurophysiologisch)	45
3	Gangschulung	20
4	Atemtherapie	20
5	Hilfsmittelversorgung	30
6	Manuelle Therapie	30
7	Bobath/Vojta	45
8	PNF-Techniken	25
9	KG Gruppe	7
10	KG Bew. Bad	50
11	KG Bew. Bad Gruppe	15
12	Einzelinhalation mit...	20
13	Elektrotherapie	15
14	Iontophorese mit...	15
15	Ultraschall	15
16	Eisanwendung	10
17	Wärmeanwendung	15
18	Wärmepackung mit Peloiden	30
19	Heiße Rolle	15
20	Massage (auch Spezialmassage)	30
21	Manuelle Lymphdrainage (groß)	30
22	Manuelle Lymphdrainage (ganz)	45
23	Kompressionsbandagierung	20

Tabelle 26: Festgelegte Behandlungszeiten der Physikalischen Therapie (pro Patient) – Beispiel eines Hauskatalogs[413]

---

[413] Vgl. ZVK (2006).

Durch die leistungsbezogenen Aufzeichnungen der Behandlungszeiten ist es möglich, die Personalkosten den ambulanten Leistungen als Einzelkosten zuzurechnen. Unter Berücksichtigung der spezifischen Ausfallzeiten ist für die als Kostenstelleneinzelkosten erfassten Personalkosten ein Stundensatz zu bilden.

Die gesamte Kostenrechnung der ambulanten Leistungen erfolgt nach demselben Muster wie bereits bei den vorangegangenen Methoden beschrieben.

Bei der Physikalischen Therapie handelt es sich üblicherweise, wie bei den sonstigen Bereichen der medizinischen Institutionen, um einen Einschichtbetrieb. Bezüglich der Raumkosten kann daher davon ausgegangen werden, dass sie nur aus Nutzkosten bestehen. In der Regel dürfte es innerhalb der 38,5-Stunden-Woche keinen Zeitraum geben, in dem nicht in den Räumen der gemischt genutzten Kostenstelle Leistungen erbracht werden.

Um den ambulanten Anteil der Raumkosten zu ermitteln, sind die gesamten ambulanten Behandlungsminuten eines Abrechnungszeitraumes den maximal möglichen Behandlungsminuten gegenüberzustellen. Die maximal möglichen Behandlungsminuten stellen hierbei die zur Verfügung stehenden Arbeitsminuten des gesamten in der Physikalischen Therapie beschäftigten Personals dar.

Die Verrechnung der variablen Kosten ist entsprechend der Leistungsbezogenheit über die in der Funktionseinheit erbrachten Leistungen vorzunehmen. Da die Leistungen untereinander nicht homogen sind, ist die Anzahl der gesamten Leistungen (stationär und ambulant) als Verrechnungseinheit nicht so gut geeignet. Hilfsweise können auch bei diesen Kostenarten die Behandlungsminuten für die Verrechnung der Kosten zugrunde gelegt werden. Der ambulante Anteil der variablen Kosten errechnet sich demnach aus dem Verhältnis der ambulanten Behandlungsminuten eines Abrechnungszeitraumes zu den gesamten stationären und ambulanten Behandlungsminuten während dieses Zeitraumes. Unter der Prämisse, dass bei dem Personal dieser Funktionseinheit keine Leerzeiten existieren und somit die Personalkosten nur Nutzkosten repräsentieren, entsprechen die gesamten stationären und ambulanten Behandlungsminuten den maximal möglichen Behandlungs- bzw. Arbeitsminuten des Personals der Physikalischen Therapie. In diesem Fall ist der prozentuale Anteil der ambulanten Raumkosten und der ambulanten variablen Kosten identisch.

2.5.4.2 Notfallambulanz

In der Regel werden die ambulanten Notfallleistungen in gemischt genutzten Organisationseinheiten erbracht, in denen sowohl stationäre als auch ambulante Patienten behandelt werden, ambulante Patienten des Krankenhauses als auch des Krankenhausarztes. Im Wesentlichen wird auch dasselbe Personal in Anspruch genommen. Nur in wenigen größeren oder großen Krankenhäusern wird eine räumlich und personell selbständige „Notfallambulanz" vorgehalten.

Bei den ambulanten Notfallbehandlungen kann es sich, sowohl um Dienstaufgaben als auch Nebentätigkeit des Krankenhausarztes handeln. Soweit die Notfallbehandlung zur Nebentätigkeit gehört, sind die entsprechenden Kosten diesem Bereich zuzuordnen.

Exkurs: Ambulanzkostenausgliederung im Krankenhaus

In der Regel wird es sich jedoch bei der Notfallbehandlung um Institutsleistungen des Krankenhauses handeln. Die Kosten sind deshalb gesondert zu berechnen.

Dem nachfolgend dargestellten Beispiel liegt eine gemischt genutzte Organisationseinheit zugrunde, die die stationäre Notaufnahme, die Sprechstundenambulanz des Chefarztes und die Notfallambulanz als Institutsambulanz umfasst. Zusammen mit der für die Kostenrechnung der Chirurgischen Ambulanz des Chefarztes durchgeführten Erhebung wurden die relevanten Daten für die Notfallambulanz erhoben. Da die Berechnung der Notfallambulanz ebenfalls nach der patientenbezogenen Methode erfolgt, wird hinsichtlich der grundsätzlichen Methodik auf die unter 5.1.1 gemachten Ausführungen verwiesen. Im Folgenden werden nur die bei der Berechnung der Notfallambulanz zu berücksichtigenden Besonderheiten dargestellt.

In diesem Beispiel ist das Krankenhaus Inhaber der Notfallambulanz. Dies beinhaltet, die Kostenrechnung in der Notfallambulanz hat nicht nur die Aufgabe, die im Kosten- und Leistungsnachweis auszugliedernden Gesamtkosten zu ermitteln, sondern sie muss auch Informationen für unternehmerisches Handeln liefern. Die Kostenrechnung muss offen legen, ob die für die Notfallbehandlungen erhaltenen Entgelte die hierfür angefallenen Kosten decken.

Im Rahmen der bereits erwähnten 4-wöchigen Erhebung wurden mittels Selbstaufschreibung des Personals pro Patient und damit bei der Notfallbehandlung pro Behandlung die Behandlungszeiten der Ärzte und des Funktionspersonals erhoben. Auch die durch den Chefarzt persönlich vorgenommenen Notfallbehandlungen wurden erfasst, da die Notfallbehandlung in diesem Beispiel als Institutsambulanz zur Dienstaufgabe gehört.

Bei der Erhebung war anzugeben, um welche Uhrzeit die Behandlung durchgeführt worden war. Durch diese Angabe wird ersichtlich, ob die Behandlung während der Arbeitszeit oder während des Bereitschaftsdienstes stattfand. Diese Information, jeweils differenziert danach, ob es sich um Ärzte oder um Funktionspersonal handelt, ist für die Ermittlung der anzusetzenden Personalkosten je Stunde von Bedeutung.

Während des Erhebungszeitraumes wurden 190 ambulante Notfälle behandelt. Bei den hierfür ermittelten durchschnittlichen Behandlungszeiten sind die Vor- und Nachrüstzeiten enthalten. Bei der Erhebung wurde daraufhin- gewiesen, dass diese Zeiten bei der Behandlungszeit des jeweiligen Patienten mit zu berücksichtigen sind.

	Durchschnittliche Behandlungsdauer in Minuten
Ärzte	15,10
Funktionspersonal	17,97

Tabelle 27: Durchschnittliche Dauer der Notfallbehandlungen in Minuten

Die Kostenrechnung der Notfallambulanz erfolgt nach der patientenbezogenen Methode. Dies bedeutet, die Kosten der Ärzte und des Funktionspersonals sind aufgrund der erhobenen Behandlungszeiten den Leistungen direkt als Kostenträgereinzelkosten zuzurechnen, und die übrigen Personal- und Sachkosten sind über die gemischt genutzte Kostenstelle umzulegen.

Exkurs: Ambulanzkostenausgliederung im Krankenhaus

Die für die Verrechnung der Raumkosten zugrunde zu legenden maximal möglichen Raumnutzungsminuten beinhalten wie in der Chirurgischen Ambulanz die gesamten Minuten eines Jahres, da diese Organisationseinheit als stationäre Notaufnahme und als Notfallambulanz rund um die Uhr zur Verfügung steht. Für die anteilige Zurechnung auf die Notfallbehandlungen sind die längeren Behandlungszeiten des Funktionspersonals zu verwenden.

Bei der Berechnung der anteiligen Personalkosten der Ärzte und des Funktionspersonals ist, wie bereits weiter oben erwähnt, zu berücksichtigen, ob die Behandlung in der Arbeitszeit oder im Bereitschaftsdienst stattfindet.

Dieses Problem ist dadurch zu lösen, dass die erhobenen Notfallbehandlungen danach analysiert werden, wie groß der jeweilige Anteil der Behandlungen ist, die in der Arbeitszeit oder im Bereitschaftsdienst durchgeführt wurden. Mit den sich daraus ergebenden v.-H.-Sätzen sind die jeweiligen Arbeitszeit-Stundensätze und Bereitschaftsdienst-Stundensätze zu gewichten, um dadurch Verrechnungssätze zu bilden, mit denen die Behandlungszeiten zu bewerten sind.

Die für dieses Beispiel entsprechenden Werte sind in Tabelle 28: zusammengestellt. Da die Arbeitszeit/Bereitschaftsdienstzeit der Ärzte und des Funktionspersonals nicht deckungsgleich sind, ist die Analyse differenziert nach diesen beiden Personalgruppen vorzunehmen.

	Ärzte			Funktionspersonal		
	Arbeits-zeit	Bereitschafts-dienst	Gesamt	Arbeits-zeit	Bereitschafts-dienst	Gesamt
Zeitpunkt der Notfallbehandlung						
Anzahl	70	120	190	127	63	190
v. H.	36,8	63,2	100	66,8	33,2	100

Tabelle 28: Analyse der Notfallbehandlungen nach Arbeitszeit/Bereitschaftsdienstzeit

Bei der Ermittlung des Stundensatzes der Arbeitszeit ist von den Bruttopersonalkosten, also inklusive Arbeitgeberanteil Sozialversicherung sowie Beihilfen und Reisekosten, jedoch ohne eventuelle Poolzahlungen, Bereitschaftsdienstvergütungen, Tagesaufschläge und Kindergeld, auszugehen. Diese Kosten sind durch die tatsächlich erbrachten Ist-Arbeitsstunden dieser Mitarbeiter zu dividieren. Die dabei zu berücksichtigenden Ausfallzeiten wie Urlaub, Krankheit und Fortbildung sollten ebenfalls krankenhausindividuell ermittelt werden.

Bei der Ermittlung des Stundensatzes der Bereitschaftsdienstzeit ist zum einen die tatsächlich gezahlte Bereitschaftsdienstvergütung heranzuziehen und zum anderen, soweit praktiziert, der gewährte Freizeitausgleich. Wird Bereitschaftsdienst mit Freizeit abgegolten, so sind die frei gegebenen Arbeitsstunden mit dem Stundensatz der Arbeitszeit zu bewerten und entsprechend in die Ermittlung mit einzubeziehen. Als dritte zu berücksichtigende Komponente kommt noch der so genannte Tagesaufschlag hinzu, den die Mitarbeiter in der Zeit bekommen, wenn sie wegen Urlaub oder Krankheit keinen Bereitschaftsdienst ausüben können. Da dieser Tagesaufschlag ursächlich aus dem Bereitschaftsdienst resultiert, muss er mit in die Berechnung des Stundensatzes einfließen.

Der Verrechnungssatz für eine Stunde Bereitschaftsdienst errechnet sich somit als Summe von tatsächlich gezahlter Bereitschaftsdienstvergütung (inklusive anteiliger Lohnnebenkosten), bewertetem Freizeitausgleich und gezahltem Tagesaufschlag dividiert durch die insgesamt in einem Jahr erbrachten Bereitschaftsdienststunden.

Aus diesen beiden Stundensätzen ist für die Berechnung der Personalkosten für die jeweilige Dienstgruppe ein Verrechnungssatz zu bilden. Der Verrechnungssatz ergibt sich als Summe der beiden gewichteten Stundensätze. Als Gewichtungsfaktoren sind die v.-H.-Sätze aus der Analyse der Notfallbehandlungen nach Arbeitszeit/Bereitschaftsdienstzeit zu verwenden.

Für das hier zugrunde liegende Beispiel würde dies folgendermaßen aussehen:

Ärzte
Stundensatz Arbeitszeit x 0,368 = gew. Std.-Satz AZt
Stundensatz Arbeitszeit x 0,632 = gew. Std.-Satz BrD
Summe **Verrechnungssatz**

Funktionspersonal
Stundensatz Arbeitszeit x 0,668 = gew. Std.-Satz AZt
Stundensatz Arbeitszeit x 0,332 = gew. Std.-Satz BrD
Summe **Verrechnungssatz**

2.5.5 Zusammenfassung der Kostenrechnungen

Hauptziel der Kostenrechnungen der ambulanten Leistungen im Krankenhaus ist die im Krankenhausfinanzierungsgesetz und bei der DRG-Kalkulation vorgeschriebene Ausgliederung dieser Kosten von den Gesamtkosten des Krankenhauses, um, neben anderen Kostenabzügen, die Kosten der stationären und teilstationären Krankenhausleistungen ermitteln zu können.

Die Kostenrechnungen der einzelnen Ambulanzen können additativ verknüpft werden. Damit diese Zusammenfassung relativ einfach vorgenommen werden kann, werden die Kostenrechnungen, egal nach welcher Methode immer nach demselben Grundprinzip durchgeführt. Dieses Prinzip ist ausführlich bei der Chirurgischen Ambulanz und der Röntgenambulanz dargestellt.

Diese Arbeitsweise wurde bewusst gewählt, um den Einsatz moderner Techniken zu ermöglichen. Da die Rechenschritte oftmals ähnlich oder sogar identisch sind, können die Kalkulationen im Rahmen von Kalkulationsprogrammen auf Großrechneranlagen oder auf Personalcomputern erledigt werden. Stehen derartige Programme nicht zur Verfügung, so kann zumindest durch den Einsatz von Textverarbeitung die Dokumentation erleichtert werden. In Tabelle 29: und Tabelle 30: ist als Beispiel eine Zusammenfassung von verschiedenen Ambulanzen dargestellt. Es lässt sich aus einer derartigen Übersicht direkt ablesen, welche Beträge für ambulante Leistungen von den einzelnen Kostenarten der Gesamtkosten des Krankenhauses, neben anderen Kosten, abzuziehen sind, um die Kosten der vollstationären und teilstationären Krankenhausleistungen darstellen zu können

Exkurs: Ambulanzkostenausgliederung im Krankenhaus

Kostenrechnung Ambulanzen 200.	Allgemeinchirurgie	Gynäkologie Geburtsh.	Innere Medizin	Neurologie	Pädiatrie	Unfallchirurgie	Urologie	Labor	Pathologie	Radiologie	EEG Neurologie	EEG Pädiatrie	EKG Innere	EKG Pädiatrie	Endoskopie Chirur.	Endoskopie Innere	Zwischensumme
Nr. Kostenarten	1	2	3	4	5	6	7	8	9	10	11	12	13	14	15	16	17	18
Ärztlicher Dienst	€	€	€	€	€	€	€	€	€	€	€	€	€	€	€	€	€
Pflegedienst																	
Med.-techn. Dienst																	
Funktionspersonal																	
Klinisches Hauspersonal																	
Wirtschafts-, Versorgungs-, Techn. Dienst																	
Verwaltungsdienst																	
Sonst. Personalkosten																	
Medizinischer Bedarf																	
Wasser, Energie, Brennstoffe																	
Wirtschaftsbedarf																	
Versorg.-bedarf																	
Steuern, Abgaben, Vers.																	
Instandhaltung																	
Gebrauchsgüter																	
Zwischensumme																	
Abschreibungen																	
Endsumme																	

Tabelle 29: Zusammenfassung der Kostenrechnungen (1)

Exkurs: Ambulanzkostenausgliederung im Krankenhaus

Kostenrechnung Ambulanzen 200.	Zwischensumme	Ultraschall Chirurgie	Ultraschall Urologie	Ultraschall Unfallchirurgie	Ultraschall Innere	Ultraschall Pädiatrie	Ultraschall Gynäkologie	Dopplersono Neurologie	Zwischensumme	Physikal. Therapie	Notfallamb. Chirurgie	Notfallamb. Radiologie	Notfallamb. Labor	Zwischensumme	Summe
Nr. Kostenarten	€	€	€	€	€	€	€	€	€	€	€	€	€	€	€
19	20	21	22	23	24	25	26	27	28	29	30	31	32	33	34	35	36
Ärztlicher Dienst															
Pflegedienst															
Med.-techn. Dienst															
Funktionspersonal															
Klinisches Hauspersonal															
Wirtschafts-, Versorgungs-, Techn. Dienst															
Verwaltungsdienst															
Sonst. Personalkosten															
Medizinischer Bedarf															
Wasser, Energie, Brennstoffe															
Wirtschaftsbedarf															
Versorg.-bedarf															
Steuern, Abgaben, Vers.															
Instandhaltung															
Gebrauchsgüter															
Zwischensumme															
Abschreibungen															
Endsumme															

Tabelle 30: Zusammenfassung der Kostenrechnungen (2)

2.6 Kostendeckung

Jedes Krankenhaus muss bestrebt sein, die für die Ambulanz ausgegliederten Kosten durch Leistungen Dritter zu decken, damit Unterdeckungen vermieden werden. Für die Ambulanz des Krankenhauses – Institutsambulanz – Institutsleistungen – müssen kostendeckende Entgelte über die Zahlungspflichtigen – die Patienten oder die für sie leistungspflichtigen Kostenträger – erhoben werden.

Der Krankenhausarzt ist nach dem Dienstvertrag oder der Nebentätigkeitsgenehmigung verpflichtet, die Kosten für die Inanspruchnahme von Räumen, Einrichtungen, Material und Personal des Krankenhauses im Rahmen der genehmigten ambulanten Nebentätigkeit dem Krankenhaus zu erstatten, soweit nicht anderweitige vertragliche oder gesetzliche Regelungen vorgehen.

Besondere Regelungen bestehen teilweise für den Sprechstundenbedarf – Besondere Kosten – Auslagen im Sinne des § 10 GOÄ und der entsprechenden Bestimmungen im BMÄ und der E-GO.

Die Verpflichtung des Krankenhausarztes zur Kostenerstattung ergibt sich auch aus der Tatsache, dass ihm mit den Vergütungen nach den Gebührenordnungen für Ärzte auch Anteile für Kosten zufließen, die das Krankenhaus getragen hat. Dies wird von den Beteiligten nicht bestritten.[414]

2.6.1 Kostenerstattung der Krankenhausärzte

Die Kostenerstattung der Krankenhausärzte gem. § 19 KHEntgG wird im Nutzungsvertrag geregelt.
Hierfür bieten sich zwei Varianten an:
- Nutzungsentgelt nach Kostenrechnung
- Nutzungsentgelt nach einem Vom-Hundert-Satz der Liquidationseinnahmen und DKG-NT.

Der Begriff „Nutzungsentgelt" umfasst inhaltlich sowohl „Kostenerstattung" allein als auch „Kostenerstattung" und „Vorteilsausgleich". Es kommt im Einzelnen auf den Vertragsinhalt an. Unter Kostenerstattung ist die Erstattung von Leistungen zu verstehen, die das Krankenhaus dem Arzt zur Verfügung gestellt hat. Der Vorteilsausgleich ist ein Entgelt für Vorteile, die der Arzt durch die Bereitstellung der für die Ausübung der ärztlichen Tätigkeit erforderlichen Infrastruktur hat.

Neben der Kostenerstattung nach der Kostenrechnung ist die Erhebung nach einem Vom-Hundert-Satz der Liquidationseinnahmen genauso möglich wie nach Tarifsätzen. Bei der Erstattung nach einem Vom-Hundert-Satz ist der Krankenhausarzt zu verpflichten, seine Einnahmen aus dem ambulanten Bereich gemäß § 259 BGB nachzuweisen. Der Vom-Hundert-Satz des Nutzungsentgelts oder der Kostenerstattung orientiert sich an den zu deckenden Kosten nach der Kostenstellenrechnung und den Einnahmen aus der ambulanten Tätigkeit. Hier wird man in Zukunft mit wesentlich höheren Vom-Hundert-Sätzen rechnen müssen, als dies in der Vergangenheit der Fall war (sh. Chefarztvertrag, DKG). Dies zeigt sich auch an den Kosten, wie sie niedergelassenen Ärzten in der Praxis entstehen.

---

[414] In der Zeitschrift „Arzt und Krankenhaus" Heft 2/1980, S. 38, ist u.a. folgendes aufgeführt: „Es ist erforderlich, entsprechend der allgemein anerkannten rechtlichen Situation klarzustellen, dass bei Vergütungen der ambulanten ärztlichen Leistungen von (liquidationsberechtigten) Krankenhausärzten die Sachkosten des Krankenhauses mit abgegolten sind; es ist eine ausschließlich das Verhältnis Krankenhausarzt/Krankenhausträger betreffende Angelegenheit, in welchem Umfang gebotene Sachkostenabgeltungen abzuführen sind."

In einigen Bundesländern haben die Krankenhausgesellschaften Rahmenvereinbarungen mit den Kassenärztlichen Vereinigungen geschlossen, wonach über den 30. Juni 1989 hinaus für eine Übergangszeit die Sachkosten für bestimmte Leistungen (frühere ärztliche Sachleistungen) weiterhin den Krankenhäusern besonders nachgewiesen werden. Die Kassenärztlichen Vereinigungen haben sich bereit erklärt, auch die Leistungen für Ersatzkassen und die sonstigen Krankenkassen und Sozialleistungsträger direkt mit den Krankenhäusern abzurechnen.

Soweit die Kostenerstattung nach den Sätzen des DKG-NT erfolgt, ist zu beachten, dass eine Anwendung des DKG-NT Band II in seiner 7. Auflage nicht mehr möglich ist. Der DKG-NT Band II basiert im Aufbau auf dem EBM 2000plus, der ab dem 01.04.05.2005 die Grundlage der Abrechnung vertragsärztlicher Leistungen gegenüber den Kassenärztlichen Vereinigungen bildete. Der derzeit gültige EBM 2008 unterscheidet sich in seinen Leistungsbeschreibungen und -bewertungen jedoch wesentlich vom EBM 2000plus. Der DKG-NT Band II sollte daher nur noch als Übergangslösung dienen, um eine Erfüllung der eingegangenen Nutzungsverträge zu ermöglichen.[415]

2.6.1.1 Sprechstundenbedarf und Einzelverordnung

Soweit von den Krankenkassen Sprechstundenbedarf zur Verfügung gestellt wird, ist dies bei der Kostenerstattung zu berücksichtigen. Ebenfalls ist zu berücksichtigen, wenn das Krankenhaus unmittelbar mit den Krankenkassen eine Vereinbarung über die Abgeltung des Sprechstundenbedarfs und direkt angegebener Einzelverordnungen abschließt. Der Arzt kann auch ganz auf die Eigenbeschaffung von Sprechstundenbedarf und Verordnung verwiesen werden, so dass diese Kosten nicht in die Kostenstellenrechnung eingehen.

2.6.1.2 Kontrastmittel und radioaktive Stoffe

Soweit in den Gebührenordnungen (GOÄ, BMÄ, E-GO) nichts anderes bestimmt ist, sind die Kosten für Kontrastmittel nicht in den Gebührensätzen enthalten und damit auch nicht mit den Sachkostensätzen des DKG-NT abgegolten. Die Kontrastmittel sind vom Krankenhausarzt auf Rezept zu besorgen. Soweit sie aus den Beständen des Krankenhauses genommen werden, sind sie unmittelbar mit den Krankenkassen abzurechnen. Die Kosten der verbrauchten radioaktiven Stoffe (Radionuklide) sind ab 01.10.1987 mit den berechnungsfähigen Leistungen des BMÄ und der E-GO (A 2. AB BMÄ und A I 2. AB E-GO) abgegolten.

Im GOÄ-Bereich sind sie auch nach der 3. Änd. VO vom 9. Juni 1988 weiterhin gesondert berechnungsfähig.

---

415 Vgl. Deutsche Krankenhausgesellschaft, URL: http://www.dkgev.de/dkg.php/cat/54/aid/4564/title/Einstellung_der_Pflege_des_Tarifwerks_DKG-NT_Band_II (Recherchedatum: 19.12.2008)

2.6.1.3 Kosten für in Anspruch genommene nachgeordnete Ärzte und Arztschreibkräfte

Mit den Sachkostensätzen des DKG-NT sind die Kosten für die Inanspruchnahme nachgeordneter Ärzte und von Arztschreibkräften nicht abgegolten. Die so verursachten Personalkosten sind Bestandteil der Vergütung für die ärztlichen Leistungen. Die genannten Personalkosten sind verursachungsgerecht entsprechend der Inanspruchnahme vom Krankenhausarzt dem Krankenhausträger zu erstatten.

2.6.2 Institutsleistungen

2.6.2.1 Krankenhaus-Sachleistungen (physikalische Therapie, Heilmittel)

Die Vergütung richtet sich im Einzelfall nach den abgeschlossenen Verträgen. Mit den Unfallversicherungsträgern ist auf Bundesebene der DKG-NT als BG-T vereinbarter Tarif.[416]

Nach § 32 SGB V haben Versicherte, die das 18. Lebensjahr vollendet haben, zu den Kosten der Heilmittel als Zuzahlung den sich nach § 61 Satz 3 ergebenden Betrag an die abgebende Stelle zu leisten. Dies gilt unter anderem auch bei ambulanter Behandlung in Krankenhäusern, Rehabilitations- oder anderen Einrichtungen.

Für Selbstzahler und Patienten anderer Kostenträger, die keine allgemeine Vereinbarung mit dem Krankenhaus oder der Krankenhausgesellschaft (oder dem Zweckverband) geschlossen haben, gelten die Sätze des Haustarifs, des DKG-NT.

2.6.2.2 Notfallbehandlung

Nach dem Urteil des BSG vom 19. 8. 1992, Az.: 6 RKa 6/911, ist es sachlich gerechtfertigt und systemgerecht, die in § 120 Abs. 3 Satz 2 SGB V enthaltene Vergütungsbeschränkung mit dem Ansatz eines Investitionskostenabschlages von 10 v. H. auf den Honoraranspruch bei ambulanten Notfallbehandlungen in Krankenhäusern entsprechend anzuwenden, d. h., die Krankenhäuser haben Anspruch auf eine Vergütung für ambulante Notfallbehandlungen in Höhe von 90 v.H. der für Vertragsärzte üblichen Vergütung.

Der Vergütungsanspruch besteht gegenüber der Kassenärztlichen Vereinigung aus der Gesamtvergütung.

Darüber hinaus besteht Anspruch auf Vergütung der Materialien (Verbandstoffe, Arzneimittel u. ä.) gegenüber der zuständigen Krankenkasse.

Die „Besonderen Kosten" – Arzneimittel, Verbandstoffe, Salben, Nahtmaterial u. ä. – sind von den Krankenkassen direkt zu bezahlen. Abrechnungsgrundlage war bisher Spalte 4 DKG-NT. Nach Inkrafttreten der 3. Änd. VO zur GOÄ am 1. Juli 1988 und der Neufassung des DKG-NT zum 1. Juli 1988 kann diese Berechnungsgrundlage nicht mehr angewandt werden, weil nach § 4 Abs. 3 i.V. mit § 10 Nr. 1 GOÄ der Sprechstundenbedarf mit den Gebührensätzen des Gebührenverzeichnisses der GOÄ abgegolten ist und dies in Spalte 4 DKG-NT seinen Niederschlag gefunden hat. In der Vergangenheit waren teilweise schon Pauschalvergütungen für die Abgeltung der „Besonderen Kosten" vereinbart. Dies sollte jetzt die Regel werden und ist jedenfalls aus Gründen der einfachen Handhabung einer detaillierten Einzelabrechnung vorzuziehen.

---

[416] Derzeit gültig bis 31.12.2008. Sh. Beschluss des Ständigen Ausschusses BG-NT vom 10.1.2008. URL: http://www.dkgev.de/dkg.php/cat/54/aid/4564/title/DKG-NT_Band_I_BG-T (Recherchedatum: 19.12.2008)

Die Pauschalvergütung könnte aufgrund empirischer Erhebung sowohl als globaler Vierteljahresbetrag als auch als Pauschalbetrag pro Fall/Quartal vereinbart werden. Eine Abrechnung über die Kassenärztliche Vereinigung ist im Interesse einer wirtschaftlichen Verwaltungsführung allgemein anzustreben.

Die Ersatzkassen vergüten die Notfallbehandlungen seit 1.10.1990 mit 90 v.H. der für Vertragsärzte üblichen E-GO-Sätze zuzüglich „Besondere Kosten". Auch hier gilt grundsätzlich das Vorgesagte.

Anstelle einer Einzelleistungsvergütung kann auch eine pauschale Abgeltung vereinbart werden. In die Pauschale sind dann auch die „Besonderen Kosten" einzubeziehen.

Im Übrigen sind die Krankenhäuser frei, für die Leistungen der Notfallbehandlung die Sätze des DKG-NT – Spalte 7 – zu berechnen.

2.6.2.3 Abrechnungsfristen des Krankenhauses für Notfallbehandlungen

Wenn ein Krankenhaus regelmäßig und in erheblichem Umfang Notfallbehandlungen für eine bestimmte kassenärztliche Vereinigung durchführt und in üblicher Weise abrechnet, kann gefordert werden, dass das Krankenhaus das Abrechnungsverfahren der kassenärztlichen Vereinigung, insbesondere die Abrechnungsfristen einhält (Urteil BSG vom 16. 4. 1986 – 6 RKa 34/84).[417]

2.6.2.4 Sonstige Institutsleistungen

Abgesehen vom ambulanten Operieren kann das Krankenhaus Institutsleistungen für Mitglieder der sozialen Krankenversicherung nur erbringen, wenn entsprechende Verträge mit der Kassenärztlichen Vereinigung bestehen. In diesen Verträgen wird auch die Vergütung geregelt, so dass die Abrechnung der Leistungen vereinbarungsgemäß erfolgt.

Soweit Institutsleistungen für Patienten erbracht werden, für die keine Kollektivverträge Anwendung finden, steht dem Krankenhaus eine Vergütung nach seinem Haustarif zu. Auch hier hat das Krankenhaus zu beachten, dass die Erlöse die auszugliedernd auszugliedernden Kosten decken.

---

[417] Krankenhaus-Rechtssprechung (KRS), Erich Schmidt Verlag, Band 2 Nr. 86047

Ausblick: Kosten – Leistungen – Erlöse – Ergebnisse – und was nun?

Es ist deutlich geworden: Die Kostenrechnung ist ein selbständiges Gebilde innerhalb der Betriebwirtschaftslehre. Damit wird aber auch klar, dass Kostenrechnung nicht Buchführung ist, aber auch nicht Controlling – schließlich ist Kostenrechnung ohne Leistungsrechnung nicht denkbar. Wie ist das einzuordnen (vgl. Abbildung 24)?

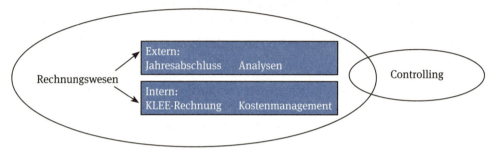

Abbildung 24: Einordnung der Kostenrechnung

Die Buchführung ist Grundlage für die Ausgestaltung des Rechnungswesens; eine Abzweigung ist der Jahresabschluss mit Bilanz und Gewinn- und Verlustrechnung; die andere Linie ist die der Kostenrechnung. Die Kostenrechnung ist wiederum Grundlage für das Management, um ökonomisches Handeln zu eruieren, zu bewerten oder zu analysieren. Ob nun die Deckungsbeitragsrechnung ein Instrument der KLEE-Rechnung ist, oder schon zum Controlling gehört, ist nicht immer eindeutig abgrenzbar. Im Zentrum des Controllings steht die Harmonisation von verschiedenen Führungssubsystemen (vgl. Zapp, W. (2004)). Das Controlling fußt deshalb in vielen Belangen auf die KLEE-Rechnung, Controlling berücksichtigt aber auch vor allem den Transport von Informationen an das Management.
Die Betriebswirtschaftlehre wird in einzelne Disziplinen zergliedert, aber sie ist als Gesamtheit zu betrachten. Insoweit ist die KLEE-Rechnung eine wesentliche Teildisziplin der Betriebswirtschaftslehre, sie ergänzt aber andere Methoden, Verfahren und organisatorische Gebilde.

Grundkenntnisse über die Kostenrechnung und ihre Umsetzung im Wirtschaftsalltag sind unerlässlich für eine ökonomische Betrachtung, sie sind aber nicht ausreichend für ökonomisches Handeln. Um ökonomisch sinnvolle Entscheidungen treffen zu können, sind die Wirkweisen der KLEE-Rechnung zu beachten, den Personen in der betreffenden Institution zu vermitteln unter Beachtung inhaltlicher Aspekte.

Literaturverzeichnis

Agthe, K. (1959): Stufenweise Fixkostendeckung im System des Direct Costing, Zeitschrift für Betriebswirtschaft 1959, S. 404 ff.

Birkner, H./Kothe-Zimmermann, H. (2000): Die modifizierte Prozesskostenrechnung, in: t&w 2/2000, 17. Jhg., S. 185.

Bleicher, K./ Meyer, E. (1976): Führung in der Unternehmung: Formen und Modelle. Hamburg 1976.

Bölke, G./Schmidt-Rettig, B. (1988): Leistungsrechnung – Leistungsstatistik. In: Eichhorn, S. (Hrsg.): Handbuch Krankenhaus-Rechnungswesen. Grundlagen – Verfahren – Anwendungen. 2., überarbeitete und erweiterte Auflage. Wiesbaden 1988.

Bracht, M. (2002): Steuerungsinstrumente anpassen, in: krankenhaus umschau Spezial, Controlling, 4/2002, S. 13–17.

Brandecker/Dietz, O./Bofinger, W. (1976): Krankenhausfinanzierungsgesetz, Bundespflegesatzverordnung und Folgerecht – Kommentare –, Wiesbaden 1976.

Brombach K./Walter W. (1998): Einführung in die moderne Kostenrechnung. Wiesbaden 1998

Buggert, W. (1988): Kosten- und Leistungsrechnung. 9., überarbeitete und erweiterte Auflage. Darmstadt 1988.

Coenenberg, A. G. (2007): Kostenrechnung und Kostenanalyse. 6., überarbeitete und erweiterte Auflage. Landsberg/Lech 2007.

Däumler K.-D./Grabe, J. (2006): Kostenrechnung 2 – Deckungsbeitragsrechnung. Mit Fragen und Aufgaben, Antworten und Lösungen, Tests und Tabellen. 8., überarbeitete Auflage. Herne/Berlin 2006.

Däumler, K.D./Grabe, J. (2003): Kostenrechnung 1 – Grundlagen. 9., überarbeitete Auflage. Herne/Berlin 2003.

Dellmann, K./Franz, K. (1994): Von der Kostenrechnung zum Kostenmanagement, in: Dellmann, K./Franz, K. (Hrsg.): Neuere Entwicklungen im Kostenmanagement, Haupt, Wien 1994, S. 15.

Demmler, Horst (1991): Einführung in die Volkswirtschaftslehre. 2. Auflage. München 1991.

Deutsche Krankenhausgesellschaft (2008): Zahlen, Daten, Fakten 2008. Düsseldorf 2008.

Dietz, O./Bofinger, W. (2000): Krankenhausfinanzierungsgesetz, Bundespflegesatzverordnung und Folgerecht, Kommentare. Loseblatt-Ausgabe. Wiesbaden 2000.

DKG, GKV, PKV (2007): Kalkulation von Fallkosten: Handbuch zur Anwendung von Krankenhäusern. Version 3.0.2007.

Literaturverzeichnis

Ebert, G. (2008): Kosten- und Leistungsrechnung. 10., überarbeitete Auflage, Nachdruck. Wiesbaden 2008.

Eichhorn, S. (1975): Krankenhausbetriebslehre – Theorie und Praxis des Krankenhausbetriebes, Band I. 3., überarbeitete und erweiterte Auflage. Stuttgart/Berlin/Köln/Mainz 1975.

Eichhorn, S. (1976): Krankenhausbetriebslehre – Theorie und Praxis des Krankenhausbetriebes, Band II. 3., überarbeitete und erweiterte Auflage. Stuttgart/Berlin/Köln/Mainz 1976.

Eichhorn, S. (1987): Krankenhausbetriebslehre – Theorie und Praxis der Krankenhaus-Leistungsrechnung, Band III. Stuttgart/Berlin/Köln/Mainz 1987.

Eichhorn, S. (1995): Organisations-, Führungs- und Finanzverantwortung des Krankenhausmanagements, in: Eichhorn, S./Schmidt-Rettig, B. (Hrsg.): Krankenhausmanagement im Werte- und Strukturwandel: Handlungsempfehlungen für die Praxis. Köln 1995. S. 369.

Eichhorn, S. (2008): Krankenhausbetriebliche Grundlagen, in: Schmidt-Rettig, B./Eichhorn, S. (Hrsg.): Krankenhaus-Managementlehre, Kohlhammer, Stuttgart et al. 2008, S. 81.

Eichhorn, S./Freymann, H. (1989): Einführung. In: Eichhorn, S./Freymann, H. (Gesamtverantwortung): Wirtschaftliches Krankenhaus, Beiträge zu Management, Planung, Rechnungswesen, Prüfung, Hrsg.: WIBERA, Wirtschaftsberatung Aktiengesellschaft, Wirtschaftsprüfungsgesellschaft, Steuerberatungsgesellschaft, Düsseldorf. 3, grundlegend neu bearbeitete Auflage. Köln 1989. S. 1.

Eisele, W. (2002): Technik des betrieblichen Rechnungswesens: Buchführung und Bilanzierung – Kosten- und Leistungsrechnung – Sonderbilanzen. 7., vollständig überarbeite und erweiterte Auflage. München 2002.

Friedl, B. (2004): Kostenrechnung: Grundlagen, Teilrechnungen und Systeme der Kostenrechnung. Oldenbourg Wissenschaftsverlag, 2004.

Gaydoul, P./Horváth, P./Schäfer, H. (1976): Deckungsbeitragsrechnung: eine programmierte Unterweisung. Wiesbaden 1976.

Glaser, H. (1992): Kostenkontrolle durch Abweichungsanalyse, in: Männel, W. (Hrsg.): Handbuch Kostenrechnung. Wiesbaden 1992.

Graumann, M./Schmidt-Graumann, A. (2007): Rechnungslegung und Finanzierung der Krankenhäuser. Herne 2007.

Haberstock, L. (1982): Grundzüge der Kosten- und Erfolgsrechnung. 3. Auflage, München 1982.

Haberstock, L. (2008): Kostenrechnung I: Einführung. 13., neu bearbeitete Auflage. Berlin 2008.

Hahn, D. (2001): PuK – Controllingkonzepte. Planung und Kontrolle, Planungs- und Kontrollsysteme, Planungs- und Kontrollrechnung. 6., vollständig überarbeitete und erweiterte Auflage. Wiesbaden 2001.

Hardt, R. (1998): Kostenmanagement: Methoden und Instrumente, Oldenbourg, Wien 1998.

Heinen, E. (2005): Einführung in die Betriebswirtschaftslehre. 9. Auflage. Wiesbaden 2005.

Helm, K.-F. (1992): Konzepte der Ergebnisrechnung, in: Männel, W. (Hrsg.): Handbuch Kostenrechnung. Wiesbaden 1992. S. 671.

Hentze, J./Kehres, E. (2008): Kosten- und Leistungsrechnung in Krankenhäusern – Systematische Einführung. 5., vollständig überarbeitete Auflage. Stuttgart/Berlin/Köln 2008.

Hildebrand, R. (1988): Kostenrechnung, in: Eichhorn, S. (Hrsg.): Handbuch Krankenhaus-Rechnungswesen – Grundlagen – Verfahren – Anwendungen. 2., überarbeitete und erweiterte Auflage. Wiesbaden 1988. S. 343.

Horváth, P. /Mayer, R. (1989): Prozesskostenrechnung – Der neue Weg zu mehr Kostentransparenz und wirkungsvolleren Unternehmensstrategien, in: Controlling, 1. Jg. 1989, Heft 4, S. 214-219.

Horvath, P./Reichmann, T. (2003): Kostenmanagement, in: Horváth, P./Reichmann, T. (Hrsg.): Vahlens großes Controllinglexikon, 2. Aufl., München 2003, S. 414.

Hummel, S./Männel, W. (1983): Kostenrechnung 2: Moderne Verfahren und Systeme. 4., völlig neu bearbeitete und erweiterte Auflage. Wiesbaden 1983.

Hummel, S./Männel, W. (2000): Kostenrechnung 1: Grundlagen, Aufbau und Anwendung. 4. vollständig neu bearbeitete und erweiterte Auflage. Wiesbaden 2000.

Keun, F. (1999): Einführung in die Krankenhaus-Kostenrechnung. 3., überarbeitete Auflage. Wiesbaden 1999.

Keun, F./Prott, R. (2006): Einführung in die Krankenhaus-Kostenrechnung. Anpassung an neue Rahmenbedingungen. 6., überarbeitete Auflage. Wiesbaden 2006.

Kilger, W. (1987): Einführung in die Kostenrechnung. 3., durchgesehene Auflage. Wiesbaden 1987.

Kilger, W./Pampel, J./Vikas, K. (2007): Flexible Plankostenrechnung und Deckungsbeitragsrechnung. 12., vollständig überarbeitete Auflage. Wiesbaden 2007.

Kosiol, E. (1972): Kostenrechnung und Kalkulation. 2. Auflage. Berlin, New York 1968.

Krystek, U. (1992): Beitrag der Kostenrechnung zur Krisenfrüherkennung, in: Männel, W. (Hrsg.): Handbuch Kostenrechnung. Wiesbaden 1992, S. 1429.

Küpper, H.-U. (2008): Controlling - Konzeption, Aufgaben und Instrumente. 5., überarbeitete und erweiterte Auflage. Stuttgart 2008.

Literaturverzeichnis

LAG München, Urteil vom 28.02.1978 – 4 Sa 17/78, in: Das Krankenhaus, 1978, S. 404.

Langenbeck, J. (2008): Kosten- und Leistungsrechnung. Herne 2008.

Liessmann, K. (1997): Gabler Lexikon Controlling und Kostenrechnung. Wiesbaden 1997.

Maltry, H./Strehlau-Schwoll, H. (1997): Kostenrechnung und Kostenmanagement im Krankenhaus, in: Freidank, C.-C./Götze, U./Huch, B./ Weber, J. (Hrsg.): Kostenmanagement: Aktuelle Konzepte und Anwendungen. Berlin, Heidelberg, New York. S. 533.

Männel, W. (1992a): Handbuch Kostenrechnung. Wiesbaden 1992.

Männel, W. (1992b): Erfassung von Kosten und Leistungen, in: Männel, W. (Hrsg.): Handbuch Kostenrechnung. Wiesbaden 1992. S. 409.

Männel, W. (1992c): Bedeutung der Erlösrechnung für die Ergebnisrechnung, in: Männel, W. (Hrsg.): Handbuch Kostenrechnung. Wiesbaden 1992. S. 631.

Männel, W. (1995): Ziele und Aufgabenfelder des Kostenmanagements, in: Reichmann, T. (Hrsg.): Kosten- und Erfolgs-Controlling, Vahlen, München 1995, S. 25.

Matschke, M. J. (1993): Investitionsplanung und Investitionskontrolle, Herne 1993.

Mellerowicz, K. (1961): Planung und Plankostenrechnung, Bd. 1, Betriebliche Planung, Freiburg 1961.

Mellerowicz, Konrad unter Mitarbeit von Aribert Peeckel (1972): Planung und Plankostenrechnung. Band 11: Plankostenrechnung. Freiburg 1972.

Mirow, H.M. (1996): Kybernetik, Grundlagen einer allgemeinen Theorie der Organisation, Wiesbaden 1969.

Neubauer, G./Schallemair, C. (1998): Das Leistungsgeschehen in der stationären Altenhilfe, in: Politik, Praxis, Recht. AOK Bundesverband, Heft 11-12/1998, S. 363 ff.

Niethammer, R. (1992): Grundsätze und Beispiele zur Systematisierung des Rechnungsstoffes, in: Männel, W. (Hrsg.): Handbuch Kostenrechnung. Wiesbaden 1992, S. 399.

o. V. Wahrig- Fremdwörterlexikon (2001), S.917.

Olfert, K. (2008): Kostenrechnung. 15., überarbeitete und aktualisierte Auflage. Ludwigshafen (Rhein) 2008.

Oswald, J. (2008): Die Krankenhauswirtschaft in Zahlen, in: Schmidt-Rettig, B./Eichhorn, S. (Hrsg.): Krankenhaus-Managementlehre. Theorie und Praxis eines integrierten Konzepts. Kohlhammer-Verlag, Stuttgart 2008, S. 55-78.

Pampel, J. (1996): Ressourcenorientierung für das Kostenmanagement, in: Kostenrechnungspraxis – krp, 6/1996, 321.

Pföhler, W./Dänzer, A. (2005), S. 128.

Pföhler, W./Dänzer, A. (2005): Das Mannheimer Modell: Eine Option zur wirtschaftlichen Führung eines Universitätsklinikums, in: führen und wirtschaften, Heft 2/2005, S. 126–129.

Pieske, R. (1997): Benchmarking in der Praxis. 2. Auflage. Landsberg/Lech 1997.

Plinke, W. (1993): Leistungs- und Erlösrechnung, in: Wittmann, W. et al. (Hrsg.): Handwörterbuch der Betriebswirtschaft. Teilband 2. 1-Q.5., völlig neu gestaltete Auflage, Stuttgart 1993, S. 2654.

Preißler, P. R. (1995): Entscheidungsorientierte Kosten- und Leistungsrechnung. Landsberg/Lech 1995.

Preißler, P.-R./Dörrie, U. (1987): Grundlagen Kosten- und Leistungsrechnung, 2. Auflage, Landsberg/Lech 1987.

Preuß, O. F. (1996): Kosten- und Deckungsbeitragsmanagement im Krankenhaus unter besonderer Berücksichtigung von Fallpauschalen und Sonderentgelten. Frankfurt am Main 1996.

Projektbericht der DRG-Projektstelle (2001): Methoden-Pretest zur Vorbereitung der Kalkulation von Fallpauschalen in einem deutschen DRG-System.
Online im Internet: URL: http://www.g-drg.de/service/download/projektbericht011130.pdf, übernommen am 12.1.2006.

Riebel, P. (1969): Die Fragwürdigkeit des Verursachungsprinzips im Rechnungswesen, in: Layer, M./Strebel, H. (Hrsg.): Rechnungswesen und Betriebswirtschaftspolitik. Berlin 1969, S. 49–64.

Riebel, P. (1994): Einzelkosten- und Deckungsbeitragsrechnung. Grundfragen einer markt- und entscheidungsorientierten Unternehmensrechnung. 7., wesentlich überarbeitete Auflage. Wiesbaden 1994.

Riedel, G. (1996): Deckungsbeitragsrechnung als Controlling-Instrument. Stuttgart 1996.

Rippel, F. (1989): Ambulanz im Krankenhaus: Die modifizierte Vollkostenrechnung (I), in: führen und wirtschaften, Heft 3/1989, S. 180 ff.

Rippel, F. (1989): Ambulanz im Krankenhaus: Die modifizierte Vollkostenrechnung (II), in: führen und wirtschaften, Heft 4/1989, S. 272 ff.

Rippel, F. (1990): Ambulanz im Krankenhaus: Die modifizierte Vollkostenrechnung (III), in: führen und wirtschaften, Heft 2/1990, S. 112 ff.

Rippel, F. (1990): Ambulanz im Krankenhaus: Die modifizierte Vollkostenrechnung (IV), in: führen und wirtschaften, Heft 3/1990, S. 196 ff.

Rippel, W. H. (1989): Das Gesundheitsreformgesetz und die Ambulanz im Krankenhaus, in: krankenhaus umschau, Heft 2/1989, S. 85.

Röhrig, R./Schnee, S. (1995): Kostenarten-, Kostenstellen-, Kostenträgerrechnung, in: Eichhorn, S./Schmidt-Rettig, B. (Hrsg.): Krankenhausmanagement im Werte- und Strukturwandel: Handlungsempfehlungen für die Praxis. Köln 1995. S. 270.

Rummel, K (1949): Einheitliche Kostenrechnung auf der Grundlage einer vorausgesetzten Proportionalität der Kosten zu betrieblichen Größen. Düsseldorf 1949.

Scherrer, G. (1999): Kostenrechnung. Stuttgart 1999.

Schmalenbach, E. (1909): Über Verrechnungspreise, in: Zeitschrift für handelswissenschaftliche Forschung 1908/1909, S. 165–184.

Schmalenbach, E. (1947): Pretiale Wirtschaftslenkung. Band 1: Die optimale Geltungszahl. Bremen-Horn et al. 1947.

Schmidt-Rettig, B. (1995): Interne Budgetierung, in: Eichhorn, S./Schmidt-Rettig, B. (Hrsg.): Krankenhausmanagement im Werte- und Strukturwandel: Handlungsempfehlungen für die Praxis. Köln 1995. S. 286.

Schmidt-Rettig, B./Arnold, A. (2006.): Krankenhaus und ambulante Versorgung, 3. Auflage, 33 Erg. Juli 2006, Lose-Blatt-Ausgabe, Baumann Fachverlage, Kulmbach 2006.

Schmidt-Rettig, B./Böhning, F. (1999): Bedeutung und Konzeption einer Prozesskostenrechnung, in: Eichhorn, S./Schmidt-Rettig, B. (Hrsg.): Profitcenter und Prozessorientierung. Stuttgart 1999. S. 121.

Schmidt-Rettig, B./Westphely, K. (1992): Kosten- und Leistungsrechnung im Krankenhaus, in: Männel, W. (Hrsg.): Handbuch Kostenrechnung, Gabter, Wiesbaden 1992, S. 1181.

Schweitzer, M./Küpper, H. (2008): Systeme der Kosten- und Erlösrechnung. 9., überarbeitete und erweiterte Auflage. München 2008.

Selke, S. (1997): Die Gestaltung der Kosten- und Leistungsrechnung unter besonderer Berücksichtigung formaler Organisationsstrukturen. Frankfurt am Mein 1997.

Simon, H./von der Gathen, A. (2002): Das große Handbuch der Strategieinstrumente. Werkzeuge für eine erfolgreiche Unternehmensführung. Frankfurt/Main 2002.

Straub, S. (1997): Controlling für das wirkungsorientierte Krankenhausmanagement: ein Value-chain-basierter Ansatz. Bayreuth 1997.

Strehlau-Schwoll, H. (2002): Kostenträgerrechnung ist zwingend. Von der Kalkulationsmethode für G-DRG zur managementorientierten Kostenträgerrechnung, in: krankenhaus umschau-Special Nr.19 , Heft 4/2002, S. 18–22.

Strehlau-Schwoll, H. (1999): Bedeutung von internen Verrechnungspreisen in Profitcentern – Unterschiedliche Verfahren und ihre Wirkungsweisen, in: Eichhorn, S./Schmidt-Rettig, B. (Hrsg.): Profitcenter und Prozeßorientierung. Stuttgart 1999. S. 72.

Strehlau-Schwoll, H. (1995): Kosten-, Leistungs- und Erlössteuerung, in: Eichhorn, S./Schmidt-Rettig, B. (Hrsg.): Krankenhausmanagement im Werte- und Strukturwandel: Handlungsempfehlungen für die Praxis, Kohlhammer, Stuttgart et al. 1995, S. 201.

Strehlau-Schwoll, H. (1993): Anpassung der Kosten- und Leistungsrechnung an die Erfordernisse des GSG, in: Das Krankenhaus, Heft 5/1993, S. 214–220.

Streim, H. (1975): Profit Center-Konzeption und Budgetierung, in: Die Unternehmung, Heft 1/1975, S. 23–42.

Tuschen, K. H./Quaas, M. (1998): Bundespflegesatzverordnung: Kommentar mit einer umfassenden Einführung in das Recht der Krankenhausfinanzierung. 4. überarbeitete und erweiterte Auflage. Stuttgart 1998.

Tuschen, K. H./Trefz, U. (2004): Krankenhausentgeltgesetz. Kommentar mit einer umfassenden Einführung in die Vergütung stationärer Krankenhausleistungen. Stuttgart 2004.

Ulrich, H. (2001): Systemorientiertes Management. Das Werk von Hans Ulrich. Studienausgabe. Bern, Stuttgart, Wien 2001.

Unterguggenberger, S. (1974): Kybernetik und Deckungsbeitragsrechnung. Die Bedeutung des Deckungsbeitrags im Entscheidungsprozess der Unternehmung. Wiesbaden 1974.

Verband der Krankenhausdirektoren Deutschlands e.V. (1995) (Hrsg.): Informationsmanagement im Krankenhaus: Anforderungen an die Kosten- und Leistungsrechnung für die Leistungs- und Kalkulationsaufstellung (LKA) und die innerbetriebliche Steuerung – Grundstufe. Eigendruck, Mühlheim/Ruhr 1995.

Vikas, K. (1997): Neue Konzepte für das Kostenmanagement. Vergleich der aktuellen Verfahren für Industrie- und Dienstleistungsunternehmen. 3., überarbeitete und wesentlich erweiterte Auflage. Wiesbaden 1997.

Vormbaum, H./Ornau, H. (1992): Kalkulationsverfahren im Überblick, in: Männel, W. (Hrsg.): Handbuch Kostenrechnung. Stuttgart 1990.

Weber, J. (2008): Einführung in das Controlling, 12., überarbeitete und aktualisierte Auflage. Stuttgart 2008.

Weber, J.: (1990): Einführung in das Rechnungswesen: Kostenrechnung. Stuttgart 1990.

Wild, J. (1974): Grundlagen der Unternehmensplanung. Reinbeck b. Hamburg 1974.

Witt, F.J. (1991): Deckungsbeitragsmanagement. München 1991.

Wöhe, G. (2008): Einführung in die Allgemeine Betriebswirtschaftslehre. 12., vollständig überarbeitete Auflage. München 2008.

Zahn, O. K./Kapmeier, F. (2002), Sp. 1921.

Zapp, W. (2008a): Betriebswirtschaftliches Rechnungswesen, in: Schmidt-Rettig, B./Eichhorn, S. (Hrsg.): Krankenhaus-Managementlehre. Stuttgart et al. 2008. S. 427–476.

Literaturverzeichnis

Zapp, W (2008b): Kennzahlen im Klinikalltag, in: Everling, O./Kampe, D. M. (Hrsg.): Rating im Health-Care-Sektor. Schlüssel zur Finanzierung von Krankenhäusern, Kliniken, Reha-Einrichtungen, Wiesbaden 2008, S. 55–70.

Zapp, W. (2008c): Prozessorganisation, in: Schmidt-Rettig, B./Eichhorn, S. (Hrsg.): Krankenhaus-Managementlehre, Kohlhammer, Stuttgart 2008, S. 251–279.

Zapp, W. (Hrsg.) (2008d): Qualitätskostenrechnung für die Stationäre Altenhilfe, Lohmar, Köln 2008.

Zapp, W. (2007a): Kosten-, Leistungs-, Erlös- und Ergebnisrechnung (KLEE-Rechnung), in: Haubrock, M./Schär, W. (Herausgeber): Betriebswirtschaft und Management im Krankenhaus, 4., vollständig überarbeitete und erweiterte Auflage. Bern 2007. S. 264–303.

Zapp, W. (2007b): Controlling als wesentliches Managementinstrument, in: Haubrock, M., Schär (Hrsg.): Betriebswirtschaft und Management im Krankenhaus, 4. vollständig überarbeitete und erweiterte Auflage. Bern. 2007. S. 227–264.

Zapp, W. (2007c): Alternative Budgetierungsformen im Krankenhaus, in: das Krankenhaus, 3/2007, S. 217–224.

Zapp, W. (Hrsg.) (2006a): Ökonomische Analysen in der Stationären Altenhilfe, Lohmar, Köln 2006.

Zapp, W. (2006b): Kosten-, Leistungs-, Erlös- und Ergebnisrechnung, in: Schmidt-Rettig, B./Arnold, A. (Hrsg.): Krankenhaus und ambulante Versorgung, 3. Auflage, 33. Erg., Juli 2006, Lose-Blatt-Ausgabe, Baumann Fachverlage, Kulmbach 2006.

Zapp, W. (Hrsg.) (2005a): Kostenrechnung und Controllinginstrumente in Reha-Kliniken. Lohmar, Köln 2005.

Zapp, W. (2005b): Ausblick: Von der Kostenrechnung zu Controllinginstrumenten als zukunftsorientierte Absicherungsstrategie von Gesundheitseinrichtungen, in: Zapp, W. (Hrsg.): Kostenrechnung und Controllinginstrumente in Reha-Kliniken. Lohmar, Köln 2005.

Zapp, W. (2004): Perspektiven von Controlling-Systemen, in Zapp, W. (Hrsg.): Controlling in der Pflege. Bern 2004, S. 83–117.

Zapp, W. (2002): Prozessgestaltung im Krankenhaus. Heidelberg 2002.

Zapp, W. (1997): Controlling als Instrument für die Gestaltung von Unternehmensprozessen, in: Zwierlein, E. (Hrsg.): Unternehmensberatung für Dienstleistungsunternehmen und Einrichtungen des Gesundheitswesens. München, Wien, Baltimore 1997, S. 481.

Zapp, W./Arndt, F./Kaune, S. C./Knese, M./Köther, H. L./Michn, V. A./Müller, M. (2008): Portfolioanalysen, in: Greulich, A./Hellmann, W./Kalbitzer, M./Korthus, A./ Thiele, G. (Hrsg.): Management Handbuch Krankenhaus, Loseblattwerk, Hüthig/ Economica, Heidelberg 2008, 89. Erg.-Lfg. Apr. 2008, S. 1–43.

Zapp, W./Berekoven, B./Ishag, S. / Kempf, T./ Winkler, M. (2005): Gemeinkostenwertanalyse, in: Zapp, W. (Hrsg.): Kostenrechnung und Controllinginstrumente in Reha-Kliniken. Eul-Verlag, Lohmar 2005, S. 166–189.

Zapp, W./Bettig, U./Dorenkamp, A. (2006): Wirtschaftlichkeitsanalysen, in: Zapp, W. (Hrsg.): Ökonomische Analysen in der Stationären Altenhilfe, Eul-Verlag, Lohmar 2006, S. 5–33.

Zapp, W./Bettig, U. (2004a): Interne Budgetierung als zielorientiertes Lenkungsinstrument im Controlling, in: Zapp, W. (Hrsg.): Controlling in der Pflege. Bern 2004. S. 287.

Zapp, W./Bettig, U. (2004b): Berichtswesen zwischen Informationspolitik und Ent scheidungsumsetzung, in: Zapp, W. (Hrsg.): Controlling in der Pflege, Bern/Göttingen/Toronto/Seattle 2004, S. 299–309.

Zapp, W./Bettig, U. (2002): Die Bedeutung der Prozesskostenrechnung für eine Gestaltung von Prozessen, in: Zapp, W. (Hrsg.): Prozessgestaltung im Krankenhaus. Heidelberg 2002. S. 275.

Zapp, W./Dorenkamp, A. (2002): Anwendungsorientierte Prozessgestaltung im Krankenhaus – Bericht über ein Forschungsprojekt, in: Zapp, W. (Hrsg.): Prozessgestaltung im Krankenhaus, Heidelberg 2002, S. 1–136.

Zapp, W./Funke, M./Schnieder, S. (2000): Interne Budgetierung auf der Grundlage der Pflegeversicherung. Herne-Wanne 2000.

Zapp, W./Oswald, J. (2009): Controlling-Instrumente für Krankenhäuser. Stuttgart 2009.

Zapp, W./Otten, S. (2008): Ergebnisse einer empirischen Untersuchung in der Stationären Altenhilfe unter besonderer Berücksichtigung der Qualitätskosten, in: Zapp, W. (Hrsg.): Qualitätskostenrechnung für die Stationäre Altenhilfe, Eul-Verlag, Lohmar – Köln 2008, S. 1–104.

Zapp, W./Otten, S./Oswald, J. (2008): SWOT-Analyse, in: Greulich, A./Hellmann, W./ Kalbitzer, M./Korthus, A./Thiele, G. (Hrsg.): Management Handbuch Krankenhaus, Loseblattwerk, Hüthig/Economica, Heidelberg 2008, 89. Erg.-Lfg. Sep. 2008, S. 1–57.

Zapp, W./Torbecke, O. (2005): Konzeption einer Kostenträgerrechnung in einer Fach- und Rehabilitationsklinik, in: Zapp, W. (Hrsg.): Kostenrechnung und Controllinginstrumente in Reha-Kliniken, Eul-Verlag, Lohmar 2005, S. 5–53.

Zapp, W. /Torbecke, O. (2004): Konzeption einer Kostenträgerrechnung als Grundlage für ein entscheidungsorientiertes Controlling in der Pflege, in: Zapp, W. (Hrsg.): Controlling in der Pflege. Bern 2004.

Zapp, W./Winkler, M./Kempf, T. (2004): Deckungsbeitragsorientierte Lenkung im DRG-System, in: Zapp, W. (Hrsg.): Controlling in der Pflege. Bern 2004. S. 182.

Zimmermann, G. (2001): Grundzüge der Kostenrechnung. 8., überarbeitete und erweiterte Auflage. München 2001.

Literaturverzeichnis

Zuck, R. (1987): Neue Entwicklungen bei der Ambulanzabgabe, in: führen und wirtschaften, Heft 4/1987, S. 65.

Zuck, R. (1986): Rechtsprobleme der Ambulanzabgabe, in: krankenhaus umschau, Heft 11/86, S. 826

ZVK – Deutscher Verband für Physiotherapie (Hrsg.) (2006): Leistungserfassung und Personalbedarfsermittlung im stationären Bereich. O. O. 2006.

Gesetze, Verordnungen, Richtlinien

FPV: Vereinbarung zum Fallpauschalensystem für Krankenhäuser für das Jahr 2008 (Fallpauschalenvereinbarung 2008 – FPV 2008) vom 21.9.2007.

KHEntgG: Gesetz über die Entgelte für voll- und teilstationäre Krankenhausleistungen (Krankenhausentgeltgesetz – KHEntgG) vom 23.4.2002 (BGBl. l S. 1412, 1422). Stand: zuletzt geändert durch Art. 19 G v. 26.3.2007

KHBV: Verordnung über die Rechnungs- und Buchführungspflichten von Krankenhäusern vom 10. April 1978 (BGBl. I S. 473) in der Fassung der Bekanntmachung vom 24. März 1987 (BGBl. I S. 1045). Stand: zuletzt geändert durch Art. 27 G v. 14.8.2006.

KHG: Gesetz zur wirtschaftlichen Sicherung der Krankenhäuser und zur Regelung der Krankenhauspflegesätze (Krankenhausfinanzierungsgesetz – KHG) in der Fassung der Bekanntmachung vom 10.04.1991 (BGBl. I S. 886). Stand: zuletzt geändert durch Art. 18 G v. 26.3.2007

SGB V: Sozialgesetzbuch (SGB) Fünftes Buch (V) – Gesetzliche Krankenversicherung – (Artikel 1 des Gesetzes v. 20. Dezember 1988, BGBl. I S. 2477). Stand: Zuletzt geändert durch Art. 6 G v. 28.5.2008.